Die Eule im Kino

Renate
Holland-Moritz

Neue
Filmkritiken

Illustrationen von Manfred Bofinger

ISBN 3-359-00734-4

1. Auflage 1994
© Eulenspiegel · Das Neue Berlin Verlagsgesellschaft mbH
PF 106, 10103 Berlin
Gestaltung: Manfred Bofinger
Satz: Pencil. Text-Satz-Korrekturbüro
Druck und Bindung: Chemnitzer Verlag und Druck GmbH, Werk Zwickau

Ein gutes Wort von ihr, ein böses: Der Film hat es an der Kasse gemerkt. Renate Holland-Moritz, der solche Wirkung nachgesagt wird, muß ihrem Publikum jahrelang verläßlich erschienen sein.

Woher aber weiß sie, was sie schreibt?

Nimmt, wenn es dunkel wird im Saal, die Filmgeschichte neben ihr Platz? Ist Biologie im Spiel, so daß ihr Herz hüpft und die Galle sie sticht, wenn Auge und Ohr ihr Gelungenes oder Nichtgelungenes melden? Hat sie den höheren Überblick, wie der Schiedsrichter beim Tennis? Oder sitzt sie auf dem Klappstuhl zwischen Hoffnung und Enttäuschung?

Der Kritiker, wie soll es anders sein, spricht, wenn er urteilt, vor allem von sich. Daß sie es zugibt, gehört zu dieser Kritikerin Stil.

Sie meint, ein Film sollte ihr Spaß machen, ganz persönlich. Sie will im Kino unterhalten sein und hat davon einen weiten, wenn auch nicht beliebigen Begriff.

Als Handwerk des Filmemachens, das ihr in den Filmen, in die Neigung und Beruf sie führen, etwa genau so oft begegnet, wie sie es vermißt, versteht sie die Regeln, nach denen geschrieben, inszeniert, beleuchtet, belichtet und geschnitten werden sollte, damit der Zuschauer sich zurechtfindet. Indem sie ihr eigenes Handwerk als Mundwerk betreibt, kann sie aus einem schwächeren Lichtspiel noch immer ein stärkeres Wortspiel machen. Daß dabei manchmal Hauptsachen in Nebensätze geraten, scheint sie in Kauf zu nehmen.

Dennoch, ihr Repertoire an kurzgefaßten Bosheiten hat, direkt Betroffene ausgenommen, zu ihrer Beliebtheit durchaus beigetragen. Wenn sie als Eule im Kino, im Nebenraum der Satire, dem schönen Schein auf die Schattenseite kam, der Position auf die Pose, der neuen Mode auf den alten Hut, wenn sie also von Filmen sprach, ließ es sich lesen, als spräche sie von der Welt schlechthin, in der wir mitspielen und in der man uns mitspielt.

Umzingelt von Bildern, betäubt von Tönen, erschlagen von Nachrichten wollen wir Renate Holland-Moritz danken, daß sie uns gelegentlich zwei Stunden Zeit erspart – durch fünf Minuten Lektüre.

Wolfgang Kohlhaase

1980

Seitensprung
DDR
RE: Evelyn Schmidt
DB: Regina Weickert
KA: Jürgen Kruse

Wenn die DEFA imstande wäre, wieder imstande wäre, so gute Filme zu produzieren, wie Frau Holland-Moritz Kritiken schreibt, würden letztere zwar sehr viel weniger amüsant zu lesen sein, aber die Zuschauer hierzulande und ganz sicher auch Frau Holland-Moritz würden endlich aufatmen können.
B.N., Berlin

Regina Weickert, die vor Jahren als schreibende Arbeiterin mit ihrem ersten Theaterstück „Die Ausgezeichneten" von sich reden machte, hatte eine großartige Spielfilm-Idee: Das Ehepaar Mattuschek – sie: Postangestellte, er: Lagerverwalter in einem Kaufhaus – ist seit dreizehn Jahren verheiratet. Der Anfang war so schwer, wie aller Ehe-Anfang bei jungen Leuten sein dürfte, wenn es an Geld und Lebenserfahrungen mangelt. Also geschah, was in solchen Fällen häufig geschieht: Einer von beiden macht einen Ausbruchsversuch, genauer gesagt, der in der Regel noch unreifere Mann geht fremd. Wolfgang Mattuscheks **Seitensprung** vor zwölf Jahren blieb nicht ohne Folgen. Doch trotz des illegitimen Töchterchens Sandra findet das Ehepaar wieder zueinander. Die Frau verzeiht, denn sie weiß vom Hörensagen, daß „überall mal was vorkommt". Das „Vorkommnis" wird mit dem Bannfluch des Schweigens belegt und ist folglich aus der Welt. Zumindest aus der kleinen Welt der Frau Mattuschek. Emsig zimmert sie an ihrem Dreiraumglück im Neubauwinkel, das durch die Anschaffung von Söhnchen Danilo, einer Schrankwand und eines Trabbi zur geplanten Vollkommenheit gerät. Da bricht die Katastrophe herein. Sandras Mutter verunglückt tödlich, und das Kind verlangt Aufnahme beim geliebten Vater. Innerhalb weniger Tage begreift Frau Mattuschek, daß ihr Mann zwölf Jahre lang ein Doppelleben geführt hat. Da ihre feste Burg, die Familie, wie ein Kartenhaus zusammenfällt, hat auch sie keinen Halt mehr. Verzweiflung, Eifersucht und Haß treffen das Kind. Der Mann, vor die Entscheidung gestellt, wählt den bequemeren Weg. Aber der ist fast nie ein Ausweg.

Aus diesem Sujet hätte ein aufregender Film werden können. Hier wird eine Konfliktsituation verhandelt, in die so oder so ähnlich jeder schon einmal geraten ist oder geraten könnte. Doch das aus dem Alltag Bekannte kann ohne künstlerische Überhöhung niemals den Grad des Besonderen erlangen. Es bedarf der psychologischen Durchdringung der einzelnen Charaktere, um sie verallgemeinerbar zu machen. Naturalistische Abbildung solcher Wirklichkeit in all ihrer Banalität und streckenweisen Ödnis hat zwangsläufig ein uninteressantes, wenig berührendes Ergebnis zur Folge.

Dieser Vorwurf darf dem Film „Seitensprung" nicht erspart bleiben, nur weil es sich um eine Anfängerarbeit handelt. Neben der schon erwähnten Autorin Regina Weickert debütierten auch die Regisseurin Evelyn Schmidt und die Dramaturgin Erika Richter. Immerhin hätten sie wissen müssen, daß ein Film von solchen psychologischen Dimensionen ein Höchstmaß an handwerklicher und menschlicher Erfahrung voraussetzt. (Zu dieser lapidaren Erkenntnis hätte natürlich auch die auftragvergebende Studioleitung kommen können.) Nun liegt ein Film vor, dessen Hauptakteure (Renate Geißler und Uwe Zerbe) kaum Sympathie erwecken. Das sind keine Identifikationsfiguren, sondern fatale Spießbürger-Klischees. Emotionale Betroffenheit vom leidvollen Schicksal des Kindes (Annette Voss), das den Tod der Mutter übrigens wie den Verlust eines Gegenstandes zu verschmerzen scheint, zeigen sie überhaupt nicht. Diese Szenen haben einen geradezu erschreckenden Anflug von Kaltschnäuzigkeit. Es ist jammerschade, daß eine so wichtige Geschichte, die für viele Menschen ein Stückchen Lebenshilfe sein könnte, verschenkt und vertan wurde.

Unzählige Menschen arbeiten in Fabrikhallen. Nach Feierabend haben sie vielerlei Interessen und Bedürfnisse, nur eines nicht: in eine Fabrikhalle zu geraten. Dieses Argument bekamen Film- und Fernsehschaffende nicht selten zu hören, wenn Arbeiter ihrem Mißmut über einschlägige Kunstfabrikate Ausdruck verliehen. Zum Glück wußte Martin Ritt, Altmeister unter den fortschrittlichen amerikanischen Regisseuren, nichts von dieser Aversion. Er wußte und weiß nur, wie man gute Filme macht („Man nannte ihn Hombre", „Conrack", „Der Strohmann"), Filme, die von richtigen Menschen handeln, mit denen man lachen, weinen und kämpfen kann. Ein solcher Mensch ist **Norma Rae.**

Die erste Begegnung mit dieser erstaunlichen, liebenswerten, aufregenden Frau findet in einer Fabrikhalle statt. Alle arbeitsfähigen Bewohner des kleinen Städtchens Henleyville im Südstaat Alabama schuften in der großen Textilfabrik, und alle haben sich mit den Bedingungen abgefunden: daß die Ausbeutung kolossal ist und der Lohn gering, für Frauen geringer als für Männer, für Schwarze geringer als

Norma Rae
USA, PJ: 1978
RE: Martin Ritt
DB: Irving Ravetch, Harriet Frank jr.
KA: John A. Alonzo

Von Nati Moritz bin ich seit einiger Zeit etwas enttäuscht. Aber man kann's ja nicht allen gleich recht machen.
H.-J. B., Greifswald

für Weiße. Norma Rae, die bei ihren Eltern lebt und selbst zwei vaterlose Kinder durchbringen muß, versucht das tägliche Elend bei nächtlichen Vergnügungen zu vergessen. Doch aus den Liebeleien wird nie Liebe, und am Ende wartet immer die Demütigung. Bis eines Tages ein fremder junger Mann vor der Tür steht. Normas Blicke sind nicht uninteressiert, was ihren sittenstrengen Vater mit Furcht und Zorn erfüllt. Aber noch mehr ängstigt und erzürnt ihn, daß der Fremdling keine erotischen, sondern politische Absichten verfolgt. Dieser Reuben Warshofsky (Ron Leibman), ein jüdischer Gewerkschaftsfunktionär aus New York, will die Arbeiter organisieren, damit sie endlich ein Machtmittel zur Durchsetzung ihrer Rechte gegenüber den allgewaltigen Fabrikbossen haben. Denn am Ende der siebziger Jahre gibt es in den meisten Südstaaten der USA, Hochburgen der Textilindustrie, keine Gewerkschaft!

Wer jetzt glaubt, hier werde eine verbissen-kämpferische, mit revolutionären Thesen gespickte Polit-Story zelebriert, der irrt gewaltig. Dieser Film ist spannender und erregender als ein Krimi, wenn er zum Beispiel das Opfer Norma Rae unter der geduldigen Anleitung Reuben Warshofskys schließlich zum bewußten Täter werden läßt. Die Geschlagene entdeckt ihre Kraft und weiß sie sinnvoll einzusetzen. Trotz allen Terrors, vieler Widerstände und mancherlei Kleinmut kommt die Gewerkschaft zustande. Das ist so hochdramatisch, im besten Sinne herzbewegend und mit so witzig-klugen Dialogen erzählt, daß man spontan eine Gruß- und Dankadresse an Regisseur Martin Ritt und seine fabelhaften Autoren Irving Ravetch und Harriet Frank richten möchte. Über die bislang unbekannte Schauspielerin Sally Field in der Rolle der Norma Rae läßt sich mit Gewißheit sagen: A Star was born!

Komödiantenemil
DDR
RE: Jo Hasler
DB: Jo Hasler, Wera und Claus Küchenmeister
KA: Peter Krause

Angesichts des DEFA-Films **Komödiantenemil** von Wera und Claus Küchenmeister (Szenarium) und Jo Hasler (Szenarium und Regie) wird man sofort an das amerikanische Musical „Cabaret" von Bob Fosse erinnert, denn die Geschichten haben das gleiche historische Datum und sind im gleichen Milieu angesiedelt: im Berliner Tingeltangel zur Zeit des beginnenden Faschismus. Doch nach Besichtigung des einheimischen Produkts fragt man sich verblüfft, ob Hasler und die Küchenmeisters „Cabaret" wirklich gesehen haben. Wenn ja, was zu vermuten steht, woher nahmen sie dann den Mut zu solch kläglichem Versuch? Ich will gar nicht, wie verschiedene andere Kritiker, von einer Überfrachtung des Genres reden. Auch „Cabaret" erweiterte die Grenzen des reinen Musicals um eine beträchtliche Dimension, doch dabei wurde weder der Unterhaltungscharakter geschmälert noch die zeitgeschichtliche Aussage verwässert oder gar bagatellisiert.

„Komödiantenemil" ist zuvörderst langweilig und von dilettantischer Machart. Das trifft auf die Inszenierung ebenso zu wie auf die Dialoge und einige der Liedtexte. Das Berliner Kabarett, worunter immer auch das frech-frivole Tingeltangel zu verstehen war, hatte bis zur Machtergreifung der Barbaren Weltruhm. Was dieser Film allein an Choreographie und Kostümgestaltung anbietet, hätte bestenfalls für einen um die Jahrhundertwende pensionierten mecklenburgischen Briefträger den Anstrich von Verruchtheit gehabt. Aber weit schlimmer erscheint mir die auf spießiges Vergnügen gerichtete Zurschaustellung von Transvestiten und Homosexuellen, die zugleich als Parteigänger der Nazis denunziert werden. Spätestens nach dem sogenannten Röhm-Putsch 1934 waren diese Leute ihres Lebens nicht mehr sicher. Sie landeten in den Konzentrationslagern wie die politisch Verfolgten, die Juden und die Zigeuner. Kann man erwarten, daß besonders jugendlichen Zuschauern diese historischen Zusammenhänge bewußt sind? Sympathisch ist die Bekanntschaft mit der ungarischen Sängerin und Tänzerin Zsuzsa Palos. Wer sich vom Talent Gunter Sonnesons überzeugen will, der sollte lieber ins Berliner Metropoltheater gehen. Dort brilliert er unter anderem seit Jahr und Tag als Entertainer in „Cabaret".

Ralf Päschke, Regie-Student der Filmhochschule, soll seinen ersten Film drehen. Der konkrete Auftrag, nämlich eine Frauenbrigade aus dem Glühlampenwerk NARVA dokumentarisch abzulichten, dreht ihm schier den Magen um. „Brigaden, immer wieder Brigaden! Wer will denn sowas noch sehen?" fragt er seinen Dozenten. Aber ein Student der Künste ist noch lange kein unabhängiger Künstler, der sich Allüren leisten kann. Also begibt sich Ralf Päschke mit der

Alle meine Mädchen
DDR
RE: Iris Gusner
DB: Gabriele Kotte
KA: Günter Haubold

9

Kamera in der Hand und Groll im Herzen zu NARVA, und fast übergangslos geht ihm wie uns der Spott aus und ein Licht auf.

Alle meine Mädchen heißt der neue DEFA-Spielfilm, der eine freudige Überraschung nach der andern birgt. Die schönste dürfte sein, daß ein sozialistisches Gruppenbild mit Damen aus höchst unterschiedlichen, aber in jedem Fall interessanten Einzelporträts besteht. Da ist vor allem die Meisterin Marie (Lissy Tempelhof), NARVA-Veteranin nach 30jähriger Werkzugehörigkeit, die ihre fünf Brigade-Mädchen handfest und unnachgiebig lenkt und zusammenhält. Aber nicht die Strenge einer autoritären Leiterpersönlichkeit spricht aus ihr, sondern die einer verantwortungsbewußten Mutter. Die Brigade ist Maries Familie, und von dieser wird sie als liebevoll-tyrannisches Oberhaupt geliebt und geachtet. Zum Beispiel von der kessen Bolle Susi (Madeleine Lierck), die ihr Herz, das weiche, mitfühlende, auf der Zunge trägt, gern mal alle Fünfe grade sein läßt und trotzdem arbeiten kann wie ein Teufel. Oder von der tüchtigen Anita (Barbara Schnitzler), die sich immer wieder Gewerkschaftsfunktionen aufhängen läßt, die scheinbar überhaupt und überall funktioniert, weil sie ihr Herz eben nicht auf der Zunge trägt. Schwieriger ist es schon mit Kerstin (Viola Schweizer), der einzigen, die ein Abiturzeugnis und ein rechtskräftiges Urteil in der Tasche hat. Sie ist zur Bewährung in der Brigade, sie gehört nicht dazu, und man spürt, wie sehr sie unter der Distanz der anderen leidet. Die beherrschte Ella (Monica Bielenstein) dagegen verkraftet ihr rationiertes und geborgtes Glück mit einem verheirateten Mann nur mit Hilfe der Brigade-Familie. Allein über Gertrud (Evelin Splitt) ist nichts zu erfahren. Bekäme sie nicht in allen aufregenden Situationen einen Schluckauf, verlöre man sie völlig aus dem Gedächtnis.

Der junge Filmemacher Ralf Päschke (Andrzej Pieczynski) fängt Feuer – für alle sechs und speziell für das Sorgenkind Kerstin. Als die Brigade in eine Vertrauenskrise gerät, die für die Meisterin mit einem Nervenzusammenbruch endet, ist er ebenso betroffen wie die anderen. Er teilt mit den Mädchen ihren Kummer, ohne sich gemeinsamen Spaß zu versagen. Am Schluß wissen alle mehr übereinander, sind reifer geworden, auch im Schmerz über die Tatsache, daß sie Kerstin verloren haben. Ralf Päschke kann seinem Dozenten, wenn auch verspätet, eine Arbeit abliefern, die nicht von strahlenden Plakat-Helden, sondern von richtigen Menschen erzählt.

Das Buch zu diesem schönen, wahrheitsgetreuen und humorvollen Film schrieb Gabriele Kotte, ebenfalls Absolventin der Filmhochschule. Bei Recherchen im VEB NARVA für einen Dokumentarfilm kam sie auf die Idee. Gabi Kotte schrieb für verschiedene Regisseure ganze sieben Fassungen des Szenariums, bis sich endlich Iris Gusner (gemeinsam mit ihrem ausgezeichneten Kameramann Günter Haubold) für das Projekt erwärmte. Iris Gusner hatte mit den von ihr inszenierten Filmen (darunter „Einer muß die Leiche sein") noch keinen gültigen Talentbeweis erbracht. Allein DEFA-Generaldirektor Mäde war überzeugt davon, daß ihr der große Wurf eines Tages gelingen würde. Nun also ist's vollbracht! „Alle meine Mädchen" beweist Iris Gusners Gespür für die realistische und pointierte Gestaltung von diffizilen Gegenwartsthemen. Auch an ihren „Führungs"-Qualitäten bleibt angesichts der phantastischen Leistungen von Madeleine Lierck und Barbara Schnitzler kein Zweifel mehr. Einen extra Blumenstrauß hat Iris Gusner dafür verdient, daß sie aus der Phalanx unserer großartigen, zu Unrecht wenig oder gar nicht beschäftigten Schauspielerinnen Lissy Tempelhof auswählte und sie mit einer unvergeßlichen Charakterstudie betraute. Andrzej Pieczynski, der schon in Roland Gräfs „PS" zu überzeugen vermochte, gefiel mir diesmal nicht nur wegen seines ganz speziellen polnischen Charmes, sondern auch wegen der Tatsache, daß er buchstäblich als einziger Akteur auf seinem Nichtraucherstatus beharrte.

Ob die nunmehr neunzehnjährigen Sommerfilmtage ihren zwanzigsten Geburtstag noch erleben werden, wage ich zu bezweifeln. Für solche Todesahnungen gibt es verschiedene Ursachen. Die verantwortlichen Organisatoren nennen natürlich am liebsten die objektiven: Auf Grund der veränderten Sommerzeit bleibt es abends so lange hell, daß die Freilichtbühnen erst zu später Stunde den Betrieb aufnehmen können. Diese Tatsache aber hat unverantwortlich verkürzten Nachtschlaf für das jugendliche Publikum zur Folge, und derlei erlauben

Und nächstes Jahr am Balaton
DDR
RE: Hermann Zschoche
DB: Inge Wüste-Heym
KA: Günter Jaeuthe

Ihre Sommerkino-Eule II fand ich etwas zu hart. Sie nehmen ja den Menschen jede Lust am Kino-Gang. Schließlich wurden die Filme von maßgeblichen Leuten angesehen und ausgesucht.
K.U., Eberswalde

Eure Sommerkino-Eule: eine Rezension im wahrsten Sinne des Wortes: Applaus!
U.F., Sangerhausen

weder Polizei noch Elternhaus, Schule und Lehrbetrieb. Bei Licht besehen ist es allerdings eher die Qualität der Filme, die ein baldiges Ende des Unternehmens Sommerfilmtage wünschenswert erscheinen läßt. Dieses vernichtende Urteil bezieht sich jedoch keineswegs auf den heurigen DEFA-Beitrag **Und nächstes Jahr am Balaton,** der in geographischer Abwandlung eines Fernsehfilmtitels besser „Trampen nach Süden" hieße. Eben darum geht es nämlich in der Geschichte, die Szenaristin Inge Wüste-Heym frei nach Motiven der Erzählung „Ich bin nun mal kein Yogi" von Joachim Walther schrieb und wobei ihr einige wirklich hübsche Dialoge gelangen. Regisseur Hermann Zschoche, der mit seinem vorjährigen Massenbedarfsartikel „Sieben Sommersprossen" ins Zentrum jugendlichen Geschmacks traf, gab auch diesem Film, was junge Herzen erfreut: Frische, Ehrlichkeit und Witz.

Ein Berliner Pärchen, die Abiturientin Ines (Odette Bereska) und der Arbeiter Jonas (René Rudolph), hat nach fünfmonatiger Prüfung seiner Gefühle herausgefunden, daß es nun reif für gemeinsames Zelten ist. Solches Unterfangen hätte in vergangenen Zeiten die Besorgnis gutbürgerlicher Eltern geweckt. Ines hingegen entstammt einem gutkleinbürgerlichen Elternhaus moderner Prägung, in welchem die Mutter (Gudrun Ritter) alle Macht an sich gerissen hat, den Vater (Peter Bause) mit ihren Frustrationen und die Tochter mit gespielter Toleranz entnervt.

Die jungen Leute werden also zu einem ordentlichen Familienurlaub ans Schwarze Meer eingeladen, damit lieb Mütterlein das keimende Liebesleben unter Kontrolle hat. Als sie gar zur Verteilung von Verlobungsringen schreitet, steigt Jonas aus. Für ihn ist der Zug, in dem die verstörte Ines noch sitzt, abgefahren. Nun also trampt er, macht die Bekanntschaft einer bezaubernden Holländerin (Kareen Schröter), die zwecks Läuterung ihrer zivilisationskranken Seele auf dem Weg nach Indien ist. Dahin kann ihr Jonas nicht folgen. Er kann ihr überhaupt nicht folgen, leider kann er ihr auch nichts entgegenhalten. Er ist einfach unterwegs. Am Ende findet er Ines wieder. Ob die beiden endgültig zueinander und jeder zu einer eigenen Persönlichkeit finden werden, bleibt dahingestellt.

Auf der von Günter Jaeuthe faszinierend fotografierten Straße nach

Süden begeben sich lustige und nachdenkenswerte Dinge. Der Zufall wird zum Stilmittel in einem Film, der sich um stilistische Reinheit nicht kümmert. Aber das tut nichts zur Sache, solange die Reise für den Zuschauer amüsant und anrührend bleibt. Daß die Rollen von Gudrun Ritter und Peter Bause eigentlich kabarettistische Einlagen sind, stört mich überhaupt nicht. Ich wünschte, man würde so herrlichen Komödianten viel häufiger filmische Gelegenheiten solcher Art bieten. Kareen Schröter und René Rudolph, beide rühmlichst bekannt aus „Sieben Sommersprossen", beweisen Zschoches außerordentliche Fähigkeit, Laien zu professionellen Leistungen zu führen.

Eine junge Frau hat den Mann ihres Lebens gefunden. Sie bewundert seinen Mut und seine Klugheit, sie birgt sich in seiner Güte und liebt ihn mit der ganzen Kraft ihres Herzens. Durch ihn wird ihr Dasein wertvoll und schön, jeder Tag vergrößert die Freude über solches Glück. Doch der Vollzug des Glücks muß vertagt werden, ausgesetzt auf zehn Jahre. **Die Verlobte** heißt der Film, den Günther Rücker nach den autobiographischen Romanen „Das Haus der schweren Tore" und „Leben, wo gestorben wird" von Eva Lippold schrieb und den er gemeinsam mit Günter Reisch inszenierte. (Hervorragende Kamera: Jürgen Brauer.)

Die Verlobte im Film heißt Hella Lindau, der Mann, den sie so liebt, daß sie zehn Jahre Zuchthaus seelisch ungebrochen übersteht, Hermann Reimers. Am Ende der Qual und am Beginn eines nun endlich lebenswerten Lebens ist Hella Lindau um ihre Jugend und um ihr Glück gebracht. Die Nazis haben den Kommunisten Hermann Reimers ermordet.

Dies ist kein pathetisches Heldenepos, sondern die unendlich anrührende Geschichte einer jungen Frau, die sich zwingt zu leben, wo anderen nur noch die Kraft zum Vegetieren bleibt. Hellas Überlebenswille erfährt mannigfache Stärkung. Als Hermann Reimers sieht, daß sie nach dreijähriger Einzelhaft dem physischen Ruin nahe ist, gelingt es ihm durch eine List, sie in ein anderes, vergleichsweise erträgliches Zuchthaus überführen zu lassen. Hier „darf" sie, in der Gemeinschaft ausschließlich von Mörderinnen, unter mörderischen Bedingungen in

Die Verlobte
DDR
RE: Günther Rücker, Günter Reisch
DB: Günther Rücker
KA: Jürgen Brauer

13

der Wäscherei arbeiten. Und gerade bei denen, die zum Aussatz der menschlichen Gesellschaft gezählt werden, findet Hella Lindau bedauernswerte, aus sozialer und geistiger Not schuldig gewordene Kreaturen, denen sie, die selbst so Hilfsbedürftige, Trost und Schutz bieten kann. Es gelingt ihr sogar, den unter Furcht und Unverständnis begrabenen Gerechtigkeitssinn einer Aufseherin zu wecken. Wachtmeisterin Olser, Angehörige einer Dynastie von Vollzugsbeamten, mochte ihren Beruf, bis die Nazis ihre Welt ins Wanken brachten. Gefährliche Verbrecher müssen isoliert werden, lautete ihre Maxime. Doch warum werden plötzlich anständige, gute Menschen wie Hella Lindau zu Verbrechern gestempelt?

Wachtmeisterin Olser versucht, das Unglück, so gut es geht, zu lindern. Im Augenblick der Gefahr wächst sie über sich selbst hinaus, die Gefahr für sich selbst nicht achtend …

„Die Verlobte" ist kein Geschichtsfilm, sondern ein Film voller Menschengeschichten, aufrüttelnder, bewegender, pointiert und in wunderbarer Sprache erzählter Frauenschicksale. Und daß dieser Film ein künstlerisches Ereignis ersten Ranges werden konnte, verdankt er den Frauen, die solche Schicksale zu gestalten vermochten. Da ist zuerst und vor allem Jutta Wachowiak als Hella Lindau zu nennen. Wenn Juroren internationaler Filmfestspiele wirklich objektiv sein könnten, hätten sie dieses Jahr in Karlovy Vary „Die Verlobte" mit dem Preis für die beste Hauptdarstellerin auszeichnen müssen. Sie entschlossen sich aber zur objektiv größeren Geste und verliehen dem Film den Grand Prix des Festivals.

Gäbe es eine Trophäe für die beste Nebenrolle, so wäre sie mit an Sicherheit grenzender Wahrscheinlichkeit Käthe Reichel zugefallen. Die Reichel, seit Jahren abonniert auf skurrile Typen, beweist als Wachtmeisterin Olser, daß sie vor der Kamera alles sein kann: kaltschnäuzig und warmherzig, listig und naiv, ängstlich und tapfer. Diese Frau ist keine Type, sondern eine Virtuosin auf der Klaviatur menschlicher Gefühle. Zu den ebenfalls herausragenden Schauspielerinnen, die in zum Teil kleinen Rollen ein ganzes Leben sinnlich erfaßbar machen, zählen Slavka Budinova (CSSR), Eva Zietek (Polen), Christel Gloger, Inge Keller, Katrin Saß und Barbara Zinn. Von den wenigen männlichen Akteuren prägten sich mir nachhaltig nur Hans-Joachim Hegewald als Gestapomann und Rolf Ludwig als Zuchthausarzt ein. Den Hermann Reimers, gespielt von dem sonst so eindrucksvollen Regimantas Adomaitis („Wolz"), empfand ich dagegen als seltsam statisch und unpersönlich. Sollte dies den beiden Regisseuren ähnlich ergangen sein, so wäre die Änderung des Titels vom Plural in den Singular verständlich.

„Die Verlobte" ist das Ergebnis eines – wie mir scheint – nicht sonderlich glücklichen Verlöbnisses zwischen der DEFA und dem Fernsehen der DDR. Denn schon nach einem halben Jahr Kinolaufzeit will der Adlershofer Koproduzent den Film ausstrahlen. Ich werde die traurige (Tele-)Vision nicht los, daß dann die Filmtheater gegen solchen Heim-Vorteil nicht mehr viel ausrichten können. Schade, daß der Bräutigam Fernsehen seiner Partnerin DEFA weniger Liebe als Eifersucht entgegenzubringen scheint.

Was macht man in der Schweiz? Käse, Uhren, Bankgeschäfte. Soweit das spontan abrufbare Klischee. Aber in der Schweiz macht man auch Filme. Wenige, noch weniger als bei uns. Und darunter einige gute, ganz wie bei uns. Einer von den besten läuft zur Zeit bei uns im Kino. Er weist nach, was man in der Schweiz außerdem macht: Schweizer. Diese Arbeit wird speziell von der Zürcher Fremdenpolizei verrichtet. Im vorliegenden Fall haben wir das satirische Vergnügen, die Herren Beamten Max Bodmer und Moritz Fischer als **Schweizermacher** zu beobachten. Die beiden beobachten ihrerseits einbürgerungswillige Ausländer, die zum Teil schon seit Jahrzehnten hier leben oder gar in der Schweiz geboren sind, denen aber noch immer der kostbare Beweis ihrer Existenz fehlt, nämlich ein Schweizer Paß. Diesen zu erlangen ist noch schwieriger als der Gewinn des großen Loses. Dazu bedarf es nur ein einziges Mal einer gehörigen Portion Glück. Ein Schweizer Paß hingegen stellt nach Meinung der meisten Eingeborenen menschliches Glück schlechthin dar.

Schweizer kann nur werden, wer schweizerisch denkt, fühlt und lebt, also unauffällig, angepaßt, ausländerfeindlich und konservativ. Die Polizisten verfolgen ihre Antragsteller bei Tag und Nacht. Vorherige

Die Schweizermacher
Schweiz, PJ: 1978
RE: Rolf Lyssi
DB: Rolf Lyssi, Christa Maerker
KA: Fritz E. Maeder

Ich bekomme eine fürchterlich schlechte Laune, lese ich die Kino-Eule dieser Renate Holland-Moritz. Wann endlich taucht ein neuer Name unter den Filmkritiken auf?
J.S., Prora

15

Marathon im Herbst
UdSSR
RE: Georgi Danelia
DB: Alexander Wolodin
KA: Sergej Wronski

Anmeldungen sind verpönt, denn schon ein Staubkorn auf dem Radio, eine nichtschweizerische Landschaftsaufnahme an der Wand oder ein Mann in der Wohnung einer unverheirateten Frau können alle Paß-Pläne durchkreuzen. Ein weißes Kreuz auf rotem Grund steht derlei Unholden jedenfalls nicht zu.

Der Schweizer Regisseur Rolf Lyssy, der klugerweise ein halbes Dutzend Autoren für seinen Film verpflichtete, schließt mit Tellscher Treffsicherheit ins Zentrum reaktionären Schweizertums. Aber sein Zorn ist nicht gallig, eher zartbitter, etwa nach der Art Schweizer Markenschokoladen. Dazu trägt nicht unwesentlich die Mitwirkung des bedeutenden Schweizer Kabarettisten Emil Steinberger bei. Er verkörpert den guten Polizisten Moritz Fischer, den die Liebe zu einer nichtnaturalisierten Tänzerin aus dem Amt und außer Landes treibt. Dort kann er endlich mit wirklichem Vergnügen und vollem persönlichen Einsatz – Schweizer machen.

Hartherzige, egoistische Menschen werden meistens zu tragischen Figuren. Da sie niemandem Hilfe und Beistand zuteil werden lassen, sind auch sie in der Not keines Menschen Freund. Das andere Extrem sind die notorischen Philantropen, die keinem wehtun und niemals nein sagen können. Auf diese Weise degradieren sie sich zu erstklassigen Ausbeutungsobjekten, deren trottelhafte Gutmütigkeit schließlich zur Selbstzerstörung führt. Ein solches Schicksal nimmt meist tragikomische Züge an und eignet sich deshalb besonders gut für die künstlerische Umsetzung.

Das beweist zum Beispiel Grusiniens Meisterregisseur Georgi Danelia („Gastmahl der Rose", „Mimino") mit **Marathon im Herbst**, einem Mosfilm, der unter dem weit einprägsameren Titel „Herbstmarathon" seit einem Jahr internationales Aufsehen erregt. Die „traurige Komödie" (Danelia) beginnt wie eine der üblichen Dreiecksgeschichten, welche eine betrogene Ehefrau, eine belogene Geliebte und einen zu jeder Schandtat fähigen Johannistriebtäter beinhaltet. Aber dieser Dozent für Philologie sowie hochgeschätzte Englisch-Übersetzer Andrej Busykin (Oleg Bassilaschwili) ist ein durchaus ernstzunehmender und keineswegs unsympathischer Zeitgenosse. Er liebt und achtet sowohl seine Frau Nina wie auch seine Freundin Alla. Konsequente Entscheidung für eine würde Schmerz für die andere bedeuten, und zu solcher Scheußlichkeit ist der Lügenbold und Heimlichtuer nun einmal nicht fähig. Ebensowenig vermag er seiner verlotterten Kollegin Warwara zu sagen, daß ihre beruflichen Niederlagen aus schlichter Talentlosigkeit resultieren. Lieber erledigt er ihre Arbeit mit und trägt ihren Undank mit Märtyrerstolz. Um einen dänischen Literaturprofessor und Marathonfanatiker nicht zu kränken, absolviert er allmorgendlich ein anstrengendes Lauftraining, obwohl es ihm dazu entschieden an Zeit und Lust gebricht. Und wenn es dem trunksüchtigen Hausmeister gefällt, geht Busykin zähneknirschend mit ihm durchs Feuerwasser …

Der Weg dieses aller Welt Angepaßten muß zwangsläufig in die Irre führen; schmerzliche Kollisionen im Berufs- und Privatleben sind unausweichlich. Gerade als ihm die Geliebte den Laufpaß gegeben hat, will auch die Ehefrau nichts mehr von Busykin wissen. Ohne eigenes Zutun von beiden befreit, möchte er wenigstens eine behalten. Doch zur reinen Schadenfreude des (charakterlich natürlich völlig anders beschaffenen) Zuschauers vollendet sich das Schicksal des ewigen Lavierers und Jasagers: Das alte Doppelleben hat ihn wieder!

1981

Als Johannes Bobrowski 48jährig starb, hatten seine Freunde einen unersetzbaren Menschen verloren, und die sozialistische deutsche Literatur war um einen bedeutenden Dichter ärmer geworden. Der 1917 in Tilsit Geborene sah sein poetisches Werk unter dem Generalthema: „Die Deutschen und der europäische Osten. Weil ich um die Memel herum aufgewachsen bin, wo Polen, Litauer, Russen und Deutsche miteinander lebten, unter ihnen allen die Judenheit. Eine lange Geschichte aus Unglück und Verschuldung, seit den Tagen des deutschen Ordens, die meinem Volk zu Buche steht. Wohl nicht zu tilgen und zu sühnen, aber eine Hoffnung wert und einen redlichen Versuch …"

Einen dieser nicht nur redlichen, sondern bis in die letzte poetische und philosophische Nuance gelungenen Versuche, deutschen Chauvinismus und Rassismus aus geschichtlicher Sicht (in dem Sinne, daß

Levins Mühle
DDR
RE: Horst Seemann
DB: Horst Seemann
KA: Jürgen Kruse

Stets stimmten Ihre Kino-Eulen-Kritiken mit meinen Meinungen über Filme, die ich selbst sah, überein, und das machte mich immer ein wenig stolz. So hatte ich ursprünglich nicht vor, mir „Levins Mühle" anzusehen, bis mich die von Renate Holland-Moritz in Superlativen gehaltenen Zeilen in der Eule 1/ 81 anregten. Ich bin zutiefst beeindruckt von der Seemannschen Regie und Musik. Nehmen Sie bitte meinen herzlichsten Dank für Ihre Zeilen in der Eule 1/81 entgegen, denn ohne Ihre Hilfe hätte ich mich eines großen Vergehens schuldig gemacht.
M.S., Dresden

alle Geschichte die Geschichte von Klassenkämpfen ist) zu erklären, unternahm er 1964 mit seinem ersten und vorletzten Roman **Levins Mühle**. Dies ist kein Buch für den Liebhaber gefälliger und leicht konsumierbarer Unterhaltungsware. Es erfordert den anspruchsvollen, also den denkenden Leser, den unterschiedliche literarische Strukturen nicht verwirren, sondern ihm ihren Reiz offenbaren. Mein Kollege Horst Knietzsch postulierte, daß dieser Roman „nach filmischer Gestaltung geradezu schreit – und wieder auch nicht".

Nun weiß man also bestens Bescheid. DEFA-Regisseur Horst Seemann teilte Knietzschs Meinung bis zum Gedankenstrich. Meiner bescheidenen und natürlich höchst subjektiven Meinung zufolge trifft der zweite Halbsatz zu. Genauer gesagt, ich halte „Levins Mühle" für unverfilmbar. Es geht nicht an, daß ein Film beim Zuschauer die Kenntnis der literarischen Vorlage zur Voraussetzung macht. Dies aber scheint mir hier der Fall zu sein.

Der herumgestoßene jüdische Lohnmüller Levin, der in die ungerecht mahlenden Mühlen der Justiz gerät, als er den deutschnationalen Mühlenbesitzer Johann verklagt, steht nicht im Mittelpunkt einer überschau- und verfolgbaren Handlung; neben ihm agieren gleichrangig aberdutzende zweifellos interessanter Figuren, die den stillen, von der Solidarität vieler anderer getragenen Helden gelegentlich fast vergessen machen. Zwischendurch sieht sich der Zuschauer quälenden Alpdruckverfahren ausgesetzt, wenn nämlich Traumvisionen in nie enthüllter Rätselhaftigkeit den alten Johann heimsuchen.

Wer jedoch Bobrowskis Roman gelesen hat, dem wird ein ästhetisches Vergnügen ungewöhnlicher Art zuteil. Horst Seemanns Arrangements und Bildkompositionen (Kamera: Jürgen Kruse) sind einfach hinreißend. Daß er beinahe die gesamte Darsteller-Elite unseres Landes (Geschonneck, Reichel, Düren, Franke, Böwe, Ludwig, Grashof, Esche, Grosse, Mann, Grube-Deister, Paryla) und die beiden exzellenten bulgarischen Mimen Ionka Iliewa und Petr Slabakow unter Vertrag bekam und jedem von ihnen Kabinettstücke der Schauspielkunst abgewann, soll ihm ebenso unvergessen bleiben wie das schöne Lied vom „Großen Wasser", welches den Film durchzieht und einem noch lange nach Verlassen des Kinos im Ohr bleibt.

Sein Komponist ist ein meisterhafter Debütant und heißt Horst See-mann.

Ich kann mich nicht erinnern, je so faszinierende lebende Illustratio-nen zu einem wunderbaren Buch gesehen zu haben. Ob es sich dabei um einen selbst für anspruchsvolle Zuschauer ohne weiteres rezipier-baren Film handelt, wage ich allerdings zu bezweifeln.

Auf dem Gebiet des Kinderfilms wurde bei der DEFA quantitativ viel und qualitativ einiges geleistet. Zu den erfolgreichen Kinderfilmregis-seuren zählt Egon Schlegel („Abenteuer mit Blasius", „Wer reißt denn gleich vorm Teufel aus", „Das Pferdemädchen"). Eben dieser machte sich jüngst an die Bestellung eines bisher brachliegenden Feldes, genannt Jugendfilm. Nach einer äußerst pfiffigen und kinowirksamen Idee der Dramaturgin Tamara Trampe (Szenarium: Jochen Nestler/ Manfred Freitag) inszenierte er **Max und siebeneinhalb Jungen**. Die handelnden Personen sind Angehörige einer 8. Klasse, die jeder Lehrer und jeder einschlägig informierte Elternteil als typisch empfin-den werden. Das heißt, wir lernen ungebärdige, undisziplinierte Vier-zehnjährige kennen, deren ständige Pubertätlichkeiten jedem Erzie-hungsverpflichteten wie Attentate auf sein Nervenkostüm vorkommen mögen. Auch dem alten Genossen Max Stricker, der zwecks Vorberei-tung einer Fahrt nach Buchenwald einen Vortrag über seinen Wider-standskampf in der Nazizeit hält. Er läßt sich von der unerzogenen Hammelherde aus dem Schulhaus aber nicht ins Bockshorn jagen. Max Stricker (Peter Sturm) begreift nämlich, was den jungen Leuten das Verständnis für jene gnadenlose, an gefährlichen Abenteuern über-reiche Zeit erschwert: der Mangel an selbsterlebten Abenteuern, an Situationen, die eigene Bewährung erfordern. Als auf der Bahnfahrt nach Weimar sieben Jungen und ein Mädchen den Zug vorfristig verlassen, gibt ihnen Max eine Chance. Wer – im Besitz einer Bar-schaft von lediglich fünf Mark – bis zum nächsten Abend den verein-barten Treffpunkt erreicht, ist ein ganzer Kerl. Wer vor den Strapazen kapituliert, ist ein Versager. Bis auf einen nehmen alle die Herausfor-derung an. Und nun erleben sie, wie schwierig es schon in befriedeter Umwelt und in einer Atmosphäre fast allseitiger Hilfsbereitschaft ist,

Max und siebeneinhalb Jungen
DDR
RE: Egon Schlegel
DB: Manfred Freitag, Jochen Nestler
KA: Wolfgang Braumann

19

sich klug und konspirativ zu verhalten. Das praktische Beispiel lehrt sie gründlicher sehen, denken und begreifen, als es eine noch so gut vorbereitete Jugendstunde vermocht hätte.

Daß der Film – vielleicht nicht zum reinen Entzücken aller Pädagogen – erfrischend undidaktisch, witzig, spannend und streckenweise zutiefst anrührend ist, wird von massenhaft erscheinenden jugendlichen Zuschauern mit schallendem Gelächter und spürbarer Betroffenheit honoriert.

Kramer gegen Kramer
USA, PJ: 1979
RE: Robert Benton
DB: Robert Benton
KA: Nestor Almendros

Zu Weihnachten, dem Fest der Kinder, der Liebe und nicht zuletzt der Rührseligkeit, hielt Progress ein mit Oscars reichdekoriertes Geschenk bereit. Wer bisher noch nicht beschert wurde, wird auch im neuen Jahr das Schlangestehen nicht scheuen. Denn süßer die Glocken (in den Kinokassen) nie klangen als bei Amerikas Tränen-Hit **Kramer gegen Kramer.**

Zur Debatte steht ein Problem, das jeden bewegt oder bewegen sollte: Was wird aus den Kindern geschiedener Ehepaare? Wie verkraften die Leidtragenden den Verlust eines Elternteils? Der Volksmund, welcher vorwiegend mit weiblicher Zunge redet, behauptet: Kinder gehören zur Mutter. Der weise Richter Azdak aus Brechts „Kaukasischem Kreidekreis" präzisiert: „Die Kinder den Mütterlichen". Und die Erfahrung lehrt, wenn auch nur durch regelbestätigende Ausnahmen, daß ein Vater ebenso mütterlich sein kann wie eine Mutter rabenväterlich.

Darum also geht es in diesem Film, den Hollywood-Regisseur Robert Benton nach einem vielgelesenen Roman von Avery Corman schrieb und inszenierte. Joanna Kramer (Meryl Streep) verläßt nach achtjähriger unbefriedigender Ehe ihren Mann Ted Kramer (Dustin Hoffman) und ihren fünfjährigen Sohn Billy (Justin Henry). Über all ihrer emanzipatorischen Frustration ist ihr die Mütterlichkeit offenbar abhanden gekommen. Denn noch kann sie nicht ahnen, daß die geänderte Situation ihren Mann wandeln wird. Er, der vorher nur mit seiner Karriere beschäftigte Ernährer, entscheidet sich nun für die ganze Verantwortung, nämlich sein Kind nicht nur mit Ernährung, sondern auch mit Mütterlichkeit zu versorgen, weil es sonst nicht gedeihen kann. Diese

Kinderfilm-Muse

Eule allein in Athen

Doppelfunktion muß mit beruflichen Einbußen bezahlt werden – welche werktätige Frau und Mutter wüßte das nicht?

Ab sofort ist alles herzergreifend schön. Das Kind ist so bezaubernd und wohlerzogen, daß es, wenn es nicht schon der Fall wäre, augenblicklich für den Film entdeckt werden müßte. Die einzige psychische Störung, die der Fortgang der Mutter bewirkt hat, manifestiert sich in einem Löffel Eiskrem, den Billy gegen väterliches Gebot zum Munde führt. Ansonsten haben Prachtkind und Prachtvater in einer prachtvollen Wohnung eine schöne Zeit. So möchte der amerikanische Durchschnittsbürger leiden dürfen! Ted Kramer wird von seinem Boß gefeuert, weil dessen Boß nur ganztags verfügbaren Robotern ein Riesengehalt zahlt. Der neue Job ist zwar etwas niedriger dotiert, aber an Eiskrem und schwedischer Innenarchitektur wird es Vater und Sohn auch künftig nicht mangeln. Denn zusammenbleiben dürfen die beiden. Wenn auch das Gericht der inzwischen zu eigener Karriere gelangten Mutter das Kind zuspricht, läßt diese zu guter Letzt ihr wiederentdecktes Herz sprechen und übt tränenreichen Verzicht.

„Kramer gegen Kramer" ist ein perfekt gemachter Film mit einzigartigen Schauspielerleistungen. Robert Benton versucht auch nicht, eine heile Welt vorzuführen, aber es ist eine auf Hochglanz polierte Welt, der Realität so fern wie Reklamefotos und Werbespots. Doch das Thema, dessen er sich angenommen hat, verdient es nicht, durch Sentiment verniedlicht zu werden.

Unser kurzes Leben
DDR
RE: Lothar Warneke
DB: Regine Kühn
KA: Claus Neumann

Wenn ein Roman seine Leser packt, sie aufrüttelt und fasziniert, erscheinen über kurz oder lang Filmleute auf dem Plan, willens und entschlossen, aus dem literarischen Ereignis nunmehr auch ein filmisches zu machen. Das ist eine langgeübte legitime Praxis, über deren Vorzüge so wenig zu streiten sein dürfte wie über einen ganz bestimmten Nachteil: Jeder Leser hat sich längst seinen eigenen Film gemacht. In seiner Phantasie haben die Helden Gestalt angenommen, sie bewegen sich in Räumen und Situationen auf unwiederholbare Weise. Phantasie-Filme sind unbeeinflußt von technischen Gegebenheiten. Sie können so lang sein, wie es ihren Schöpfern gefällt, und Besetzungsprobleme kennen diese schon überhaupt nicht. Gegen solche, wenn man es genau nimmt: unlautere Konkurrenz muß sich nun die professionelle Film-Adaption behaupten.

Regine Kühn (Szenarium) und Lothar Warneke (Regie) ergriffen und nutzten die Chance, den großen nachgelassenen Roman Brigitte Reimanns „Franziska Linkerhand" Figuren, Handlungsstränge und Haltungen zu entlehnen und daraus ein eigenständiges Filmkunstwerk zu gestalten. **Unser kurzes Leben** transponiert die Geschichte der bereits diplomierten Architektin Franziska Linkerhand aus den fünfziger Jahren in die Gegenwart. In dieser unserer Zeit muß ein sozialpolitisches Programm verwirklicht werden, zu dessen Zielen die menschenwürdige Behaustheit alle Bürger unseres Landes gehört. Doch der Mensch braucht mehr als vier Wände und sanitären Luxus. Ohne Kommunikation ist seine Menschlichkeit in Frage gestellt. Der Widerspruch zwischen theoretisch Gesichertem und praktisch Möglichem versetzt Franziska in eine produktive Unruhe, deren Ansteckungsgefahr manchen Etablierten das Fürchten lehrt. Auch Franziska lernt begreifen, daß Wirklichkeit und Ideal nicht immer kongruent sein können, doch sie weigert sich, Einsicht in Notwendigkeiten mit der Preisgabe ihrer Ideale gleichzusetzen.

Die optische Vorstellung, die der Leser des Romans von dieser willensstarken, kompromißlosen Person einbringt, muß er angesichts Warnekes Film möglicherweise sofort revidieren. Ein knabenhaftes Mädchen mit ernstem Gesicht, dieses ganz beherrscht von übergroßen Augen und ebensolcher Nase, zweiundzwanzig Jahre alt und weder von Natur noch Maske um einen Tag älter gemacht – so steht uns Simone Frost gegenüber. Diese soll eine sechsundzwanzigjährige Architektin sein, freiwillig vom warmen Platz an der Seite ihres einflußreichen Professors in die Lausitzer Taiga gezogen, um hier, nach gescheiterter Ehe, richtiges Leben zu probieren? Die Frost ist es, weil sie es zu spielen vermag. Das frühreife Naturtalent Simone Frost versieht die Franziska mit sprödem Liebreiz, unbeugsamer Energie und grenzenloser Verletzbarkeit. Sie macht sogar ihre Liebe zu dem rätselhaften Mann Trojanowicz glaubwürdig, obwohl ihr Partner Gottfried Richter der (zweifellos schwierigsten) Figur nicht Kontur noch Charakter abgewinnt. Simone Frost muß an Trojanowicz-Richters

23

Seite gewissermaßen für zwei spielen. (Wenn sie allerdings im wehenden weißen Baumwollkleidchen mit ihm per Feuerstuhl zu einem romantischen Inselchen kariolt, läßt sich eine leise Ahnung von Kitsch nicht ganz verdrängen.)

Neben der glänzenden Debütantin Frost, die nach sechzehnjähriger Bühnenlaufbahn schon ein alter Theaterhase ist, brillierte der ebenfalls vornehmlich am Theater beschäftigte Hermann Beyer als Stadtarchitekt Schafheutlin. Der grämliche, von Frustration und Magenleiden gezeichnete Mann, dem revolutionärer Schwung und künstlerischer Ehrgeiz im zermürbenden Alltag abhanden gekommen sind, hält den Eifer der jungen Kollegin Linkerhand für eine gefährliche Provokation. Wie Beyer unter erstarrter Kruste einen Menschen sichtbar macht, der fühlen und begreifen lernt und damit ebenso zur Hilfe wie zur Einsicht bereit wird – das ist reife, überzeugende Schauspielkunst. Auch Christian Steyer als der nonchalante Schlaks Jazwauk, der nach enttäuschten Hoffnungen den Weg des geringsten Widerstandes geht und sich in sarkastische Oberflächlichkeit rettet, liefert die genaue Studie eines modernen Typs, der oft, aber fälschlich für einen Zyniker gehalten wird.

Zu den schönsten Momenten in „Unser kurzes Leben" gehören die Auftritte von Christine Schorn und Barbara Dittus. Es sind nur wenige Szenen, in denen die Schorn eine ihrer Labilität und schließlich tödlicher Einsamkeit ausgelieferte Alkoholikerin skizziert. Mit ein paar Gesten und lakonischen Sätzen umreißt sie eine menschliche Tragödie. Barbara Dittus dagegen spielt eine Frau, für die es moralische Anfechtung nicht gibt. Wo sie gerade ist, tut sie, was getan werden muß, und zwar mit Freude und ohne Selbstmitleid. So ersetzt sie fünf Halbwaisen, mit denen sie zufällig in einer Wohnung lebt, die Mutter, und so arbeitet sie wieselflink in ihrer Kneipe, zwischen zwei Happen Kartoffelsalat immer auf dem Sprung, um mit mütterlicher Courage Frieden unter der schnapsseligen Kundschaft zu stiften.

Nicht vergessen werden sollte die Leistung des Schauspieler-Laien Dieter Knust, der hauptberuflich sein Leben als Fernsehregisseur fristet. Er spielt den Verwalter eines Mädchenwohnheims. Der vier-, wenn nicht gar fünfschrötige ehemalige Untermann einer Akroba-

tengruppe mußte aus gesundheitlichen Gründen vom Zirkus abgehen. Nun behütet er die Mädchen, wenn es sein muß mit Muskelkraft, aber erfolgreicher noch mit der Kraft seines großen, gütigen Herzens.

Der Film von Lothar Warneke und Regine Kühn enthält Tragisches und Komisches, alltägliche Probleme und solche von existentieller Bedeutung. Er stellt Fragen und tut nicht so, als ob er schon alle Antworten wüßte. Wer findet, die Schöpfer seien dem Roman von Brigitte Reimann manches schuldig geblieben, der hat sicherlich recht. Wer aber meint, daß es nicht nur ein großes, schönes, ehrliches Buch, sondern nun auch einen zwar weniger umfangreichen, aber schönen und ehrlichen Film gibt, der irrt sich ganz gewiß nicht.

Bei der Institution mit der höchsten Verschleißquote, nämlich dem amerikanischen Fernsehen, erlernte der ehemalige Schauspieler Sidney Pollack das Regiehandwerk, und zwar meisterhaft. Obwohl ihn jahrelange Arbeit an Western-Serien zum unheilbaren Pferdenarren gemacht hatte, zog er sich beim ersten günstigen Wind aus der Prärie zurück, um nunmehr psychologische Gefilde abzugrasen. TV-Filme wie „Stimme am Telefon" mit Sidney Poitier und Anne Bancroft und „Dieses Mädchen ist für alle" mit Natalie Wood und Robert Redford (beide 1965) versetzten die fast bankrotten Hollywood-Bosse jener Jahre in helles Entzücken. Und wirklich wurde Sidney Pollack – neben anderen hochbegabten Fernseh- oder Theaterregisseuren – zum Helfer, wenn auch nicht gerade zum Freund des amerikanischen Filmimperiums. Denn seine Filme haben eindeutig progressiven Charakter.

Mit „Jene Jahre in Hollywood" erwies sich Pollack als Sympathisant kommunistischer und linksliberaler Künstler, die während der McCarthy-Ära verfolgt und verfemt waren. Erstes großes Aufsehen erregte er mit „Nur Pferden gibt man den Gnadenschuß", einer erschütternden Anklage gegen die Zynismen des „American Way of Life". Dies ist überhaupt Pollacks Credo, der seine Filme stets mit nicht nur berühmten, sondern ausschließlich mit fortschrittlichen Stars besetzte. Für sein jüngstes Werk **Der elektrische Reiter** engagierte er (jeweils

Der elektrische Reiter
USA, PJ: 1978
RE: Sydney Pollack
DB: Robert Garland
KA: Owen Roizman

25

zum wiederholten Male) Jane Fonda und Robert Redford. Neben den beiden bedeutenden Menschendarstellern agiert nicht weniger eindrucksvoll das Rasse-Pferd Rising-Star. Es geht darum, daß Mann und Pferd, einst gefeierte Sport-Champions, nun im Amüsierbetrieb von Las Vegas als lächerliche Reklamefiguren für skrupellose Konzern-Manager ihre bunt illuminierte Haut zu Markte tragen. Der ehemalige Rodeo-Reiter Sonny Steele hat die Flucht in den Alkohol angetreten. Als er bemerkt, daß das Pferd ein Opfer chemischen Dopings zu werden droht, verhilft er wenigstens ihm zur Flucht in die Freiheit der Berge von Utah. Eine clevere New-Yorker Fernsehjournalistin, die Roß und Reiter folgt, entdeckt auf der Suche nach einer sensationellen Story ihre eigene Menschlichkeit.

Sidney Pollack erzählt diese Geschichte mit allen dem Kino, und nur dem Kino zu Gebote stehenden Mitteln. Er nutzt die Attraktivität jedes Schauplatzes – ob es sich um das glamouröse Las Vegas oder um eine Gebirgslandschaft handelt – ebenso wie die der atemberaubenden Verfolgungsjagd, die uniformierte Stuntmen in Polizeiautos auf einen einsamen Reitersmann unternehmen. Jede Möglichkeit zu humoristischer Brechung ist so genau kalkuliert wie die zu großer Emotionalität. Und dennoch ist der Film weder rührselig noch albern, wozu die Story verleiten könnte. Daß nirgendwo ein Abrutsch in den Kitsch stattfindet, sondern gediegene, spannende Unterhaltung geboten wird, verdanken wir Sidney Pollacks sicherem Geschmack und seiner perfekten Beherrschung filmischen Handwerks. Wollte Gott, das Gros unserer DEFA-Regisseure würde sich davon ein Scheibchen abschneiden!

Pugowitza
DDR
RE: Jürgen Brauer
DB: Margot Beichler
KA: Jürgen Brauer

Mein Lieblingsbuch von Alfred Wellm, nämlich „Pause für Wanzka", reizte bisher noch keinen DEFA-Szenaristen zu filmischer Adaption, während seine Kinderbücher „Kaule" und „Das Pferdemädchen" für die Leinwand erschlossen wurden. Nunmehr ist **Pugowitza** ins Kino gelangt. Ob es sich bei Alfred Wellms gleichnamigem Roman um ein Kinderbuch handelt, weiß ich nicht genau (es erschien vor Jahren sowohl im Kinderbuch- wie auch im Aufbau-Verlag). Die DEFA möchte ihren Film (trotz Empfehlung P 6/10) jedenfalls nicht als

Kinderfilm, sondern als solchen über Kinder für Erwachsene verstanden wissen.

Pugowitza (zu deutsch Hosenknopf) ist das einzige russische Wort, das der alte Fischer Komarek die zwölfjährige Waise Heinrich Habermann lehren kann, während sie sich in den Wirren der letzten Nachkriegstage auf dem Treck in Richtung Westen befinden. Aber die siegreiche Rote Armee holt sie ein, sie bleiben im märkischen Lande und erleben den Beginn einer neuen Epoche und den einer tiefen, bewegenden Freundschaft. „Der alte Mann hatte dem Jungen das Fischen beigebracht, und der Junge liebte ihn." Dieser Satz steht in der Erzählung „Der alte Mann und das Meer". Er könnte ebensogut in „Pugowitza" stehen, bei dessen Lektüre ich nicht selten übern kurzen Hemingway die Nachtigall trapsen hörte. Ich will es gleich gestehen: Die sprachlichen Mittel, deren sich Wellm hier zwecks Erzeugung von Poesie bedient, erscheinen mir manchmal manieriert. Auch der Junge gerät ihm unterderhand zu altklug und damit streckenweise bis zur Unkindlichkeit verzerrt. Diese subjektiven Einwände gegen das Buch sind gleichzeitig solche gegen das Szenarium von Gudrun Beichler, die allzu starke Überhöhung offenbar nicht als Gefahr für Realitätsverlust erkannte.

Nach fast zwanzigjähriger, überaus erfolgreicher Arbeit als Kameramann verspürte nun auch Jürgen Brauer (wie schon Jo Hasler, Roland Gräf und Werner Bergmann) das Bedürfnis, selbst einmal Regie zu führen. Daß er sich des künstlerischen Beistands seines Freundes Heiner Carow versicherte, zeugt von Klugheit und Verantwortungsbewußtsein. Und das Ergebnis ist durchaus beeindruckend, bildkompositorisch geradezu meisterhaft. Leider ist die Diskrepanz zwischen Optik und Akustik unüberhörbar, wenn nämlich die Poesie der Bilder gelegentlich von zu lauten, ja schrillen Tönen erschlagen wird.

Ein unschätzbarer Fund und gleichzeitig ein Pfund, mit dem der Film wuchert, sind die Kinder Axel Griesau („Hosenknopf" Heinrich) und Ralf Neumann („Ballerkopp" Otwin). Was der zwölfjährige Axel an unverkrampfter Emotionalität vor die Kamera Jürgen Brauers bringt, ist außergewöhnlich. Doch fast noch mehr bewegte mich die rührende, aber niemals rührselige Gestaltung des von der Natur so jämmerlich

Frau Holland-Moritz, setzen Sie weiterhin Ihre Brille auf und veranstalten Sie keine Volksbefragung, bevor Sie Ihre Kritiken schreiben! Die „normale Kinogängerin" Frau Fritz hat in mir die schreckliche Vision wachgerufen, daß Sie sich in Zukunft nicht mehr auf Ihren eigenen Verstand und Geschmack verlassen könnten. Mich interessiert Ihr Verstand und Geschmack, einen eigenen habe ich selber!
H.K., Potsdam

Als Unku Edes Freundin war
DDR
RE: Helmut Dziuba
DB: Hans Albert Pederzani
KA: Helmut Bergmann

benachteiligten Otwin durch Ralf Neumann. In wenigen, diesmal von keinem Mißton getrübten Szenen wird das ganze Ausmaß einer Kinder-Tragödie zum unvergeßlichen Erlebnis.

Überaus glücklich wurde die Rolle des alten Fischers Komarek mit Szymon Szurmiej besetzt, Intendant des jüdischen Theaters in Warschau. Dieses von Leid und Güte gezeichnete Gesicht erzählt ein schweres Leben, ohne der Worte zu bedürfen. Wo Dialog absolut erforderlich ist, wird er ganz ausgezeichnet von Kurt Böwe synchronisiert. Doch da dieser nun auch noch als Akteur aufzutreten hat, redet er mit der Zunge seines Kollegen Dieter Franke, als wär's ein Stück von ihm. Außerordentlich sympathisch agieren auch die Darsteller der Sowjetsoldaten Leonid, Mischka und Nikolai. Allerdings wirken sie in ihren properen Uniformen und in ihrer ungetrübten Ausgelassenheit und Lebensfreude eher wie Mitglieder eines Tanz- und Gesangsensembles und nicht wie Angehörige einer Armee, die den schwersten, opferreichsten Marsch durch einen mörderischen Krieg hinter sich gebracht hat.

Seit fünfzig Jahren befindet sich Alex Weddings „Ede und Unku" auf den Bestsellerlisten aller lesenden Kinder, aber erst jetzt fiel es den DEFA-Leuten auf, welcher Schatz da ungehoben lag. **Als Unku Edes Freundin war** nennen Autor Hans Albert Pederzani und Regisseur Helmut Dziuba ihren Film über und für Kinder. Dennoch möchte ich allen Eltern und noch Älteren den Kinobesuch dringend ans Herz legen.

Ede lebt mit seinem Vater und der Schwester Lisa Anfang der dreißiger Jahre in einem Berliner Vorort. Mit ihrem mageren Verdienst als Kino-Platzanweiserin hält Lisa die Ihren über Wasser, das denen, seit der Vater arbeitslos ist, längst bis zum Halse steht. Ede sieht mit Kummer und kindlichem Unverständnis, wie der Vater hart und böse wird, weil ihn die Not zu Boden drückt. Doch zum Streikbrecher läßt er sich nicht mißbrauchen, das ist Edes einziger Stolz. Da lernt er auf dem Rummelplatz das Zigeunermädchen Unku kennen. Anfängliche Scheu vor der Fremdartigkeit weicht dem Gefühl der Solidarität mit einer, die nicht nur arm ist wie er, sondern noch dazu ausgestoßen, beschimpft und verachtet. Freundschaft und noch kaum geahnte erste Liebe verbinden die beiden und machen sie stark in dem Bedürfnis, einander zu helfen. Unku versteht nicht, wie es sich ein Arbeiterjunge leisten kann, nicht zu arbeiten. Dabei wünscht sich Ede so sehr, zu der Schar seiner Kameraden zu gehören, die vor Schulbeginn Zeitungen austragen. Doch dazu braucht er ein Fahrrad, und das billigste ist schon zu teuer. Beider höchstes Ziel wird, das Geld zu beschaffen, damit sich Edes Traum vom Arbeiten erfüllen kann.

Die Geschichte wird einfach und heiter erzählt, in eindeutig berlinischer Tonart, die nicht nur mit dem Dialekt zu tun hat. Große Worte sind verpönt, Pathos ist so unbekannt wie Wehleidigkeit. Bei allen Schwierigkeiten, ein schweres Leben zu meistern, vergeht diesen Kindern der Spaß noch lange nicht. Der Film ist ein seltener Glücksfall. Er erfüllt die Brechtsche Forderung nach dem Unterhaltungswert jeden Kunstwerkes und trägt bei zum Wichtigsten, das wir unseren Kindern vermitteln müssen: zur Erziehung der Gefühle.

Wenn ein Schauspieler in fünfzig Filmen große Rollen gespielt hat und immer noch kein Star geworden ist, sollte er sich bescheidenerweise zu den Kleindarstellern zählen. Wenn aber der vielleicht einzige krisen- und wetterfeste Top-Star Erwin Geschonneck den bescheidenen Wunsch äußert, in seinem 51. DEFA-Film einen Kleindarsteller spielen zu dürfen, so ist das ein Befehl. Dieser Meinung war jedenfalls der Offizier der Reserve und Lustspielregisseur vom Dienst Roland Oehme. Als höchst freiwillige Mitstreiter wurden der Autor Manfred Wolter und die Dramaturgin Christel Gräf abkommandiert. Eine mehrabendlich tagende Viererkonferenz im Geschonneckschen Wohnzimmer zeitigte schließlich die Idee zu dem Lustspiel **Asta, mein Engelchen**. Aus der geplanten Rolle des Kleindarstellers war nach kämpferischen Diskussionen die des DEFA-Pförtners Otto Gratzick geworden, welcher dem DEFA-Star Herrmann Gschwindner zum Verwechseln ähnlich sieht und diesen nach dramaturgisch mühselig eingefädeltem Beinbruch doubeln darf. Wohl ahnend, daß die daraus resultierenden Verwicklungen so filmneu nicht sein würden, versahen die Schöpfer ihren Pförtner-Helden mit einer originellen Marotte:

Asta, mein Engelchen
DDR
RE: Roland Oehme
DB: Manfred Wolter
KA: Jürgen Lenz

Was ich schon lange wollte – endlich hat sich jemand aufgerafft (Post 47), die Filmkritiken von Frau Holland-Moritz zu „loben".
K.-H. Z., Stralsund

Otto Gratzick ist Asta-Nielsen-Fan! Jede dienstfreie Minute nutzt er, um sich in einem Studio-Vorführraum alte Filme mit seiner stummen Liebe anzusehen. Diese werden ausschnittweise auch dem Publikum angeboten. Das ist zunächst ganz lustig, besonders an den tragischen Stellen, aber auf die Dauer wirkt die exaltierte Antiquität doch ermüdend. Ähnliche Effekte erzielen die per Insert eingestreuten Spruchweisheiten, die nur in selteneren Fällen den Ehrentitel „Bonmot" verdienen. Offenbar sollten der schon etwas altbackenen Verwechslungskomödie auf diese Weise ein paar intellektuelle Lichter aufgesteckt werden. Ich fürchte aber, es waren Irr-Lichter.

Immerhin gibt es großen Spaß mit dem großen Komödianten Geschonneck, der sich aus der Fülle seiner früheren Rollenangebote selbst zitieren, persiflieren und sogar ganz privat auf die Schippe nehmen darf. An seiner Seite hält die bisher vom Film zu Unrecht vernachlässigte Annemone Haase als Engelchen Asta-Astrid wacker mit. Regisseur und Autor haben sich eine beachtliche Menge Gags einfallen lassen. Manche sind sogar neu, anderen, nicht den schlechtesten, begegnet man immer wieder gern. Von allen technischen Tricks liebt Oehme am meisten den Zeitraffer. Hier offeriert er ihn beiläufig fünfmal.

„Asta, mein Engelchen" ist Roland Oehmes fünfter Lustspielfilm. Wenn auch nicht alle seine Arbeiten von gleicher Qualität waren, so erfährt er doch allgemeine Anerkennung für die Beharrlichkeit, mit welcher er als einziger DEFA-Regisseur in Treue fest zum Heiteren steht. Ich wünschte ihm dazu noch jene gewisse Leichtigkeit und den ganz spezifischen inszenatorischen Charme, der deutschsprachige Regisseure noch nie besonders ausgezeichnet hat. Von zwei Ausnahmen mal abgesehen: Ernst Lubitsch und Billy Wilder.

Ödon von Horvath, österreichisch-ungarischer Abkömmling der dahingegangenen k.u.k.-Doppelmonarchie, dem nur siebenunddreißig Lebensjahre zugemessen waren, hinterließ siebzehn Volksstücke. Mit einer erbarmungslosen Liebe, die bis zu den innersten Wahrheiten vordrang, beobachtete und beschrieb er das Volk der kleinen Leute, jene besondere Spezies österreichischer Kleinbürger, deren

Geschichten aus dem Wienerwald
BRD/Österreich, PJ: 1979
RE: Maximilian Schell
DB: Christopher Hampton, Maximilian Schell
KA: Klaus König

bösarti- ge Manipulierbarkeit aus Verzweiflung und hilflosem Un-
verständ- nis erwuchs. Seine bedeutendste und meistgespielte Tragikomödie **Geschichten aus dem Wiener Wald** wurde von
Maximilian Schell verfilmt. Mir ist kein Fall erinnerlich, daß ein
Theaterstück ohne nennenswerte mediengerechte Veränderung auf
die Leinwand übertragen werden konnte und dennoch zu einem
eigenständigen Filmkunstwerk geriet. Neben Schells außergewöhn-
licher Affinität zu Horvarth war es wohl vor allem die Besetzung, die
dem Film zu geradezu hypnotischer Ausstrahlungskraft und satiri-
scher Brillanz verhalf. Helmut Qualtinger als patriarchalisch-gna-
denloser Vater, Birgit Doll als seine Tochter Marianne, Jane Tilden
als schlamperte Trafikantin, Hanno Pöschl als Strizzi Alfred und
Götz Kaufmann als die Inkarnation künftiger Menschenschlächter
trafen genau den Gestus der Leute, die das wenige Jahre später über
die Welt hereinbrechende große Grauen im kleinen schon sichtbar
machten.

Unzählige Geschichten aus Österreichs Filmateliers okkupierten bisher den Wiener Wald als ein Refugium für herzige Madln, Fiakersen-
timentalität und Heurigenseligkeit. „Geschichten aus dem Wiener
Wald" haben Österreichs Filmkunst rehabilitiert.

„Die Sommerfilmtage – das bedeutet, nicht nur ständig steigende
Besucherzahlen, sondern auch einen immer interessanteren Spielplan
anzustreben." Diese Worte aus der Progress-Werbeschrift „Kinosom-
mer" gingen mir ehrlich nahe. Denn mögen die vielen, häufig sogar
heldenhaft ackernden Mitarbeiter des Lichtspielwesens auch strebend
bemüht sein, Freilichtbühnen, Kinosäle und Zeitkinos mit Publikum
zu füllen – für den Spielplan sind sie schlechterdings nicht verantwortlich zu machen. Sie können eben nur zeigen, was vorhanden ist, und
das scheint mir ausgerechnet im Jubiläumsjahr nachgerade nicht mehr
feierlich.

Spitzenreiter des 81er Trauerspielplans ist für meinen Geschmack
Sing, Cowboy, sing, eine angebliche Westernkomödie des angel-
sächsischen DEFA-Gelegenheitsarbeiters Dean Reed. Der Wahlberliner
aus Colorado, den ich wegen seiner lauteren Gesinnung und seines

Sing, Cowboy Sing
DDR
RE: Dean Reed
DB: Dean Reed
KA: Hans Heinrich

Ich lese den Eulenspiegel eigentlich immer recht gern, aber als ich die Kritik an dem Film „Sing, Cowboy, sing" gelesen hatte, hätte ich das Heft am liebsten gleich weggelegt. Gestern abend habe ich mir den Film dann noch einmal angesehen. Heute muß ich Ihnen aber leider mitteilen, daß er mir immer noch gefällt.
H.Z., Boxberg

Sie trifft haargenau, die Renate Holland-Moritz. Bravo! Nun bleibt nur noch die Frage: Wann wird Dean beauftragt, einen Film als Drehbuchautor, Regisseur, Hauptdarsteller und Kameramann zu machen?
R.D., Dresden

Nach stattgehabtem ausführlichem Urlaubs-Frühstück habe ich, sozusagen als Nachspeise, Ihre Filmkritik zu „Sing, Cowboy, sing" gelesen. Obwohl ich mir aus für Sie sicherlich verständlichen Gründen den Film nicht angesehen habe, konnte ich über einen DEFA-Film wieder einmal herzhaft lachen. Ich danke Ihnen dafür!
D.K., Zittau

Johnny schießt quer
Rumänien, PJ: 1979
RE: Mircea Verolu
DB: Titus Popovici
KA: Calin Ghibu

Engagements für Menschlichkeit schätze, fürchtete offenbar gewisse Voreingenommenheiten beim DDR-Publikum. In einem Progress-Pressegespräch äußerte er: „Manche Leute werden meinen, dieser Dean hält sich für ein Genie, er ist Autor, führt Regie, spielt die Hauptrolle. Natürlich weiß ich, daß ich keines bin." In diesem Punkt ist also schon einmal Übereinstimmung erzielt. Wenn er auch kein Genie ist, so hat er doch ein beneidenswertes Selbstbewußtsein: „Ein Gag folgt dem anderen. Ich wollte, daß die Leute lachen … Alles, was gut gemacht ist, ist Kunst."

Und da wird's nun fast ein bißchen tragisch. Der Mann, der selbst als Cowboy gelebt hat, der in Italo-Western Hauptrollen spielte und der eine gelungene Parodie wie „Der Kleine und der müde Joe" als Vorbild benennt, kann leider zwischen intelligentem Witz und abgeschmackter Trivialität so wenig unterscheiden wie zwischen echtem Gefühl und billigem Sentiment. Die Gags, die hier einander folgen, gelangen nur selten über die Gürtellinie. Was lustig gemeint ist, wirkt lächerlich. Doch da Dean um jeden Preis Lachen erzeugen will, läßt er dasselbe von seinen Mitakteuren auf der Leinwand produzieren, und zwar vornehmlich von der chargierenden Kichererbse Stefan Diestelmann. Den Tränenpart hingegen reservierte der singende Cowboy für sich und seine bemerkenswert altklug und unnatürlich agierende kleine Hauptdarstellerin Kerstin Beyer. Das war nun wirklich außerordentlich, wenn auch unfreiwillig komisch. Im übrigen ist das Filmchen herzlich langweilig und hält auch in seinen Showteilen keinem Vergleich mit den einschlägigen Hollywood-Standardwerken stand. „Man kann eine Klamotte gut oder schlecht machen", postulierte Dean Reed sehr richtig. Schade, daß er sich nicht zur ersten Variante entschließen konnte.

Zu den 18. Sommerfilmtagen 1979 verkündete ein Steckbrief aus dem Filmstudio Bukarest: „Gesucht wird: Johnny". Nämlich von seinen Brüdern Traian und Romulus, die den sich quer durch den Wilden Westen Amerikas schießenden Johnny wieder heim ins geliebte Siebenbürgerland holen wollen. Doch Regisseur Mircea Verolu fand, daß man für die Dauer eines weiteren Films in den einmal aufgebauten

Kulissen verweilen könne, um den – in Rumänien – erzielten Kassenerfolg zu wiederholen. Diesmal heißt es **Johnny schießt quer**, aber in Wahrheit schießt in Wildwest-City so gut wie jeder auf jeden. Die Gangster treten in vielfachen Verkleidungen auf, und ehe Bruder Traian begreift, daß es seine angebetete Zirkusprinzessin Anabelle nicht auf ihn, sondern auf sein Geld abgesehen hat, müssen noch etliche Dutzend rumänischer Kleindarsteller mit tomatenmarkerschütternden Schreien tote Männer markieren. Die originelle Grundidee, welche dem Erstling „Gesucht wird: Johnny" noch erkennbar zugrundelag, versickert in den Blutlachen des zweiten Aufgusses. Doch aus Bukarest kommt die trübe Kunde, daß Johnny den Finger bereits zum dritten Mal am Abzug hat. Warum gibt man eigentlich nur Pferden den Gnadenschuß?

Im Falle des DEFA-Films **Platz oder Sieg?** von Regisseur Claus Dobberke nach Motiven der Erzählung „Sattel im Gepäck" von Sieglinde Dick kann die Frage eindeutig beantwortet werden: Jockei Silvia Robin (20) hat ein kostbares Reitpferd beim Hindernisrennen so geschunden, daß es stürzt und noch auf der Rennbahn erschossen werden muß. Nun sitzt die von Ehrgeiz zerfressene Amazone mürrisch in ihrem Dachstübchen und überlegt, ob sie das Pferdehalfter nicht endgültig an die Wand hängen soll. Aber zum Glück ist der ihr nahestehende Tierarzt mit dem hübschen Namen Clemens Kassenbrink noch einigermaßen bei Pferdeverstand. Er haut ihr ein paar kräftige Backpfeifen runter, worauf Silvia Robin einsieht, daß man nicht um jeden Preis – der für ein Rassepferd nicht niedrig sein dürfte – siegen kann, „und diese Erkenntnis ermöglicht ihr einen neuen Anfang", erklärt Gudrun Deubener, die Szenaristin des Film.

Auch als Angehöriger der nichtreitenden Bevölkerungsschichten muß man schon sehr an sich halten, um hier nicht kräftig auszuschlagen. Im übrigen ist „Platz oder Sieg?" bis zu seinem fragwürdigen Ende nicht einmal für Pferdenarren oder wettsüchtige Turfbrüder eine ansehenswerte Dokumentarstudie, weil jedes Fernsehkamera-Team einen simplen Trainingsvorgang aufregender zu fotografieren wüßte, als es hier dem DEFA-Kameramann Wolfgang Pietsch bei dramatischen Rennen

Platz oder Sieg?
DDR
RE: Claus Dobberke
DB: Gudrun Deubener
KA: Wolfgang Pietsch

Die treffendste Einschätzung der drei diesjährigen Sommerfilmtage-Produktionen „Johnny schießt quer", „Sing, Cowboy, sing" und „Platz oder Sieg?" war die von Renate Holland-Moritz in Heft 26.
I. und A.U., Dresden

gelang. Von einem Spielfilm mit interessanter Handlung kann schon überhaupt nicht die Rede sein.

Lauf, Ober, lauf
CSSR
RE: Ladislav Smoljak
DB: Zdenek Sverák
KA: Ivan Slapeta

In der Prager Altstadt lebt der unscheinbare Buchhändler Dalibor Vrana, der von seinem ebenso unscheinbaren Gehalt eine dreiköpfige Familie und mehrere außereheliche Kinder ernähren muß. Der Mann ist von permanenten Geldsorgen gezeichnet, für ein Treffen mit seinem ehemaligen Klassenkameraden hat er nicht einmal etwas Anständiges anzuziehen. Auf Befehl seiner Frau muß er sich in einen schwarzen Konfirmandenanzug zwängen, der ihm, vervollständigt durch eine weiße Fliege, zu eindeutigen Kellner-Appeal verhilft. Der Effekt ist verblüffend. In einem Restaurant, wo er am Tresen nur schnell eine Flasche kaufen will, wird ihm von einem angetrunkenen Gast die Zeche aufgedrängt. Vrana begreift, daß ihm sein Habitus und die angespannte Personalsituation in der Gastronomie völlig neue finanzielle Horizonte eröffnen. Von nun an taucht er ebenso blitzartig wie unauffällig in überfüllten Lokalen auf und erleichtert die dankbaren, weil schon ewig nach dem Zahlkellner rufenden Gäste um ihr Geld. Die einsetzende Fahndung nach dem Phantom-Kellner steigert Vranas Ehrgeiz und Arbeitsintensität. Leider läßt sich gleiches vom Autor Zdenek Svorák und Regisseur Ladislaw Smoljak nicht behaupten, denn in ihrem Film **Lauf, Ober, lauf** vergaben sie die einmalige Chance, aus dieser prachtvollen Idee eine zeitgeschichtliche Gaunerkomödie zu machen. Der Mangel an grotesken Verwicklungen, an Gags und wirklich witzigen Dialogen zeitigte am Ende wieder nur eine der handelsüblichen provinziellen Lustspielchen, für das ein Hauptdarsteller wie Josef Abrhám eigentlich zu schade ist.

Spiel mir das Lied vom Tod
Italien, PJ: 1968
RE: Sergio Leone
DB: : Sergio Leone, Sergio Donati
KA: Tonino Delli Colli

Der Italo-Western ist bei uns bislang nur in seiner parodierten Form bekannt und nicht minder beliebt geworden. („Der kleine und der müde Joe", „Zwiebeljack".) Dreizehn Jahre nach seiner Premiere haben wir nun den legendären Klassiker dieses Genres für einen mittlerweile vertretbaren Preis importiert. **Spiel mir das Lied vom Tod** von Sergio Leone war indessen zumindest akustisch schon allgegenwärtig, denn die beiden leitmotivisch den Film durchziehenden Melodien von Ennio Morricone gehören zu den unverzichtbaren Evergreens aller Rundfunkstationen. Nunmehr wallfahren nicht nur eingeschworene Western-Fans, sondern alle Filmfreunde schlechthin in die Kinos. Immerhin arbeitete kein Geringerer als Bernardo Bertolucci (Regisseur von „1900") am Szenarium mit, die Kamera wurde von Tonino Delli Colli (dem bevorzugten Partner des großen Pier Paolo Pasolini) geführt, und die Besetzungsliste weist gleich vier Weltstars aus. Um es in aller Deutlichkeit zu sagen: Bei diesem Film obwaltet eine handwerkliche Perfektion, von der auch unsere Besten aus Babelsberg nur träumen könnten. Das gilt in erster Linie für die Bildsprache mit ihrer elementaren, geradezu suggestiven Kraft. Die Abläufe sind nicht einfach „in Szene gesetzt", sondern meisterhaft komponiert. Auch die Leistungen der Darsteller verdienen höchstes Lob. Trotz seiner väterlich-warmherzigen Ausstrahlung vermag Henry Fonda einen eiskalten Killer ebenso glaubwürdig zu gestalten wie der sonst auf Bösewichter abonnierte Charles Bronson einen gütigen Menschenfreund, der selbst die Blutrache noch mit Anstand und Fairneß vollzieht. Die interessanteste, weil differenzierteste Rolle blieb dem exzellenten Jason Robards (bekannt als Dashiell Hammett aus Fred Zinnemanns „Julia") vorbehalten. Claudia Cardinale steuerte wie immer ihre makellose Schönheit bei, und die ist gewiß nicht von schlechten Eltern.

Doch trotz allen ästhetischen Genusses, den das fast dreistündige Monumentalwerk bereitet, bleibt die Story ein simples, gewaltig zum Kitsch tendierendes Rührstück, in dem das Gute und das Böse ohne psychologische Finessen aufeinanderprallen. Die Wüste, deren Staub man zu atmen meint, wird mit dem Blut der Gemetzelten durchtränkt. Daß die Liebenden einander nicht kriegen sollen, war nur ein Trick. Der endgültig letzte Trauerfall löst auch dieses Problem zur Zufriedenheit, wie es sich im guten alten Kintopp nun einmal gehört.

In den siebziger Jahren machte im Kulturbetrieb der BRD ein junger Mann von sich reden, dem eine filmakademische Ausbildung in Westberlin wegen angeblichen Talentmangels verwehrt worden war. Doch dieser Rainer Werner Faßbinder ging seinen Weg mit chaotischer

Die Sommerkino-Eule I und II hat mich sehr verwundert, um nicht zu sagen, verärgert. Die von der Autorin vorgestellten Filme haben alle einen gemeinsamen Fehler. Sie gefallen der Autorin nicht! In einem Film ist die Handlung zu schwach, in einem anderen wieder so schwer, so daß er von ihr nicht verstanden worden ist. Da frage ich mich doch: Was gefällt Frau Holland-Moritz überhaupt?
I.H., Plauen

Die Zuschrift von Herrn Ingo Hermann, Plauen in Heft 31, daß in manchen Filmen die Handlung so schwer ist, daß sie von Frau Renate Holland-Moritz nicht verstanden wird, ist direkt beleidigender Blödsinn.
C.J., Dresden

Die Ehe der Maria Braun
BRD, PJ: 1979
RE: Rainer Werner Fassbinder
DB: Peter Märthesheimer, Pia Fröhlich
KA: Michael Ballhaus

Brachialgewalt und geradezu unheimlicher Arbeitsbesessenheit. Dreiundzwanzigjährig verfilmte er höchst erfolgreich sein erstes eigenes Theaterstück („Katzelmacher"). Der heute fünfunddreißigjährige schuf in zwölf Jahren siebenunddreißig Spiel- und Fernsehfilme. (Solche Zahlenangaben sollten gewisse DEFA-Regisseure, die zwischen zwei Filmen fünf Jahre und mehr verstreichen lassen, vielleicht ein bißchen nachdenklich stimmen.) Ich kenne nur einige der Fassbinder-Filme, und ich muß gestehen, daß sie mir fast durchweg sowohl zu artifiziell und damit zu wenig verständlich, als auch zu versnobt vorkamen. Und dennoch war und ist eminentes Talent unübersehbar. Bei aller Zügellosigkeit, allem unappetitlichen Exhibitionismus, aller politischen Ratlosigkeit des jungen Mannes legt er genialische Züge an den Tag. Fassbinder hat begriffen, was Film zuerst und vor allem ist: visuelle Kunst. Er verfaßt nicht bebilderte Hörspiele, er erzählt richtige Bildgeschichten. Höchste Sorgfalt verwendet er auf Dekor und Montage. Eine, die ihm nach vieljähriger Zusammenarbeit eine fundierte, von Ruhm und Ehrungen gekrönte Karriere verdankt, heißt Hanna Schygulla. Schon ihretwegen (in der Titelrolle) lohnt sich der Besuch des Films **Die Ehe der Maria Braun.** Nach bäuchlings vollzogener Nottrauung im Granatsplitterregen muß Hermann Braun (Klaus Löwitsch) wieder in den Graben. Unter den geschlagenen Heimkehrern sucht Maria ihn vergebens, aber sie ist entschlossen, auf ihn zu warten. Nicht tatenlos allerdings, denn Hermann soll's einmal gut haben. Als effektivste Nachkriegstätigkeit erweist sich die eines Ami-Animiermädchens. Marias Haushalt floriert wieder, auch ihr Hormonhaushalt, und selbst horizontal erworbene Englischkenntnisse sind eine nützliche Kapitalanlage für die Zukunft. Hermann Braun kehrt zurück, und seine liebevolle Gattin befördert den Ami vermittels einer gut gezielten Weinflasche aus dem Leben zum Tode. Die Zeche bezahlt Hermann: Er geht statt ihrer in den Knast. Inzwischen beginnt das Wirtschaftswunder Formen anzunehmen, in welche die moralisch deformierte Maria großartig paßt. An die Stelle des toten GI tritt ein todkranker Finanzier, dem sie sich und ihre vielfältigen Talente verkauft. Damit will sie wiederum die Zeit bis zu Hermanns Rückkehr sinnvoll nutzen. Doch der hat dem Finanzier die Rechte an Maria um den Preis des Universalerbes auf Lebenszeit abgetreten.

Rainer Werner Fassbinder erzählt diesen Dreigroschenroman (Buch: Peter Märthesheimer, Pia Fröhlich) aus einer seelenlosen Geldmonarchie kühl, distanziert, emotionslos. Dabei gelingt ihm mit dem preußisch-korrekten Buchhalter Senkenberg eine interessante Charakterstudie, die der sonst als Regisseur dilettierende Hark Bohm zu einem darstellerischen Kabinettstück macht. Daß Fassbinder am Schluß das Ehepaar Braun samt Villa in die Luft fliegen läßt, mag sein persönlicher Kommentar zu totaler Korruption, zum Ausverkauf aller menschlichen Werte sein. Einen Ausweg aus der Misere markiert diese Himmelfahrt gewiß nicht!

Gabriele Kotte verbrauchte viel Zeit und Papier, bis sie ihr erstes Szenarium für abliefernswert hielt. Es war die Vorlage zu dem gelungenen Iris-Gusner-Film „Alle meine Mädchen". Ihre zweite Arbeit, klug betreut von der Dramaturgin Tamara Trampe, beweist einen Zuwachs an Reife und handwerklichem Können. Nach Motiven des Romans **Bürgschaft für ein Jahr** von Tine Schulze-Gerlach schrieb Gabriele Kotte ein Buch, aus dem der zuverlässige und geschmackssichere Regisseur Herrmann Zschoche einen ebenso wichtigen wie schönen Film zu machen wußte. Für die Echtheit des Milieus im Berliner „Scheunenviertel" des Stadtbezirks Mitte sorgten Szenenbildner Dieter Adam und Kameramann Günter Jaeuthe.

Ähnlich wie im Rücker-Carow-Film „Bis daß der Tod euch scheidet", der nicht wenige auf den Plan rief, die das sogenannte Untypische nicht für künstlerisch gestaltenswert hielten, geht es auch hier um eine soziale Problematik, die weder von der Gesellschaft noch von der Kunst ignoriert werden darf: das Schicksal vernachlässigter Kinder. Heiner Carow verhalf der jungen Schauspielerin Katrin Saß zu einem glanzvollen Debüt; unter Zschoches Regie gelang der erst Vierundzwanzigjährigen ein darstellerisches Meisterstück. Dabei war es gewiß kein Leichtes, die Rolle der Berliner Hilfsarbeiterin Nina Kern in jener Balance zu halten, die sowohl kritische Distanz wie verständnisvolle Sympathie ermöglicht.

Bürgschaft für ein Jahr
DDR
RE: Herrmann Zschoche
DB: Gabriele Kotte
KA: Günter Jaeuthe

Selbst wenn man die von Renate Holland-Moritz besprochenen Filme weder gesehen noch die Absicht dazu hat, sind Renates Rezensionen so reizvoll zu lesen, daß sie unbändiges Vergnügen bereiten. In ihrer Art sind sie kleine literarische Meisterwerke! So haben die zweifelhaften Eigenproduktionen und die überwiegend wertlosen Importe für unsere Kino-Leinwände indirekt doch noch Kunst zustande gebracht.
U.W., Eisleben

Ich möchte mich der Meinung von Ulrich Will aus Eisleben, Post Heft 35 anschließen. Die Rezensionen von Eulen bereiten auch mir jedesmal ein unbändiges Vergnügen. Sie sind tatsächlich kleine literarische Meisterwerke.
K.-H.L., Halle

Mephisto
Ungarn
RE: István Szabó
DB: István Szabó, Péter Dobai
KA: Lajos Koltai

Diese labile, triebhafte, in ihrer Persönlichkeit ungefestigte Nina entstammt selbst einem defekten Elternhaus. Zu jung mit der Verantwortung für drei kleine Kinder, von einem verkommenen, brutalen Ehemann alleingelassen, versagt sie. An die Stelle mangelhafter mütterlicher tritt nun die staatliche Fürsorge: Die Kinder kommen ins Heim. Aber Nina Kern, deren Liebesbedürfnis ebenso groß ist wie ihre Liebesfähigkeit, kämpft um die Chance, eine gute Mutter zu werden. Probehalber darf sie die jüngste Tochter für ein Jahr zu sich nehmen. Zwei Bürgen betreuen das Experiment: die alleinstehende Musiklehrerin Irmgard Behrend (tiefberührend und mit feinem Humor von Monika Lennartz dargestellt), deren christliche Geduld trotz harter Prüfungen unerschöpflich ist, und der in spießigem Wohlstandsdenken schließlich resignierende Bauingenieur Peter Müller (Jaecki Schwarz).

Am Ende war es ein schweres Jahr für Nina Kern, voller Anfechtungen, Niederlagen, Verzweiflungen. Aber doch nicht ohne Hoffnung. Sie wird ihr Bestes versuchen, auch wenn es bei weitem nicht genug ist. Dem Abrutschen auf der schiefen Bahn ist Nina mit Hilfe anderer entkommen. Ob sie die Mühen der Ebenen bewältigt oder ob ihr gar ein Höhenflug des Glücks gelingt, ist allein in ihre eigene Verantwortung gestellt.

Im Jahre drei des von den Nazis großspurig ausgerufenen tausendjährigen Reiches schrieb der junge Klaus Mann, ältester Sohn Thomas Manns, im niederländischen Exil den Roman „Mephisto". Vielerorts wurde der Vorwurf erhoben, es handle sich um einen Schlüsselroman, in welchem der Autor persönliche Haßgefühle abreagiert habe. Die verschnupfte Erbengemeinschaft eines berühmten ehemaligen Staatsschauspielers konnte sogar mit Hilfe juristischer Tricks bis 1980 die Edition des Werkes in der Bundesrepublik verhindern. An getroffen bellende Schlüsselfiguren war man im Haus Mann nachgerade gewöhnt. Solche Reaktionen vermochten weder dem literarischen Siegeszug der „Buddenbrooks" noch dem Erfolg der brillanten Satire „Mephisto" etwas anzuhaben. Inzwischen erfuhr Klaus Manns Erstling eine Metamorphose, die in ihrer künstlerischen Geschlossenheit und politischen Aussagekraft noch über die literarische Vorlage hinausgeht. Gemeint ist der ungarische Zweieinhalbstundenfilm **Mephisto**, für den Autor und Regisseur Istvan Szabo bei den diesjährigen Filmfestspielen in Cannes den Preis der Internationalen Filmkritik sowie den für das beste Szenarium erhielt.

Dieser Film gehört zweifellos zu den bedeutendsten Werken der antifaschistischen Weltfilmkunst. Es ist die Geschichte eines genialen Schauspielers, dessen zerstörerische Sucht zu gefallen und dessen krankhafter Ehrgeiz, um jeden Preis Erfolg zu haben, seine positiven menschlichen Eigenschaften lahmlegen, bis ihn der blanke Opportunismus in die Krakenarme der Nazis treibt. Mag er anfangs noch glauben, mit seiner frappierenden Verwandlungskunst und seinem aasigen Lächeln, das sogar den fetten Fliegergeneral zur Leutseligkeit mildert, habe er Macht über die mächtigen Emporkömmlinge, so wird schon bald offenkundig, daß sie sich seiner nur skrupellos bedienen. Er ist das Feigenblatt, das die nackte Kulturbarbarei verdecken soll.

Mit dem jungen Wiener Burgschauspieler Klaus Maria Brandauer stand Istvan Szavo ein Hauptdarsteller zur Verfügung, der alle Phasen vom künstlerischen Aufstieg eines besessenen Mimen bis zum moralischen Niedergang einer armselig-egozentrischen Kreatur virtuos meistert. Die Vielfalt seiner mimischen Mittel ist ebenso zu rühmen wie seine physische Gewandtheit und seine Sprechkultur. Daß gerade letzteres in unseren Breiten vernachlässigt wird, bewies wieder einmal Rolf Hoppe, der jedoch darüber hinaus die hinreißende Studie eines allgewaltig-stupiden, trotz aller Lächerlichkeit lebensgefährlichen Potentaten ablieferte. Kompliment auch für Christine Harbort. Als walkürenhafte Provinz-Naive Lotte Lindenthal alias Emmy Göring vermag sie der Karikatur zu entkommen, obwohl der schmale Raum zwischen dümmlicher Gutmütigkeit und ignorant-fanatischer Angepaßtheit mit Fußangeln und Fallstricken gewiß reich versehen war.

Seit vielen Wochen wütet in unseren feinsten Kinos ein Großbrand nie erlebten Ausmaßes. Heimliche Pyromanen sind darüber gewiß ebenso entzückt wie die Ökonomen der Bezirksfilmdirektionen. Die Pyrotechniker der DEFA werden sich im dunklen Parkett die feuchten

Sie veröffentlichen zugleich zustimmende und ablehnende Zuschriften. Da man oft die betreffenden Artikel entweder gar nicht gelesen oder schon wieder vergessen hat, man aber wiederum neugierig ist, wer nun im Recht ist, ist man gezwungen, das entsprechende Heft noch einmal herauszusuchen und nun den ganzen Zinnober doch noch bzw. noch einmal zu lesen. Wenn Sie damit die Effektivität Ihrer Zeitung erhöhen wollen, kann ich Ihnen dazu nur sagen: Bei mir nicht! Ich habe zwar die Sommerkino-Eulen I und II noch einmal gelesen, weiß aber trotzdem nicht, ob Herr Dietzel oder Herr Hermann recht hat. Ob es möglicherweise daran liegt, daß ich keinen der Filme gesehen habe? Ich schwanke nun, ob ich mir in Zukunft die Filme der Sommerfilmtage doch lieber ansehe oder besser die Leserbriefseite nicht mehr lese, um mich nicht unnötig mit Zweifeln zu beladen. Wozu würden Sie mir raten?
R.D., Dresden

Flammendes Inferno
USA, PJ 1974
RE: John Guillermin
DB: Stirling Silliphant
KA: Fred Koenekamp, Joseph Biroc

Immer wieder Dank Ihrer sagenhaft guten
Renate Holland-Moritz. Sie hat mich schon
oft vor Schlimmem bewahrt.
L.G., Freital

Äuglein trocknen. Denn mögen auch die Filmästheten grollen wie der Weihnachtsmann vor einer ungezogenen Kinderschar: Ein solches **Flammendes Inferno** hätte man in Babelsberg nie und nimmer entfachen können. Dazu mangelt es schlicht am Vermögen, und zwar an diesem wie jenem. Die Frage ist, ob man dergleichen Kokelei unbedingt importieren muß. Nun ja, das fast dreistündige Hollywood-Opus nötigte zumindest Bewunderung ob seiner tricktechnischen Brillanz ab und verhalf außerdem zur Wiederbegegnung mit einem guten halben Dutzend weltberühmter Stars. Die Story ist sogar streckenweise mit etwas Gesellschaftskritik durchsetzt, welche besonders meinem Idol Paul Newman überzeugend von den Lippen kommt, aber sie wird schon bald ein Raub der Flammen beziehungsweise versickert unauffindbar in altbekannter kommerzieller Kitsch-Dramaturgie.

Ein Wolkenkratzer, mit seinen hundertfünfunddreißig Stockwerken der größte der Welt, soll feierlich eingeweiht werden. Während sich der Ballsaal unterm Dachgarten mit den Honoratioren der Stadt füllt, entdecken die Ingenieure der Computerzentrale einen Schwelbrand in der 81. Etage. Architekt Doug Roberts (Paul Newman) plädiert für die Absagung der Party, denn er hat recherchiert, daß fehlerhafte und unzureichende elektrische Anlagen eine Riesenkatastrophe heraufbeschwören können. Doch Bauunternehmer James Duncan (William Holden, der jüngst dreiundsechzigjährig völlig vereinsamt starb) will auf das gesellschaftliche Ereignis nicht verzichten. Zufällig ist der Chefelektriker (Richard Chamberlain) sein Schwiegersohn, und wie sich herausstellt, haben die beiden Halunken die gesparten Millionen unter sich verteilt. Aber da sie einander nicht sonderlich grün sind, schiebt jeder dem andern den Schwarzen Peter zu, ohne sich ernsthaft um den Roten Hahn zu kümmern. Zu dessen Bekämpfung betritt eine Armee von Feuerwehrmännern unter Leitung des besten, was sag ich: des asbesten aller Feuerwehrchefs die Szene: Steve McQueen (auch er starb, erst fünfzigjährig, im vergangenen Jahr). Und nun jagt eine herzergreifende Episode die nächste. Natürlich kommen nicht alle davon, aber die wirklich teuren Stars (darunter Faye Dunaway und Fred Astaire) bleiben uns ebenso erhalten wie kleine Kinder, kleine Katzen sowie der feiste Bürgermeister mit seinem angetrauten rosa

Schweinchen. Der Architekt will nur noch in Zusammenarbeit mit dem edlen Feuerwehrchef Wolkenkratzer entwerfen, während der korrupte Bauunternehmer künftig allein Gott zum Mitwisser seiner Übeltaten zu machen gedenkt.

Auf die Gefahr hin, daß ich mir den Zorn zahlreicher Geschlechtsgenossinnen zuziehe, muß ich meinem Herzen Luft machen gegen eine in unseren Breiten geradezu anachronistische Erscheinung: die feministischen Blaustrümpfe, im Volksmund auch Emanzen geheißen.

„Ich glaube, daß bei der Emanzipation der Frauen in der DDR eine Etappe abgeschlossen ist. Ökonomische Unabhängigkeit und berufliche Anerkennung sind erreicht." Für dieses Glaubensbekenntnis der Regisseurin Iris Gusner (aus „Filmspiegel" Nr. 25/81) ließe sich der Wahrheitsbeweis antreten. „So häufig ist das ja nun nicht, daß Frauen Filmregie führen, weder bei uns noch anderswo. Hat eine Frau es schwerer in diesem Metier?" fragt der Interviewer weiter. Und Iris Gusner antwortet: „Ach, wohl schon … und es ist wohl überhaupt so, daß Frauen in exponierten Tätigkeiten mehr leisten müssen." Wenn damit gemeint ist, daß ihnen in den meisten Fällen auch noch die Hauptlast der Sorge um Kinder und Haushalt aufgebürdet ist, dann müssen sie quantitativ mehr leisten als Männer. Bezieht sich die Frage jedoch auf die Qualität der beruflichen Leistung, so ist die Antwort schlicht falsch. Niemand verlangt von einer Politikerin, Ärztin, Direktorin oder Künstlerin – um bei den „exponierten Tätigkeiten" zu bleiben –, daß sie besser ist als ihre männlichen Kollegen. Sie hat ihre Sache lediglich gut zu machen, so gut wie jedermann, der Achtung und Anerkennung verdient, und das ist beileibe nicht jeder Mann. Wenn einer Frau eine Arbeit mißlingt, ist der Schaden nicht größer und nicht kleiner. Aber Bemerkungen, daß ihr von vornherein mehr als einem Mann abverlangt worden sei, wirken in solchen Fällen leicht larmoyant und keineswegs emanzipiert.

Iris Gusner begann ihre Laufbahn als Regisseurin mit einem mittelmäßigen Film (1976 „Das blaue Licht"), dem ein rundum mißlungener (1978 „Einer muß die Leiche sein") folgte, und überraschte im dritten Anlauf 1980 mit dem heiteren, ehrlichen, Konflikte nicht verschwei-

1982

Wäre die Erde nicht rund …
DDR
RE: Iris Gusner
DB: Iris Gusner, Günter Haubold
KA: Günter Haubold

41

genden Gruppenporträt Berliner Arbeiterinnen „Alle meine Mädchen". Das Lehrgeld war nicht umsonst gezahlt, ein Talent hatte sich ausgewiesen. Die Erwartungen, die sich an Iris Gusners vierten Film **Wäre die Erde nicht rund ...** knüpften, waren demzufolge groß, und nicht kleiner ist die Enttäuschung über ein wiederum mißlungenes Lichtspiel. Dabei stand Frau Gusner diesmal eine Geschichte zur Verfügung, die nur sie erzählen konnte. Es handelte sich um Stationen aus ihrem eigenen Leben, obwohl die Autor-Regisseurin (Buch-Mitarbeit: Günter Haubold, der als Kameramann zweifellos Besseres leistete) das Autobiographische weitgehend leugnet. Möglicherweise liegt in dieser – mir unverständlichen – Distanzierung die Ursache für eine gewisse Verklemmtheit, die den Film so unzugänglich macht wie einen krankhaft introvertierten Menschen.

In der multinationalen Universitätsstadt Moskau hat sich in einem Internat eine kleine studentische Völkerfamilie zusammengefunden. Christiane aus der DDR und Hatem aus Syrien begegnen einander. Daß und wie hier eine Liebe beginnt, sich entwickelt und in Konflikt gerät, wird dem Zuschauer vorenthalten. Emotionen scheinen nicht erwünscht, die Ratio ist alles. Aber das Kino ist keine Austragungsstätte für die Kritik der reinen Vernunft, sondern ein Ort der Menschengeschichten, ob sie nun komisch, tragisch oder tragikomisch sind. Man erfährt, daß Christiane und Hatem ein Kind haben. Nein, sie kriegen es erst. Aber da ist plötzlich das einstige Kind Christiane mit dem bewunderten, weltfremd-versponnenen Großvater ...

Soviel zu einer Dramaturgie (Tamara Trampe), die mit Rückblende in der Rückblende zunächst Konfusion und schließlich blanke Langeweile erzeugt. Zwischendurch der bis zum Überdruß geführte Beweis, daß die Kluft zwischen einer Europäerin und einem Araber unüberbrückbar ist. Der Zuschauer traut jedoch weniger dieser anfechtbaren These als dem eigenen Augenschein. Und der läßt fürchten, daß hier zwei leicht psychopathische Typen aufeinandergetroffen sind. Dieser Christiane (Bozenna Stryjek) mit dem Flair einer übereifrigen Jugendfunktionärin, mangelt es empfindlich an Charme und der schönen Gelöstheit, welche allein die Liebe bewirkt. Hatem (Rasim Balajev), der siebengescheite Zitatenschatz, ist einfach ein ungehobelter, rück-

No-budget-Film-Muse

sichtloser Flaps. Niemand bestreitet die gravierenden und oft nicht zu vereinbarenden Unterschiede zwischen europäischer und nahöstlicher Mentalität, Kultur und Tradition, aber es will mir nicht glaubwürdig erscheinen, daß ein intellektueller junger Syrer nach fünfjährigem Aufenthalt in einem sozialistischen Land völlig unbeeinflußt von fortschrittlichem Denken, zum Beispiel in Bezug auf die Gleichberechtigung der Frau geblieben sein soll.

„Wäre die Erde nicht rund …" ist ein eher eckiger Film, der dem Zuschauer kaum erlaubt, mit den Liebenden zu lieben und zu leiden. Iris Gusner erklärte in dem obengenannten „Filmspiegel"-Interview: „Wie bringe ich mich in meinen Beruf ganz spezifisch als Frau ein? Und was können Frauen besser als Männer? Zum Beispiel Gefühle zeigen." Ich behaupte, daß es zum Beispiel Ingmar Bergman in seinen Filmen „Szenen einer Ehe" oder „Herbstsonate" auf ganz erstaunliche Weise gelungen ist, Gefühle zu zeigen, obwohl er sich schlechterdings nicht „spezifisch als Frau" in seinen Beruf einbringen konnte, sondern lediglich als ein großer Könner.

Eine einfache Geschichte
Frankreich, PJ: 1978
RE: Claude Sautet
DB: Claude Sautet, Jean-Loup Dabadia
KA: Jean Boffety

Vom französischen Regisseur Claude Sautet sahen wir bisher die Filme „Die Dinge des Lebens", „Das Mädchen und der Kommissar" (beide mit Romy Schneider und Michel Piccoli) und „Vincent, François, Paul und die anderen". Letzterer war ein außerordentlich gelungenes Gruppenporträt vier sehr unterschiedlicheer, miteinander befreundeter Männer, die ihre einstigen revolutionären Ideale mit den Realitäten der Gegenwart in Einklang zu bringen suchen. Nach einem äußerlich ähnlichen Strickmuster ist der neue Sautet-Film **Eine einfache Geschichte** gearbeitet. Romy Schneider erhielt für die Hauptrolle den César, gewissermaßen den französischen Oscar. Der Name der prominenten Österreicherin, die 1960 aus dem bundesdeutschen Schnulzenkintopp nach Paris auswanderte und hier eine international beachtete Theater- und Filmkarriere machte, hat auch bei uns genügend Anziehungskraft, um für volle Häuser zu garantieren. Denn die Geschichte selbst kann es nicht sein, die ein nach Unterhaltung und starken Emotionen lechzendes Publikum in hellen Scharen anlockt. Sie ist nicht im Wortsinne einfach, also unkompliziert, alltäglich, wie

44

der bescheidene Titel andeutet, sondern zähflüssig, versponnen und ohne jede gesellschaftliche Relevanz.

Die Mitglieder eines Freundeskreises arbeiten zwar im selben nicht näher bezeichneten Konzern, aber doch in höchst unterschiedlichen Positionen (zum Beispiel technische Zeichnerin – Direktoriumsmitglied). Dennoch scheint allen der gleiche Wohlstand vergönnt zu sein. Das Leben spielt sich vornehmlich in Bistros, auf Partys oder in Betten ab, die Gespräche sind von gefälliger Banalität. Hinter der glatten Fassade ist Leere, aber eine lächelnde Leere. Es wird leise und vornehm Klage geführt, Anklage nicht. Claude Sautets Credo lautet: „Wie immer Realität beschaffen sein mag, man darf sie nicht zurückweisen, man muß sie zur Kenntnis nehmen und lieben." Wirtschaftskrise, wachsende Arbeitslosigkeit, menschliche Entfremdung – lieben? Eine solche Einstellung kann man zur Kenntnis, aber nicht ernst nehmen.

Wirbt Renate Holland-Moritz für die DDR-Kino- und Filmtheater? Antwort: Im Prinzip ja, trotzdem sollte man nicht jeden von ihr runtergeputzten Film besuchen.
A.G., Leipzig

Ein guter Psychologe muß mit verständnisvoller Geduld zuhören können, er muß in der Lage sein, das Problem des Hilfesuchenden zu analysieren, um es schließlich durch nutzvollen Rat und praktische Hilfe möglichst zu lösen.

Die Psychologin Inge Herold, Mitarbeiterin einer Familienberatungsstelle, gerät eines gewöhnlichen Tages in einen tiefen, existentiellen Konflikt: Inge Herold erfährt, daß sie Krebs hat, eine Brustamputation ist unvermeidlich. In den vierundzwanzig Stunden zwischen Hiobsbotschaft und Einzug in die Klinik beschäftigt sie sich endlich mit dem Patienten, den sie bisher übersehen hat: mit sich selbst. **Die Beunruhigung**, von der Inge Herold erfaßt wird, bedeutet weniger Furcht vor dem möglichen Tod, als davor, oberflächlich, also falsch gelebt zu haben. Abgeschlossenes Studium und Erfolg im Beruf brachten die gewünschte ökonomische Unabhängigkeit. Das Scheitern ihrer Ehe wertet sie nicht als Niederlage, sondern als Sieg auf den Barrikaden falsch verstandener Emanzipation. Mit dem jetzt fünfzehnjährigen Sohn pflegt sie ein rein kumpelhaftes Verhältnis, während das lockere Verhältnis mit einem verheirateten Bettstatt-Kumpel sexuellen Erfordernissen Rechnung trägt. Die Beziehung zur Mutter hat nur noch pragmatischen Charakter, und die innige Vertrautheit mit der

Die Beunruhigung
DDR
RE: Lothar Warneke
DB: Helga Schubert
KA: Thomas Plenert

besten Freundin aus Schultagen ist, seit jene jenseits der Grenze in einer anderen Welt lebt, nicht mehr herstellbar. Doch Inge Herold vergeudet ihre kostbar gewordene Zeit nicht für trostlose Resignation. So will sie nicht weitermachen. Aber sie will leben, und wenn sie eine Chance hat, wird sie sie nutzen, mit aller Kraft ihres Verstandes, ihres Herzens und ihres Humors.

Die diese Geschichte geschrieben hat, ist von derselben Sorte, noch dazu eine, die sich auskennt: Helga Schubert, diplomierte Psychologin, Schriftstellerin mit Sprachkultur und dem selten anzutreffenden Nerv für Selbstironie. Sie entwarf alle Stationen, Gespräche und jedes winzige Detail mit einer Genauigkeit, die dem Vergleich mit der Realität deshalb standhält, weil sie in kunstvoller Überhöhung knapper und pointierter ist als diese. Dank der fürsorglichen Hand der Dramaturgin Erika Richter fand Helga Schubert einen Regisseur, mit dem sie auf gleicher Wellenlänge sendet: Lothar Warneke.

Zum Glück waren sich die beiden auch sofort über die Besetzung der Hauptrolle mit Christine Schorn einig. „Die mußte es sein – keine andere", sagt Helga Schubert. Und Warneke: „Sie paßt noch zwischen die Leute auf der Straße, ohne daß sie auffällt … Sie ist ein absoluter Zeitgenosse und hat eine enorme Wärme … Als Schauspielerin versteht sie, mit ihren hervorragenden Mitteln bescheiden umzugehen." Solchen Komplimenten ließen sich noch hunderte hinzufügen, ich beschränke mich auf dieses: Christine Schorn läßt den Laiendarstellern an ihrer Seite (zum Beispiel einem Arzt, einer Krankenschwester, einer krebskranken Frau und – last not least – dem Berliner Schüler Mike Lepke) soviel Souveränität zuwachsen, daß sie sich selbst, unverkrampft wie ausgewiesene Profis, zu spielen vermögen. Und das ist wahrhaftig keine Kleinigkeit. Merkwürdigerweise wirken hier die zum Teil improvisierten Dialoge glaubwürdiger als die zwischen Christine Schorn und ihrem Rahmenhandlungsgehilfen Hermann Beyer (der im übrigen eine ebenso hervorragende Studie liefert wie in anderen Szenen Walfriede Schmitt, Cox Habbema, Steffie Spira und Ostara Körner)! Das Gespräch bei ihrer ersten Begegnung hätte ich mir interessanter, geistreicher gewünscht, so daß ich den Funken, der da überspringen soll, wenigstens ahne.

Herrlich! Wenn ich Deine jüngste Kino-Eule lese, läuft es mir warm den Rücken runter: Frau Holland-Moritz und Herr Klötzer sind meine persönlichen Eule-Top-Favoriten: Die Kino-Eule ist für mich der Hit der Woche. U.J., Berlin

„Die Beunruhigung" ist ein Schwarzweißfilm. Diesen ungewöhnlichen Entschluß zu altmodischer Technik, der internationale Verkaufschancen vielleicht beeinträchtigen könnte, faßten Autorin und Regisseur in Übereinstimmung mit ihrem ausgezeichneten, vom Dokumentarfilm ausgeliehenen Kameramann Thomas Plenert. Lothar Warneke: „Nach wie vor stelle ich beim Farbfilm eine Tendenz ins Freundlich-Unwahrhaftige fest, und die Geschichte verliert dadurch an Schärfe." Dem ließe sich das großartige Beispiel „Solo Sunny" entgegenhalten, weil sich Regisseur Konrad Wolf und Kameramann Eberhard Geick (ebenfalls von Dokfilm kommend) der Mühe unterzogen, eine wirkliche Farbdramaturgie zu entwickeln. Einleuchtender klingt da schon Warnekes praktische Erklärung: „Wenn man mit Laien arbeitet, muß man mit sehr wenig Licht auskommen." Warneke kam darüber hinaus mit einem Drittel des üblichen Etats aus, was man ihm hoch anrechnen sollte. Und außerdem bekenne ich gern, daß mir ein erregender und ehrlicher Schwarzweißfilm allemal lieber ist als ein farbiges Produkt, das schwarzweiß malt.

Auf märkischem Sandboden begegnen sich zwei Männer, deren Entwicklungswege und Charaktere extremer nicht vorstellbar sein dürften: Prof. Winfried Menzel, karrieristischer Literaturhistoriker, Institutsdirektor, Fernsehstar und eitel-geistreicher Party-Alleinunterhalter, und Ernst Pötsch, bescheidener Dorfschullehrer, fanatischer Hobbyhistoriker und ein etwas schwieriger, weil an Alltagsbanalitäten kaum interessierter Ehemann und Familienvater. Doch beide sind – wohl als einzige im Republiksmaßstab – auf nämlichem Boden mit dem gleichen Gegenstand fündig geworden: Max von Schwedenow, ebenso fortschrittlicher wie sprachgewaltiger Dichter, mutmaßliche Lebensdauer von 1770 bis 1813. Diese verbindende Gemeinsamkeit soll nach dem Willen des Professors kollegiales Bündnis werden. Welch eine Verlockung für Pötsch, die geliebte Freizeitbeschäftigung in berufliche Hauptaufgabe umwandeln zu können! Auch der Wechsel aus dörflicher Enge in hauptstädtische Weiträumigkeit, gar aus Namenlosigkeit in möglichen wissenschaftlichen Ruhm ist nicht ohne prickelnden Reiz. Prof. Wenzel freut sich

Märkische Forschungen
DDR
RE: Roland Gräf
DB: Roland Gräf
KA: Peter Brand

Für die Filmrezensionen der Frau Holland-Moritz möchte ich meine Anerkennung aussprechen. Sie zeigt in ihren Artikeln, daß sie eine Meisterin des Worts ist, und unsere ganze Familie liest ihre Arbeiten mit ganz besonderem Vergnügen. Der beste Wurf ist ihr sicherlich mit dem Bericht über die „glücklichen Filmschaffenden" gelungen (Heft 52/83). Ich bewundere ihren Mut, sich mit der DEFA-Filmwelt so anzulegen.
T.K., Dresden

wie ein Kind. Ein neuer Claqueur ist gefunden, noch dazu ein sachkundiger, der letzte Hand an Wenzels dickleibige Schwedenow-Biographie legen kann. Doch Pötsch, bei aller Verehrungsbereitschaft, versteht sich als Mitarbeiter, nicht als Handlanger. Schließlich hat auch er **Märkische Forschungen** betrieben, gründlicher als der Professor, und ist dabei zu weit weniger gefälligen Ergebnissen über den verschollenen Dichter gekommen. Der nämlich leugnete im Alter seine Begeisterung für die Ideale der französischen Revolution und ließ sich als stockreaktionärer preußischer Oberzensor bestallen. Solche Verlautbarung würde Menzels Buch gegenstandslos machen beziehungsweise als pseudowissenschaftliches Machwerk entlarven. Daß dies nicht geschieht, weiß der Scharlatan unter Mißbrauch seiner Ämter wohl zu fügen. Die Wahrheit bleibt vorerst auf der Strecke, doch der Wahrheitssucher Pötsch gibt, wenn auch beinahe um den Preis der Selbstaufgabe, nicht auf.

Diese hintersinnige satirische Erzählung stammt von Günter de Bruyn und erschien erstmals 1978 im Mitteldeutschen Verlag. DEFA-Regisseur Roland Gräf, der sich bisher nie an Literaturverfilmungen versuchte, wagte es trotz ernstzunehmender Einwände des Autors, die handlungsarme Geschichte für die Leinwand zu adaptieren. Das Ergebnis ist eine faszinierende Tragikomödie, die sich ganz auf Vermögen und Ausstrahlung der Schauspieler verläßt und recht daran tut. Hermann Beyer versieht den Dorfschullehrer Pötsch mit allen Nuancen des scheuen, weltfremden, kauzigen, aber selbstbewußten Eigenbrötlers, unanfällig für eitles Blendwerk und modischen Zynismus, aber nicht ungefährdet von sektiererhafter Besessenheit. Ein positiver Held, dessen Pegasus gewisse Ähnlichkeit mit einer gewissen Rosinante nicht leugnen kann. Ihm ebenbürtig agiert das agile Schwergewicht Kurt Böwe, der dem negativen Helden Prof. Menzel soviel Souveränität und Charme beläßt, daß den Zuschauer bei allem Abscheu angesichts des saturierten Mieslings auch leises Mitleid beschleicht. Was mag mit einem so flexiblen Geist geschehen sein, bis er sich auf einem Piedestal der Selbstgefälligkeit häuslich einrichtete! Eberhard Esche brilliert in der Rolle des wissenschaftlichen Mitarbeiters Bradtke, der seinen Haß auf den Fronherrn Menzel und andere

„promovierte Nullen" mit klirrendem Sarkasmus kompensiert. Höchste Anerkennung gebührt Jutta Wachowiak für die diffizile Gestaltung des vom Buch her winzigen, aber psychologisch so überaus wichtigen Parts der Elke Pötsch. Kameramann Peter Brand durchmaß klug die Landschaft der Gesichter und fand auch darüber hinaus optisch originelle Lösungen.

Susannes Tagesablauf beginnt wie der vieler alleinstehender junger Mütter: Der Wecker rasselt zu früher Stunde, das Kind wird aus dem Schlaf gerissen. Die morgendlichen Schicht beginnt pünktlich, und vorher muß die Tochter im Kindergarten abgeliefert werden. Wenn Susanne endlich am Fließband ihrer Stanzerei sitzt, ist ein Teil ihres Elans schon verbraucht. Der Rest verliert sich schnell bei einer nervtötenden Tätigkeit, die eigentlich nur noch Industrierobotern zugemutet werden dürfte.

Susanne aber ist kein Roboter, sondern ein höchst sensibler, intelligenter Mensch, der an den Frustrationen eintöniger Arbeit geradezu physisch leidet. Diesen Eindruck vermittelt zumindest ihre Darstellerin Heidemarie Schneider, die – allerdings nur in stummen Momenten – eine starke intellektuelle und emotionale Ausstrahlungskraft besitzt. Nun, glaubt der naive Zuschauer, werde er von einem interessanten, vermutlich traurigen, keinesfalls alltäglichen Schicksal erfahren. Denn warum hat Susanne nach Abschluß der 10. Klasse (man würde ihr ohne weiteres auch das Abitur zutrauen) keinen Beruf erlernt? Hatte sie nicht einmal die Möglichkeit, als Anlernling in einem Betrieb qualifiziert zu werden? Was ist mir ihr geschehen, daß sie sich jetzt in einer für sie so unbefriedigenden und, wie es scheint, ausweglosen Lage befindet? Da sich Autor Ernst Wenig und Regisseurin Evelyn Schmidt („Seitensprung") solche Fragen in ihrem Film **Das Fahrrad** erst gar nicht stellten, gaben sie auch keine Antworten. Für sie ist Susanne einfach ein geschichts- und hintergrundloser „Pechvogel", eine, die laut Evelyn Schmidt, „nicht viel hat, nicht viel kann und vor allem nicht weiß, was sie will".

Niemand bestreitet, daß es Menschen gibt, die mit ihrem Leben nicht zurechtkommen. Ich kenne durchaus trostlose Leute, aber sie sind es

Das Fahrrad
DDR
RE: Evelyn Schmidt
DB: Ernst Wenig
KA: Roland Dressel

aus benennbaren und keineswegs mystischen Gründen. Susanne dagegen ist ein auf ungeklärte Weise innerlich zerrissener, kaputter Typ, mißtrauisch gegen jedermann, mit Ausnahme ihrer obskuren Trinkkumpane im Disko-Keller. Von denen läßt sie sich sogar zu einem Versicherungsbetrug überreden. Einen in heller Liebe für sie entbrannten Jung-Ingenieur (Roman Kaminski) enerviert sie durch ständige Fluchtbewegungen, doch da er konstant an der Rolle bleibt, darf er ihr schließlich aus dem Schlamassel helfen. Sie verläßt ihn trotzdem, denn einer, der gelernt und seine Chancen genutzt hat, ist für dieses verbogene, unreife Geschöpf ein Karrierist.

Ob Autor Ernst Wenig und Regisseurin Evelyn Schmidt viel Talent haben, wage ich nicht zu beurteilen. Daß sie handwerklich noch nicht viel können, scheint festzustehen. Noch mehr würde mich allerdings interessieren, was sie eigentlich wollen. „Das Fahrrad" ist nach meinem Dafürhalten nichts als eine müde Artikulation muffligen Unbehagens an der Gesellschaft. Den konfliktreichen, realistischen, bewegenden Film über eine junge Arbeiterin sind sie uns jedenfalls schuldig geblieben.

Sabine Kleist, 7 Jahre …
DDR
RE: Helmut Dziuba
DB: Helmut Dziuba
KA: Helmut Bergmann

Manche Regisseure müssen am Beginn ihrer Laufbahn eine ganze Menge Lehrgeld bezahlen – genauer gesagt: zahlen lassen –, bis sie die simple Wahrheit begriffen haben, daß die wichtigste Voraussetzung für das Gelingen eines Films ein gutes Drehbuch ist. Helmut Dziuba fiel wegen Mißachtung dieser Binsenweisheit zweimal erheblich auf die Nase, nämlich 1972 mit „Laut und leise ist die Liebe" und 1974 mit „Der Untergang der Emma". Zu seiner vier Jahre später erfolgenden Genesung trug nicht unwesentlich der routinierte Autor Hans-Albert Pederzani bei, der das Szenarium zu „Rotschlipse" schrieb. Was einmal gutgegangen war, sollte beim nächsten Mal noch besser gehen: Pederzani adaptierte aufs glücklichste Alex Weddings vielgeliebte Erzählung „Ede und Unku", und Dziuba inszenierte den bezaubernden Kinderfilm „Als Unku Edes Freundin war". Dieser Erfolg machte den Regisseur nicht nur froh und mutig, sondern auch auf neue Weise kreativ. Die nächste Geschichte dachte er sich nämlich allein aus, und nun darf er sich mit Recht feiern lassen als Autor und Regisseur des wunderschönen Films **Sabine Kleist, 7 Jahre ...**, welcher der momentan etwas kränkelnden DEFA kurz vor dem IV. Kongreß der Film- und Fernsehschaffenden wie gerufen kam. Hier wird mit gelassener Heiterkeit, die den tiefen Ernst deutlicher macht, als es ein dramatischer Aufschrei vermöchte, die Tragödie eines kleinen Mädchens erzählt. Sabine Kleist hat bei einem Autounfall die Eltern verloren, lebt in einem Kinderheim und droht nun die an Mutterstatt angenommene Erzieherin zu verlieren, weil diese selbst ein Kind erwartet. Dem neuen Schicksalsschlag ist Sabine nicht gewachsen, sie entzieht sich durch Flucht. Zwei Tage und zwei Nächte irrt sie durch das große Berlin, begegnet fröhlichen, traurigen, herzlosen, freundlichen Menschen, will helfen, damit ihr geholfen wird, nicht mehr allein zu sein. Man nimmt sich ihrer an, für Augenblicke oder für Stunden, aber keiner begreift, welches Leid dieses kleine Menschlein mit sich herumträgt.

Das ist nicht Roheit oder Menschenverachtung, sondern die verständliche Haltung von Leuten, deren Leben alltäglich und normal dahinfließt. Dem stellt sich Sabine schließlich, mit der gleichen tapferen Resignation, wie sie sich der Polizei stellt, „freiwillig" – das will sie gewürdigt wissen! Und ahnt beim unspektakulären, unsentimentalen und gerade deshalb so tief berührenden Empfang im Heim, daß sie nicht verloren, sondern trotz allem daheim ist.

An diesem Film ist alles gut: Kamera (Helmut Bergmann), Szenenbild (Heinz Röske), Musik (Christian Steyer) und die Kostüme (Marianne Schmidt). Bewährte Schauspieler (Gudrun Ritter, Simone von Zglinicki, Martin Trettau, Gert Gütschow) gaben ihr Allerbestes, weil sie nur so neben der kleinen Berliner Schülerin Petra Lämmel bestehen konnten. In ihrem Gesicht spiegelt sich die Welt mit allem Schmerz und aller Freude. Keiner sollte versäumen, hineinzusehen, wirklich keiner. „Sabine Kleist, 7 Jahre ..." ist nicht, wie auf den Plakaten behauptet wird, ein Kinderfilm, sondern ein Vater-Mutter-Kinder-Film, der das Bedürfnis weckt, sich an den Händen zu halten und nicht mehr loszulassen.

Liebe Renate Holland-Moritz, Sie sind eine Wohltat! Klar, daß man als Rezensent(in) sich auch mal mit Lesern anlegen muß, sie zu einem imaginären Streitgespräch herausfordert. Aber es ist stets ein Vergnügen, mit Ihnen (ab und zu) verschiedener Meinung zu sein.
K.-H.E. Erfurt

Der Zugang zu der englisch-französischen Koproduktion **Lady**

Lady Chatterleys Liebhaber
England/Frankreich
RE: Just Jaeckin
DB: Christopher Wicking, Just Jaeckin
KA: Robert Fraisse

Was meinen Blutdruck beunruhigend ansteigen läßt, das sind die Filmkritiken von Frau Renate Holland-Moritz. Es gibt wirklich nur wenige Filme, Schauspieler, Regisseure, Filmeinkäufer und internationale Jurys, die von ihr und ihrer meist anmaßenden und verletzenden Art verschont bleiben. Über die meisten fällt sie in ihren mit Fremdwörtern gespickten Kritiken her, so daß ein Normalbürger, der kein Hochschulstudium absolviert hat, ohne Duden und Fremdwörterbuch kaum ein paar Sätze inhaltlich erfassen kann. Ich frage mich oft, ob es vielleicht unter ihrer Würde ist, sich allgemeinverständlich auszudrücken. Viele Filme, die Frau Holland-Moritz zur Schnecke gemacht hat, sind für die meisten Kinogänger Klasse-Filme. Vielleicht wäre es richtiger, eine Kritikergruppe zusammenarbeiten zu lassen, um dann in Form eines Gemeinschaftsurteils eine sachliche und weniger einseitige Kritik zu veröffentlichen.
J.E., Berlin

Chatterleys Liebhaber ist ausschließlich wahlberechtigten Bürgern unseres Landes gestattet. Diese allerdings strömen in hellen Scharen herbei, offenbar um Augenzeugen einer kitzligen Sensation zu werden, welche die literarische Welt schon seit 1928 in Atem hält. Damals nämlich erschien „das unflätigste Buch der englischen Literatur" von D.H. Lawrence erstmals in einer Gesamtauflage von 1000 Exemplaren in Italien und wurde nach Aussagen einschlägig verklemmter Rezensenten „gierig aufgesogen von verkommenen Buchhändlern und den Kreisen der Dekadenz". Die Buchhändler der DDR, ob nun verkommen oder nicht, mußten ebenso wie die anderen lesenden Kreise unserer Bevölkerung bis 1977 warten, ehe sie sich davon überzeugen konnten, daß „Lady Chatterley" weit weniger ein pornographischer, als vielmehr ein zeitkritischer Roman ist, der die Borniertheit und Lächerlichkeit der englischen Adelskaste aufs Korn nimmt. Vier Jahre später beschloß der nachweisbar vom Adel des Geistes freie Porno-Graf unter den englischen Regisseuren, Just Jaekkin („Emmanuelle"), der „Lady Chatterley" die Gesellschaftskritik weitgehend abzuschminken und sie in den Dienst der international weitverbreiteten Kaste der Voyeure zu stellen.

Das tat der ehemalige Modefotograf nicht ohne Geschick, denn die von ihm in allen nur denkbaren Lagen sowie in Gottes freier Natur abgelichteten Liebes-Diener Sylvia Kristel und Nicholas Clay entbehren, mit und vor allem ohne jede textile Zutat, keineswegs der Ansehnlichkeit. Doch schon nach dem dritten Akt macht sich eine gewisse Langeweile im Parkett breit, weil die meisten Leute, so sie nicht an einem irreparablen Handicap wie Sir Clifford leiden, beim Liebesspiel lieber Akteure als Zuschauer sind. Vielleicht glaubten unsere Spielplan-Verantwortlichen deshalb, einige kleine Schnitte und Dialogveränderungen vornehmen zu müssen. Sie der Philisterhaftigkeit zu zeihen wäre sicher absurd, denn immerhin waren sie durch den marxistischen Literaturwissenschaftler Anselm Schlösser theoretisch abgesichert, der in seinem Nachwort zu Lawrences Roman postulierte: „Da ihr (der sozialistischen Sexualethik, R. H.-M.) überdies jede Prüderie fremd ist, kann der Gebrauch der Volkssprache im sexuellen Bereich für uns nicht anstößig sein." Zu fragen bliebe, ob die Trivialisierung und Entpolitisierung eines Werkes der Weltliteratur für unsere Filmimporteure nicht doch von einer gewissen Anstößigkeit sein sollte.

Da hat sich einer jahrzehntelang für seinen Betrieb geplagt und geschunden, hat einsame Entscheidungen getroffen, faule Kompromisse abgelehnt, alle Verantwortung allein getragen. Im Mittelpunkt stand immer das Werk, nicht der Mensch neben ihm, und schon gar nicht er selbst, Direktor Abrikossow. Und nun steht da ein vor Enttäuschung verbitterter Mann, denn seine kühnste Entscheidung, den Betrieb aus Effektivitätsgründen mit einem anderen zu fusionieren, wurde zu seiner letzten. Direktor des neuen Kombinats soll ein Jüngerer, Flexiblerer werden. Abrikossow darf fünf Jahre vor der Zeit in Rente gehen. Diesem hochbrisanten Gegenwartsthema stellte sich ein Regisseur mit beachtlicher Vergangenheit: Juli Raisman (79). Vierundzwanzigjährig debütierte er im Mosfilm-Studio als Szenarist. Die ersten Festival-Lorbeeren gewann er 1945 in Cannes, und zwar mit dem Dokumentarfilm „Berlin". Von seinen zahlreichen Spielfilmen blieben vor allem „Maschenka", „Ein Kommunist", „Und wenn das Liebe ist?", „Dein Zeitgenosse" und „Eine merkwürdige Frau" in Erinnerung. Letztgenannter Film war eine sensible psychologische Studie, und nichts anderes ist auch **Privatleben**. Juli Raisman und sein Mit-Autor Anatoli Grebnew interessierten sich nämlich weniger für die Probleme und Querelen industriellen Managements, als vielmehr für die psychische Verfassung eines Mannes, der sich unvermittelt aus der Königsebene in ein ihm gänzlich fremdes Milieu, genannt Alltag, versetzt sieht.

Natürlich weiß Abrikossow, daß die Räume seiner eher spartanisch möblierten Komfortwohnung noch von verschiedenen anderen Mitbürgern bewohnt werden, als da sind: seine Frau, sein jüngster Sohn Igor, seine Schwiegermutter. Ihnen ist er gelegentlich an den Wochenenden begegnet, die er jedoch weitgehend in seinem Arbeits- und Schlafzimmer zubrachte. Nun sitzen da plötzlich auch seine anderen Kinder, Schwiegerkinder und Enkel am Tisch, deren Schicksale ihm noch fremder sind als sie selbst. Die Rolle des Hausherrn, der seine Autorität zumindest in den eigenen vier Wänden für gesichert hielt,

Privatleben
UdSSR
RE: Juli Raisman
DB: Anatoli Grebnew, Juli Raisman
KA: Nikolai Olonowski

Seit wann ist es denn üblich, daß Kunstkritiker Meinungsumfragen veranstalten?
J.K., Berlin

wird ihm nicht zuerkannt. Unerlaubte Entfernung von der Truppe hat ihn zum störenden Element in der eigenen Familie gemacht.

Auch hier scheint ihn niemand mehr zu brauchen, vor allem seine emanzipierte, beruflich erfolgreiche Frau nicht. Genau so hat er sie sich einst gewünscht, dann hat er sie, wie alle Menschen um sich herum, aus den Augen verloren. Nun steht er allein.

Da Abrikossow den schweren, schmerzlichen Weg der Erkenntnis eigenen Versagens geht, glimmt unter der Asche das Fünkchen Hoffnung. Genau in diesem Augenblick erfüllt sich der fast begrabene größte Wunsch: Der Minister ruft ihn zurück! Abrikossow darf wieder der alte sein. Seine Frau reicht ihm mit der resignativen Geste verständnisvoller Mütterlichkeit die Schuhe, den Anzug, das Hemd. Beim Binden der Krawatte blickt er in den Spiegel, sieht sich ins Gesicht, hält inne. Das Fünkchen Hoffnung bleibt.

Dieses psychologische Kammerspiel bezieht seine Faszination vor allem aus der suggestiven Gestaltungskraft von Michail Uljanow, der auf der diesjährigen Biennale in Venedig mit dem Darstellerpreis ausgezeichnet wurde. Wie ärgerlich, daß die deutsche Synchronisation dem künstlerischen Gegenstand in keiner Weise angemessen ist. Regisseur Johannes Knittel wird den Einsatz ungeeigneter Sprecher mit unzumutbaren Terminen erklären, denn „Privatleben" mußte in kürzester Frist fertiggestellt werden, um als Glanzlicht das XI. Festival des sowjetischen Films zu erleuchten. Dümmlich-banale Sätze wie „Damals waren wir jünger, würde ich sagen" sollten allerdings nicht mal einem Tageszeitungsjournalisten unterlaufen, geschweige denn einem erfahrenen Film-Dialogschreiber wie Wolfgang Krüger.

1983

Der Aufenthalt
DDR
RE: Frank Beyer
DB: Wolfgang Kohlhaase
KA: Eberhard Geick

Die Unsitte, ein dräuendes Kunstereignis lange vor Eintritt desselben in die Öffentlichkeit anzufeiern, scheint überwunden. Nur gedächtnistrainierte Leute erinnern sich, vor längerem eine Notiz gelesen zu haben, die DEFA werde nach einem Szenarium von Wolfgang Kohlhaase und in der Regie von Frank Beyer Hermann Kants Roman **Der Aufenthalt** verfilmen. Das knappe Versprechen wurde eingelöst. Der Film ist im Kino. Und er ist – ein schlichteres Wort steht mir nicht zu Gebote – eine Sensation. Nun hat es mit Literaturverfilmungen seine

Tücken. Episch weiträumige Werke von gemächlicher Erzählstruktur zeichnen sich eher durch philosophischen Sinngehalt und Schönheit der Sprache denn durch der Verfilmbarkeit dienlichen Aktionsreichtum aus. Bobrowskis „Levins Mühle" (Regie: Horst Seemann) könnte da als Beweis für einen achtenswerten, wenn auch nicht voll gelungenen Adaptionsversuch gelten. Ich muß gestehen, daß mir beim Lesen von Kants „Aufenthalt" ähnliche Bedenken kamen. Wie sollte aus sechshundert Seiten Prosa, die ganz wesentlich aus den sprachgewaltigen (gelegentlich auch nur sprachspielerischen), satirischen, poetischen, Erkenntnis vermittelnden Reflexionen eines gereiften Mannes über seine letzten Jugendjahre als Soldat der faschistischen Wehrmacht, nachmaligen Gefangenen und Häftling der polnischen Militäradministration bestehen – wie sollte daraus ein erregender, spannender, dem Bild mehr als dem Wort verpflichteter Film werden? Dieser Aufgabe hatte sich zunächst Wolfgang Kohlhaase (neben Günther Rücker wohl unser bester Filmszenarist) zu stellen. Und er meisterte sie dank weiser Beschränkung auf eine einzige Episode aus dem dickleibigen Werk mit Bravour.

Der achtzehnjährige Mark Niebuhr, Buchdrucker aus dem friesischen Marne, kurz vor Schluß noch in die längst verlorene Schlacht geworfen, wird auf einem Warschauer Güterbahnhof aus den Reihen seiner Mitgefangenen von polnischen Offizieren verhaftet. Eine verzweifelte polnische Frau hat bei seinem Anblick geschrien, mit Fingern auf ihn gezeigt, ihn identifiziert. Als was, als wen? Niebuhr weiß es nicht. Er erfährt es auch im Gefängnis nicht gleich, wo er in einer Einzelzelle Tag für Tag seinen Lebenslauf schreiben muß. Der ist so kurz wie sein Leben, für beschönigende Korrekturen und Auslassungen ist da noch kein Platz. Aber woher soll der polnische Leutnant, kaum älter als der Arrestant, wissen, ob jener wirklich der harmlose Mark Niebuhr aus Friesland ist? Warum soll er einem Nazi-Soldaten glauben, wo die Beschuldigung einer polnischen Mutter, er habe ihre Tochter erschossen, weit glaubwürdiger ist?

Ein mitleidiger Schließer hat dem Frierenden einen Mantel gegeben. Daß es ein kleinfleckiger Tarnmantel aus SS-Beständen ist, macht die Wohltat nicht kleiner. Aber in einer Gemeinschaftszelle mit gewöhnli-

Mein besonderer Dank gilt Renate Holland-Moritz. Hätte ich nur eine winzige Chance, ich würde ihr einen Heiratsantrag machen. Dr.-Ing. P.F. Roßwein

chen polnischen Häftlingen – Heiratsschwindlern, Taschendieben – erfährt er, was ein SS-Mann von jedwedem Polen zu erwarten hat. In der Gemeinschaftszelle mit deutschen Kriegsverbrechern verhilft ihm das Requisit zu wohlwollender Aufnahme in die „Notgemeinschaft" berufsmäßiger Peiniger. Mark Niebuhr, wohlbehütetes Kind unpolitischer, aber redlicher Eltern, ist verstört. Seine Reaktionen sind jäh und zornig. Mit kindlicher Beharrung versucht er, den doppelten Irrtum aufzuklären, damit seiner verwitweten Mutter letzter Sohn am Leben bleiben kann.

Dieser Kampf um seine Rettung dauert acht Monate. Zeit genug, einem Ahnungslosen die Augen zu öffnen und den Verstand zu schärfen. Er lernt Menschen und Bestien kennen und unterscheiden. Von einem glaubt er lange, er könne sein Bruder sein: der Kraftfahrer Karl-Heinz (Hans-Joachim Bauer), ebenso jung und sympathisch wie Niebuhr, ebenso wie dieser seine Unschuld beteuernd – bis zum Schluß, da der Beweis erbracht wird: Er war ein Todesfahrer von Auschwitz, hat eine Gaskammer auf Rädern gelenkt und bedient. Wo ist der Verlaß auf ein gutes, offenes Gesicht? Aber Mark Niebuhr ist kein Mörder, die polnischen Behörden bringen es heraus. Und er begreift, daß sie sich bei einem, der einer Armee von Schlächtern und Henkern angehört hat, nicht entschuldigen müssen.

Frank Beyer hat diese Geschichte mit absoluter psychologischer Genauigkeit inszeniert. Das Verständnis erwächst nicht aus Postulaten, sondern aus der zwangsläufigen Logik der Situationen und Vorgänge. Trotz aller Kargheit der Schauplätze sind alle Spannungselemente eines Psycho-Krimis gegeben. Die Kriegsverbrecherzelle mit ihren differenziert gezeichneten Insassen erinnert an das kahle, allein von erregenden Schicksalen angefüllte Beratungszimmer in Sidney Lumets Klassiker „Die zwölf Geschworenen".

Bei allem, was Lobendes zur Bildgestaltung (Kamera: Eberhard Geick), zu den Interieurs (Szenenbild: Alfred Hirschmeier) und zur Musik (Günther Fischer) gesagt werden kann, gebührt die höchste Anerkennung den sorgfältig ausgewählten, exzellent geführten und in jeder Sequenz überzeugenden Schauspielern. An erster Stelle wäre da Sylvester Groth zu nennen, ein junger Mime vom Wallfahrtsort aller

56

Theaterfreunde, dem Staatstheater Schwerin. Dieser Leinwand-Debütant hat das Gesicht, die Ausstrahlung, den sicheren Instinkt für den sparsamen und deshalb so intensiv wirkenden Einsatz mimischer und gestischer Mittel, die aus einem begabten Akteur einen wirklichen Filmstar machen können. Eine solche Entdeckung unter dem männlichen DEFA-Nachwuchs gab es, meiner Erinnerung nach, zuletzt vor 15 Jahren, nämlich Jaecki Schwarz (im Konrad-Wolf/Wolfgang Kohlhaase-Film „Ich war neunzehn"). Aber auch Fred Düren, Horst Hiemer, Klaus Piontek, Alexander van Heteren, Andrzey Pieczynski und Roman Wilhelmi leisteten Überragendes.

Dem Grand-Prix-Gewinner von 1980 „Die Verlobte" folgt als verheißungsvoller Kino-Auftakt des Jahres 1983 „Der Aufenthalt". Die Aufenthalte zwischen den bedeutenden, die Weltfilmkunst bereichernden DEFA-Filmen sollten kürzer werden.

Mit ihrem Sechzig-Minuten-Beitrag **Manchmal möchte man fliegen** erlegte Gitta Nickel auf dem 24. Leipziger Dokumentarfilmfestival 1981 eine „Silberne Taube". Nach anderthalbjähriger Windstille ist der (gemeinsam mit Redakteur Wolfgang Schwarze und Kameramann Niko Pawloff gedrehte) Film nun jedermann zugänglich, sofern er ein Studiokino in erreichbarer Nähe und an den wenigen Einsatztagen auch Zeit hat. (Damit soll zum wiederholten Male auf die bejammernswerte Situation unserer Dokumentarfilmschaffenden hingewiesen werden, die für ihre oft hervorragenden Werke keine feste Heimstatt haben, obwohl sich das kaum genutzte kleine Kino am Berliner Fernsehturm geradezu dafür anbietet.)

Der da manchmal vor Glück fliegen möchte, wenn zum Beispiel die letzten Teile eines Elfgeschossers montiert werden, heißt Detlef Lademann, ist Ureinwohner vom Prenzlauer Berg und Chef einer Brigade im Neubaugebiet Marzahn und hat sicherlich weit öfter das Bedürfnis, vor Wut über einige ihm unterstellte Pfuscher und Bummelanten, über stockenden Materialfluß oder mangelhafte Arbeitsorganisation aus der Haut zu fahren. Aber er hält durch, läuft seiner Verantwortung nicht davon. Schließlich hat er Kumpels an der Seite. Peter Bindig zum Beispiel, der mit seinen familiären Problemen nicht klarkommt.

Manchmal möchte man fliegen
DDR
RE: Gitta Nickel
DB: Wolfgang Schwarze
KA: Niko Pawloff

oder Mario Langer, der einige seiner nur auf schnelles Geldverdienen bedachten sächsischen Landsleute am liebsten wieder nach Hause schicken würde. Peter und Mario denken wie Detlef, für sie hat anständige Arbeit etwas mit Ehre zu tun, obwohl sie das nie so ausdrücken würden. Es macht zuversichtlich, solche zu kennen.

Gundula – Jahrgang '58
DDR
RE: Gitta Nickel
DB: Wolfgang Schwarze
KA: Niko Pawloff

In einem modernen Neubrandenburger Pflegeheim begegnete der vom Reporterglück verfolgten Gitta Nickel ein Temperamentsbomber besonderer Art. **Gundula – Jahrgang '58** ist eine tüchtige Krankenschwester, die von den Altchen wegen ihrer ansteckenden Fröhlichkeit und ihrer unsentimentalen Hilfsbereitschaft geliebt wird. Die Mitarbeiter des Gesundheitswesens stehen der jungen Kollegin eher distanziert gegenüber. Schwester Gundula entspricht nicht unbedingt traditioneller mecklenburgischer Norm, dazu ist sie zu keß, zu direkt, zu selbstbewußt, und außerdem leistet sie sich ein Hobby …
Den älteren Schwestern treibt es fast die Schamröte ins Gesicht: Gundula tingelt als Schlagersängerin mit einer Band! Einmal ist sie sogar unabgeschminkt zum Dienst erschienen! Doch die Fünfund-zwanzigjährige ist ganz von dieser Welt, sie beharrt auf ihrem Lebens- und Glücksanspruch. Nicht alles gehört in die Öffentlichkeit. Wenn sie ihr zärtlich geliebtes Töchterchen für wenige Tage bei sich hat, sagt sie der Kleinen mit burschikosem Trotz für die anderen: „Ich such mir einen, der Kohle hat, und dann heiraten wir beide einen schönen Papa."

Hinter dem Rampenlicht (All that Jazz)
USA, PJ: 1980
RE: Bob Fosse
DB: Robert Alan Aurthur, Bob Fosse
KA: Guiseppe Rotunno

Totales Kino füllte – zumindest in den Nachtvorstellungen – das Berliner Kino „International" total: **Hinter dem Rampenlicht (All that Jazz)**. Dieser in Bildern schwelgende Film (Kamera: Guiseppe Rotunno) überschreitet jede Genre-Grenze, obwohl der Name seines Regisseurs Bob Fosse („Sweet Charity", „Cabaret") nicht zu Unrecht ein Musical verspricht. Aber nicht der Glamour einer wohlchoreographierten Traumwelt steht im Mittelpunkt, sondern die Härte jenes am Broadway betriebenen Geschäfts, das neben maximalem Talent auch maximalen Einsatz der Produzierenden erfordert, damit sich für die Produzenten ein Maximum an Profit und für die Konsumenten ein ebensolches an Kunst ergibt.

Ein realistischer Film also, gespeist aus der Biographie des besessenen Show-Mannes (Schauspielers, Tänzers, Choreographen) Bob Fosse. Und gleichzeitig ein surrealistischer Film mit Traum- und Angstvisionen seines Helden Joe Gideon, der aus steter Furcht vor dem Mittelmaß in Nikotin, Drogen, Alkohol und sexuelle Ausschweifungen flieht, dessen Leben der Show gehört und nicht der gesunderhaltenden Beschaulichkeit. Folglich muß Gideon (dargestellt von dem faszinierenden Tänzer, Schauspieler und Sänger Roy Scheider) den handelsüblichen Preis vor der Zeit zahlen. Aber der Tod ist eine schöne, verständnisvolle Frau, die ihm die Gnade gewährt, sein Ende als einen furiosen, phantastischen Traum selbst zu inszenieren. Nach diesem einzigartigen Kunstwerk voller Komik, Bitterkeit und Sarkasmus, das Showlustige jeden Anspruchs befriedigen dürfte, fällt es schwer, sich wieder auf dem kargen Boden nationaler Filmunterhaltung zurechtzufinden. Dennoch gibt „Hinter dem Rampenlicht" Kunde von einer winzigen Übereinstimmung: Regisseure in Hollywood reagieren auf den Verriß durch einen Kritiker ebenso wie ihre Kollegen in Babelsberg: tödlich beleidigt.

Die Wiederbelebung des DEFA-Indianerfilms wird zweifellos Freude aufkommen lassen, sowohl bei den Fans als auch bei den Kinokassierern. Nach sechsjähriger Pause reitet die inzwischen zum Glück kaum gealterte Rothaut Gojko Mitič wieder, diesmal als **Der Scout**, was hier soviel heißt wie Fährtensucher, Kundschafter im Dienste der USA-Kavallerie. In Wahrheit ist er der mutige Unterhäuptling „Weiße Feder", dem es durch eine List gelingt, den räuberischen Weißen eine tausendköpfige Pferdeherde wieder abzujagen. Diese spannende, aktionsreiche Geschichte wurde von dem erfahrenen Western-Regisseur Dr. Gottfried Kolditz („Die Spur des Falken", „Apachen", „Ulzana") schon vor Jahren geschrieben. Doch bevor er sie in Koproduktion mit Mongolkino/Ulan Bator realisieren konnte, ereilte ihn der Tod. Der in diesem Genre ebenso erfolgreiche Konrad Petzold („Weiße Wölfe", „Tödlicher Irrtum", „Osceola") trat an die Seite seines Kollegen und verrichtete unter schwierigsten Bedingungen eine höchst achtbare Arbeit.

Der Scout
DDR/Mongolei
RE: Konrad Petzold
DB: Gottfried Kolditz
KA: Otto Hanisch

Nie sah man in vergleichbaren DEFA-Filmen derart eindrucksvolle Landschaftsaufnahmen und nie so herrliche, weil wirklich wilde Pferde. Daß es immer so wirkte, als trampelten alle viertausend Hufe über die mongolische Ebene, obwohl an manchen Tagen nur zweihundertfünfzig Mustangs zur Verfügung standen, ist der Kunst des Kameramannes Otto Hanisch zu danken. Einmal hatte ich Angst, unser aller unersetzbarer Gojko könnte inmitten der stampfenden Herde niedergetrampelt werden, aber fast noch mehr Furcht flößten mir die dichten Fliegenschwärme ein, die den Schauspielern beständig um die Köpfe waberten. Apropos Schauspieler: Die Leistung eines so exzellenten Mimen wie Klaus Manchen fordert zu einem Vergleich heraus, dem die übrigen Darsteller leider nicht standzuhalten vermögen, an ihrer Spitze der nicht nur sprachtechnisch untaugliche Giso Weißbach.

Cobra – Erpressung in Tokio
Japan
RE: Umeji Inouye
DB: Umeji Inouye
KA: Masao Kosugi

Nach „Cobra – Tod eines Mannequins" schlug Regisseur und Autor Umeji Inouye mit **Cobra – Erpressung in Tokio** ein zweites Mal zu. Als Giftschlange war lediglich des toten Mannequins schießwütige Schwester auszumachen. Das Opfer ihrer Wahl ist der eisenharte, unverwundbare Inspektor Komura, der durch geschlossene Fenster springt, aus lodernden Häusern entweicht, sich mehrmals überschlagende Autowracks unverdrossen weiterfährt und die Herzen erpresserischer Callgirls und rachedurstiger Artistinnen mit lähmender Liebe erfüllt. Das ganze ist von wahnwitzig unfreiwilliger Komik, zum Beispiel dann, wenn japanische Gangster erst ihre rituellen Verbeugungen vollführen, bevor sie eine blutige Missetat begehen. Im übrigen erweist es sich als unnütz, irgendeinem logischen Handlungsablauf auf die Spur kommen zu wollen, denn das Fabelgewirr ist so undurchsichtig wie das Mienenspiel der Akteure.
Geheimnisvolles Asien!

Nach Mitternacht
BRD/Berlin(West)
RE: Wolf Gramm
DB: Anette Regnier, Wolf Gremm
KA: Michael Steinke

Nach Erscheinen ihres zweiten Romans „Das kunstseidene Mädchen" (1932) konnte sich Irmgard Keun nicht nur großer Lesergunst, sondern allerhöchsten Lobes erfreuen: Kurt Tucholsky bescheinigte der Zweiundzwanzigjährigen, sie sei, was es noch niemals gegeben habe, nämlich „eine deutsche Humoristin". Ein Jahr später verging der lebenslustigen Rheinländerin das Lachen. Die Faschisten setzten ihre Bücher auf den Index, und ehe man sie noch zwingen konnte, der Reichsschrifttumskammer beizutreten, emigrierte Irmgard Keun 1935 aus ihrem „einst so geliebten Land aller Hoffnungen". 1937 erschien in den USA (1956 auch in der DDR) ihr Roman **Nach Mitternacht**. Das ist eine witzig-ironische, wenngleich von Sentimentalität und Oberflächlichkeit nicht freie Abrechnung mit den Nazis und vor allem mit deren kleinbürgerlicher rheinischer Gefolgschaft. Irmgard Keuns Protest gegen Hitlerdeutschland erwuchs aus einem naiven, ehrlichen Gefühl für Anstand und menschliche Würde. Eine für heutige Verhältnisse gültige Verfilmung von „Nach Mitternacht" hätte dringend der Obhut eines politisch und künstlerisch reifen Regisseurs bedurft. Doch leider vergriff sich der mit Talent und analytischem Verstand nicht eben gesegnete Westberliner Konfektionsfilmer Wolf Gremm an dem schmalen Büchlein und verhunzte es zu langweiliger Kolportage. In einer Kaffeehausszene spielt Irmgard Keun (die im vergangenen Jahr starb) eine kleine stumme Rolle. Sie blickt in Richtung Kamera, in welcher Gegend wohl auch der Regisseur zu vermuten ist, und streckt die Zunge heraus. Diesem Kommentar möchte ich nichts hinzufügen.

Der Verlust eines bedeutenden Talents ist anzumelden, nämlich das der ungarischen Regisseurin Márta Mészáros („Adoption", „Neun Monate"). Ferner der des Verstandes jenes Filmeinkäufers, der uns die klebrige Schnulze **Mutter und Tochter** bescherte. Daß dergleichen gequirlter Edelkitsch aus einem sozialistischen Studio kommt, mag man kaum glauben. Doch es ist zweifellos Budapest, in dem die exklusive Mode-Designerin Anna (Marie-José Nat) eine exklusive Wohnung bewohnt. Von Paris kommt das Schicksal übern kurzen Luftweg auf sie zu: Anna entdeckt in einer jungen Französin ihr vor zweiundzwanzig Jahren abhanden gekommenes Kind wieder. Konkretere Informationen als die des übermächtig rauschenden Blutes gibt es leider nicht. Dessen ungeachtet stellt Anna der französischen Familie des jungen Mädchens unbarmherzig nach. Da sie der mutmaßlichen Tochter auf juristischen Wegen nicht habhaft werden kann, muß

Mutter und Tochter
Ungarn, PJ: 1981
RE: Márta Mészáros
DB: Gyula Hernádi, Márta Mészáros
KÅ: Tamás Andor

61

der Zufall dem Schicksal erneut in die Speichen greifen: Das plötzlich todkranke Mädchen bedarf dringend einer Spenderniere, und Anna ist selig, das passende Ersatzteil beisteuern zu können. So bleibt sie partiell doch bei der Tochter, gewissermaßen als Wanderniere zwischen den Welten.

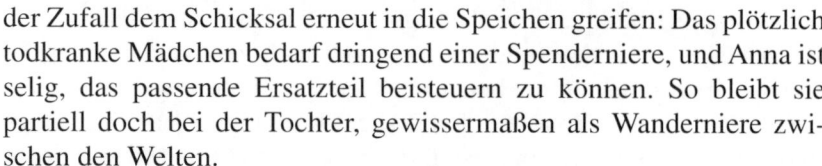

Frühlingssinfonie
Berlin (West)/BRD
RE: Peter Schamoni
DB: Peter Schamoni
KA: Gerard Vandenkamp

Ein Bekenntnis zum konventionellen Kino, Unterabteilung Künstlerfilm, ist Peter Schamonis **Frühlingssinfonie**. Der schwere Weg des Robert Schumann (Herbert Grönemeyer) zum unsterblichen Komponisten und sein noch schwererer Weg zur Heirat mit der unsterblich geliebten Clara Wieck (Nastassja Kinski) ist handwerklich sauber gestaltet und mit konzertanten Einlagen von höchstem Anspruch versehen.

Peter Schamoni bedankte sich in verschiedenen Interviews geradezu euphorisch für die Unterstützung der DEFA, die ihm die Realisierung seines lange geplanten Projekts überhaupt erst möglich gemacht habe. Er zeigte sich beglückt über das bei uns vorhandene Ausmaß an kultureller Erbepflege, von der in Filmbereichen der BRD nicht zu träumen sei, und pries die künstlerische Meisterschaft des Szenenbildners Alfred Hirschmeier und der Kostümbildnerin Christiane Dorst. Doch der Clou des Films, der das in einigen biederen Passagen durchscheinende Schulfunkniveau schnell wieder vergessen läßt, ist Rolf Hoppe als Claras Vater Friedrich Wieck. Dieser Mann, bei der DEFA seit Jahrzehnten unter Wert gehandelt, durch István Szabós „Mephisto" zum Weltstar katapultiert, liefert einen weiteren Beweis seiner darstellerischen Brillanz. Dank Hoppes fein nuanciertem, nie ins Vordergründig-Grobe abrutschenden Spiel gerät der Film weniger zu einer Robert-Schumann-Clara-Wieck-Biographie, als vielmehr zur großen, bewegenden Tragödie eines Mannes, der an sich selbst scheitert. Die zunächst rührende, schließlich fanatische und an Inzest grenzende Liebe zu seiner Tochter, deren frühe Vollendung als Klaviervirtuosin nicht zuletzt seiner aufopferungsvollen pädagogischen Obhut zu danken ist, macht ihn am Ende zum rasenden Psychopathen, der sein Kind lieber verstößt, als seine Liebe mit einem anderen zu teilen bereit ist.

Hoppe vermag es, Ablehnung und Verständnis, Zorn und Mitleid des Zuschauers in der Balance zu halten. Fürwahr eine überragende Leistung! Die wenigen erstrangigen Szenaristen und Regisseure der DEFA sollten es sich nicht länger leisten, mit dem Pfund Rolf Hoppe nicht zu wuchern.

1984

All jene, denen bis zur Künstlichkeit hochstilisierte Kunstwerke das Nonplusultra im Kino bedeuten, rümpfen angewidert die Nasen. Da hat einer, der sich schon Anspruchsvollerem zuwandte („Beethoven", „Levins Mühle"), schamlos aufs große Publikum geschielt, hat sich des vielumstrittenen Theaterstücks **Ärztinnen** von Rolf Hochhuth bedient und mit professisonellem Geschick einen höchst effektvollen Film daraus gemacht: Horst Seemann. Wer die Existenzberechtigung solchen Angebots in Frage stellt, ignoriert ebenso reale wie berechtigte Zuschauerwünsche. Gewiß, die Story ist nach bewährtem Kolportage-Muster gestrickt. Aber das stört mich nur wenig, wenn die humanistische Botschaft des Moralisten Hochhuth dabei keinen Schaden nimmt und emotionell überzeugend von der Leinwand kommt. Daß dies im vorliegenden Fall so ist, liegt vor allem an der psychologischen Glaubwürdigkeit der Rollen (Szenarium: Horst Seemann) und ihrer glanzvollen Besetzung.

Ärztinnen
DDR
RE: Horst Seemann
DB: Horst Seemann
KA: Otto Hanisch

Spät, doch nicht zu spät, durfte die große Theater-Aktrice Inge Keller beweisen, daß sie auch ein Filmstar allerersten Ranges ist. Ihre Dr. Lydia Kowalenko, Mitarbeiterin eines auf puren Profit ausgerichteten Pharma-Konzerns, ist überzeugend und menschlich berührend in jeder Nuance, auch in der Phase der Resignation, die schließlich den höchsten Preis fordert.

Als ihre Tochter Dr. Katia Michelsberg vermag die westdeutsche Schauspielerin Judy Winter neben ihr zu bestehen. Es gelingt der Winter, die desillusionierte, von Skrupeln geplagte und dennoch skrupellos handelnde Ärztin *und* die zärtlich liebende Mutter zu spielen, ohne aus der Figur ein Klischee zu machen. Die Rolle ihres achtzehnjährigen Sohnes übertrug Horst Seemann dem Jurastudenten Daniel Jacob, der seiner in einer winzigen Charge agierenden Mutter Ellen Schwiers nicht nur verblüffend ähnlich sieht, sondern sich auch von

Bravo, Herr Jens Enderlein aus Berlin (Heft 9/84)! Man bilde also eine „Kritikergruppe" und finde ein „Gemeinschaftsurteil". Mein Ergänzungsvorschlag wäre, aus dem Stammkreis der Zuschauer eines jeden Lichtspieltheaters unserer Republik einen Kritiker auszuwählen und diese Kritiker auf territorialer Ebene zusammenzuführen. Vielleicht übernehmen Sie den Vorsitz für Berlin? Zu klären wären dann allerdings noch solche Frage wie die, wem wir uns anschließen; der „Eule", dem KB oder der NF. Des weiteren müssen Vordrucke für die nach jenem Film benötigten Formulare entworfen und gedruckt werden. Nicht zu vergessen der Rhythmus unserer Zusammenkünfte. Deren erste muß dann entscheiden, ob ein DDR-Filmkritikergruppenvorstand gewählt werden soll oder doch lieber Fachgruppen gebildet werden. Eventuelle Schulungsmethoden und Formen des Erfahrungsaustausches können später diskutiert werden. Vorerst genügt vielleicht das Studium des „Filmspiegels", um einen Eindruck zu gewinnen, wie man nach Schablone kritisiert. Ich wäre natürlich bereit mitzuarbeiten und würde eventuell die Kommission zur „Begrenzung und Zurückdrängung des Bürokratismus beim Erstellen eines einmütigen Kritikergemeinschaftsurteils zu Filmwerken in DDR-Kinos" übernehmen. Zwei, drei Mitarbeiter wären sicherlich ausreichend.
U.W., Marienberg

Kaskade rückwärts
DDR
RE: Iris Gusner
DB: Iris Gusner, Roland Kästner
KA: Roland Dressel

ihrem Talent eine Scheibe abgeschnitten hat. Diesen frustrierten Wohlstandssproß mit Null-Bock auf das verlogene Establishment, dem seine Angehörigen ihre Seelen verkauft haben, hätte vermutlich kein DDR-Jugendlicher so authentisch spielen können.

Seemanns szenaristische und inszenatorische Perfektion wird auch bei den Nebenrollen deutlich spürbar. Sie sind von solcher Güte, daß sich darstellerische Brillanz bei Rolf Hoppe, Michael Gwisdek, Wolfgang Dehler und Käthe Reichel wie von selbst ergibt. Lediglich den Wiener Burgschauspieler Walther Reyer halte ich für eine Fehlbesetzung. Wenn dieser angejahrte, zur Fettleibigkeit tendierende Bonvivant wie ein dampfender Hirsch in der Brunft über seine Geliebte Judy Winter herfällt, überkommt einen der Verdacht zeitweiliger Lähmung des Seemannschen Geschmacksnervs.

Auch von einem Übermaß an Koketterie wäre zu reden. Seit Meister Hitchcock sich in jedem seiner Filme – und sei es per Zeitungsfoto – sekundenlang ins Bild brachte, fühlen sich Regisseure weltweit, von Visconti bis Warneke, zu kurzen Auftritten verpflichtet. Horst Seemann ließ es bei dem unaufwendigen Gag nicht bewenden, sondern tummelte sich im Kreise seiner vierköpfigen Familie ebenso ausgiebig wie überflüssig auf der Leinwand. Immerhin beweist Judy Winter in dieser Szene, daß sie auch auf Englisch exzellent zu parlieren versteht. Horst Seemann begnügte sich nicht mit der Personalunion Regisseur-Autor-Komparse, er verschaffte sich auch noch eine MUGGE, also ein Musikalisches Unterhaltungs- und Gelegenheits-Geschäft. Der von ihm eigenhändig komponierten und geklimperten Klaviermusik entzog ich mein Ohr etwa auf halber Strecke, während sein herrliches „Hei, hei, jappadei" (Zitat aus „Levins Mühle") auch in der Variation als schwedisches Weihnachtslied begeisterte.

Seit es Filme gibt, haben sich ihre Schöpfer immer wieder von dem Bibel-Wort inspirieren lassen: Es ist nicht gut, daß der Mensch allein sei. DEFA-Regisseurin Iris Gusner wollte den angejahrten Themenvorschlag allerdings nicht ungeprüft ins sozialistische Hier und Heute übernehmen, weshalb sie monatelang und mit detektivischer Gründlichkeit „eine Menge Frauen verschiedener sozialer Schichten und

Actionfilm-Muse

Wenn sich Herr Enderlein (Post 9/84) über die seiner Ansicht nach „anmaßenden und ehrverletzenden" Filmkritiken von Frau Renate Holland-Moritz ereifert, so bin ich da absolut anderer Ansicht (ganz davon abgesehen, daß es sich dabei gar nicht um „Filmkritiken" im eigentlichen Sinne handelt). Die Beiträge von Renate Holland-Moritz zeugen von Esprit, Sachkenntnis, Humor und einer erfreulichen Unbekümmertheit. Sie entsprechen durchaus dem Charakter der „Eule" als einer satirischen Zeitung, den Herr Enderlein allerdings völlig zu verkennen scheint. Übrigens trifft Frau Holland-Moritz auch zumeist den Kern der Sache, wobei man ja nicht unbedingt alles mit tödlichem Ernst lesen muß. Mich begeistert immer wieder die Brillanz ihrer Schreibweise und ihr geradezu exquisiter Wortschatz. Und was die Allgemeinverständlichkeit angeht, da scheint mir Herr Enderlein einen recht individuellen Maßstab anzulegen. Fremdwörter gehören nun mal zum allgemeinen Sprachgebrauch, und wenn man im Bedarfsfalle mal ein Fremdwörterbuch bemühen muß – na, lieber Himmel, das kann doch wohl nicht schaden! Für mich wäre die „Eule ohne Holland-Moritz nur die halbe Eule". Soll sie ruhig weiterhin „zur Schnecke machen", wenn's die Sache hergibt. Vom Leser verlangt's nur ein wenig Sinn für Humor – und den hat eben nicht jeder.
H.M., Erfurt

unterschiedlichen Alters nach ihrem Leben und ihren Vorstellungen von Liebe und Glück" befragte. Und siehe, worin bestand die Quintessenz ihrer umfangreichen und wissenschaftlich-analysierten Materialsammlung? „Gemeinsam war allen Aussagen der mehr oder weniger deutlich ausgesprochene Wunsch, lieben zu wollen und geliebt zu werden." Da sieht man wieder, daß sich unsere Filmschaffenden auch gesicherte Erkenntnisse nicht einfach in den Schoß fallen lassen, sondern sie hart erarbeiten.

Dergestalt demoskopisch gestärkt, machten sich Iris Gusner und ihr Ko-Autor Roland Kästner ans szenarische Werk für den Film **Kaskade rückwärts**. Sie ersannen die alleinstehende Autotrans-Dispatcherin und Hobby-Chansonette Maja, Mitte dreißig, Mutter eines aufmüpfigen Teenagers und Sklavin eines Eigenheim am Rande Berlins. Unmittelbar nach Exposition, Vorspann und töchterlicher Standpauke erfolgt der Umzug aus ländlicher Isolation in den dichtbesiedelten Stadtbezirk Prenzlauer Berg und aus der gepflegten, aber menschenleeren Dispatcherzentrale in die weniger gepflegten, dafür vollen Züge der Deutschen Reichsbahn. Denn Mutter Maja will nun endlich mit beiden Beinen mitten im pulsierenden Leben stehen, und außerdem will sie einen Mann. Leider findet ihre Ankunft nicht im originalen Berliner Alltag, sondern eher in einem Panoptikum voller Klischeefiguren statt, auf deren Panier die triste Losung steht: „Kaum eener kommt mit sein' bißchen Scheißleben zurecht."

Das kann bei diesen kaputten Typen auch gar nicht anders sein: dem unangenehm-schrulligen preußischen Reichsbahn-Beamten (Siegfried Höchst), dem gesichtslosen, ausschließlich Plattheiten absondernden Professor (Jörg Panknin), seiner modisch-zynischen Berufsgattin (Johanna Schall), dem weibstollen Schwarztaxifahrer (Achim Wolf), seiner sich mit Alkohol und Schoßhund tröstenden Angetrauten (Swetlana Schönfeld), der alternden Ballhausstammkundin mit dem goldenen KWV-Herzen (Gertraud Kreißig), der Liedermacher-Karikatur (Jaekki Schwarz) und all den ausschließlich mit Sauf-, Rauf- und Sexualproblemen beschäftigten Edelkomparsen, die gewissermaßen die Rolle des proletarischen Gruppenhelden verkörpern.

Mittelpunkt und Katalysator dieses Absurditäten-Kabinetts ist Maja, dargestellt von der Brandenburger Theaterschauspielerin Marion Wiegmann. Einen sichtbaren Talentbeweis für das Medium Film hat sie mit diesem Debüt meiner Ansicht nach noch nicht erbracht, aber vielleicht waren ihr auch nur die allzu häufigen und leider nicht sehr schmeichelhaften Großaufnahmen (Kamera: Roland Dressel) abträglich. Vor allem aber wird sie in ihrer Eigenschaft als durchaus achtbare Chansonsängerin mißbraucht, denn die ihr auf den Leib geschriebenen Lieder sind geradezu schaudererregend.

„Der Reiter, um nicht umzukommen / kaskadiert nach hinten / nur so kann er sich freibekommen / und sich wiederfinden." Diesem nach hinten losgehenden poetisch-sprachlichen Leckerbissen (in kongenialer Vertonung von Gerhard Rosenfeld) folgt pseudolyrischer Quatsch mit Soße: „Ja, da muß das Weib begabt sein / ja, da braucht es Phantasie / will das Weib dem Manne Weib sein / braucht die Strebsamkeit Genie." Darüber hinaus kommt es zu direkten Obszönitätlichkeiten: „Ich näh mir, geht's so weiter, noch jede Öffnung zu." – „Ich weiß ja jetzt, wie du den Bogen streichst / Komm lieb mich 13, 14, 15, 16 mal." In all diesen strafverschärfenden Fällen handelt es sich um Texte von Kästner, Roland. Um Erichs willen sollte der junge Mann entweder das Dichten aufgeben oder sich wenigstens ein Pseudonym zulegen.

Der arglose Gast, nicht ahnend, daß er ganze zweieinhalb Stunden absitzen muß, zahlt fünfzig Pfennige fürs Zusatzprogramm und fragt sich schon kurze Zeit nach erfolgter Plazierung: Ja, steh ich denn im Walde? Genau so verhält es sich im wörtlichen wie übertragenen Sinne dank Dr. Joachim Hellwigs **Tier- und Jagdgeschichten II**. Ich kann mich nicht erinnern, beim originalen Durchstreifen heimischer Wälder jemals solche Müdigkeit empfunden zu haben wie bei diesem Diskurs über Hoch-, Nieder- und anderes Wild.

„Durch filmische Experimente werden verschiedene Sinnesleistungen unserer heimatlichen Wildtiere getestet", verspricht das Progress-Pressebulletin. Da alle anwesenden heimatlichen Rehe, Hirsche und gefiederten Feinde ihre fünf Sinne beisammen hatten, reagierten sie auf die Konfrontation mit ausgestopften Füchsen und Hasen sowie lebensgro-

Tier- und Jagdgeschichten II
DDR
RE: Joachim Hellwig
DB: Joachim Hellwig
KA: Wolfgang Niestradt

Helmut Meyer, Erfurt, hat meine volle
Zustimmung, was Renate Holland-Moritz
betrifft.
G.M., Illsitz

Am goldenen See
USA, PJ: 1982
RE: Mark Rydell
DB: Ernest Thompson
KA: Billy Williams

ßen Pappkameraden und überlebensgroßen Pappäpfeln durch die Bank vernünftig, nämlich gar nicht. Und das dreiunddreißig Minuten lang. Ein gewisser Unterhaltungs- und Bildungseffekt kam immerhin durch den Kommentartext zustande: „Die Stimmen der Hirsche sind unterschiedlich. Oft gehört die tiefere dem älteren und die höhere dem jüngeren Hirsch."

Seit über vier Jahrzehnten gehörte er zu den Superstars von Hollywood: Henry Fonda, ein Mann von unantastbarer menschlicher und künstlerischer Integrität. Er spielte in neunzig Filmen, darunter so hervorragenden wie „Früchte des Zorns", „Die zwölf Geschworenen" (den er auch produzierte) und „Der Kandidat". Doch im Gegensatz zu seiner Tochter Jane, der Oscar-Gewinnerin von 1971 und 1978, gehörte er nie zu denen, die Hollywoods begehrteste Trophäe in Empfang nehmen konnten. Dieses Versäumnis war wohl auch der preisverleihenden „Academy of Motion Pictures, Arts and Sciences" peinlich, weshalb sie Henry Fonda 1981 mit dem Spezial-Oscar für seine Verdienste um den amerikanischen Film ehrte. Da war der große Mime schon sechsundsiebzig und ging am Stock. Vielleicht bewirkte die längst überfällige Geste eine Art „Wunder von Lourdes", denn Henry Fonda warf die Krücke weg und begab sich noch einmal vor die Kamera.

Am goldenen See heißt das vornehmlich im Freien stattfindende Kammerspiel, das Autor Ernest Thompson nach seinem gleichnamigen Bühnenstück für den Film des Regisseurs Mark Rydell („The Rose") bearbeitete. Es gibt wenig Action, viel Dialog und ein Heldenpaar zwischen siebzig und achtzig. Eine solche Konstellation hat nach Auskünften der Soziologen keine Chance im Kino, das fast ausschließlich von Jugendlichen besucht wird. Doch im vorliegenden Fall erfolgt der Sieg der Praxis über die Theorie: Alle Vorstellungen sind ausverkauft! Im Parkett vereinen sich jung und alt in selten erlebter Harmonie, gemeinsam herzhaft lachend und gelegentlich, wenn der Druck übermächtig wird, auch ein paar Tränen vergießend.

Denn rührend ist das schon, was sich, mit Soft-Musik garniert, in jener sonnenbeglänzten Landschaft am goldenen See abspielt. Aber der Abrutsch in altbekannten Hollywood-Kitsch wird von zwei Giganten der Schauspielkunst verhindert: Henry Fonda und Katherine Hepburn. Es war ihr erster gemeinsamer und sein letzter Film. Den Oscar, der gerechterweise sowohl Katherine Hepburn als auch Henry Fonda zuerkannt wurde, konnte er nicht mehr abholen. An seiner Statt erschien Tochter Jane. Auch „Am goldenen See" durfte sie die Tochter ihres Vaters sein, und gewiß hatte das Rollenverhalten der beiden nicht zufällig Ähnlichkeit mit dem realen Konflikt, der ihr Verhältnis trotz aller Innigkeit zeitlebens belastete. Welche Vergünstigung, in gemeinsamer Arbeit eine heilsame Therapie zu finden!

Eigentlich gibt es gar keine richtige Geschichte, sondern nur Impressionen von einem besonders schönen, intensiv gelebten Sommer. Obwohl Normans achtzigster Geburtstag bevorsteht und auch Ethel nicht wesentlich jünger ist, wirken beide wie ein Liebespaar, dem die Zeit nichts anzuhaben vermochte. Ihre Dialoge funkeln von Witz und Ironie, sie sind so unsentimental, wie sich nur wirklich große Gefühle ausdrücken lassen. Im Zusammensein mit dem angeheirateten Enkelsohn Billy wird Norman wieder zum tollkühnen Draufgänger, der sogar den König des goldenen Sees, „den größten Schweinehund aller Zeiten", besiegt: die fette, faule Forelle Walter.

Ein groß' Spektakulum, womöglich ein neues „Flammendes Inferno", verspricht der Mosfilm **Im Feuermeer** einer gar nicht so kleinen Gemeinde verhinderter Pyromanen. Doch ehe der riesige, am Kai vertäute liberianische Tanker in Brand geraten darf, fließt noch viel Wasser ins Schwarze Meer. Regisseur Rudolf Fruntow verbraucht nämlich etwa die Hälfte seiner rund zweitausendfünfhundert Filmmeter für die Exposition. Während einer höchst einfallslos fotografierten Autofahrt lernen wir den gutaussehenden, sympathischen Chef der Hafenfeuerwehr und seinen verkniffenen, preußisch-orthodoxen Stellvertreter kennen. Letzterer hat ersteren in der Hand, weil dessen Herz für eine untergebene Feuerwehrfrau entflammt ist. Die Tochter des – übrigens geschiedenen – Feuerwehrchefs wiederum liebt einen Schiffsreparaturschlosser, zu dessen Brigade der etwas einfältige Sohn der repräsentablen und weltgewandten Bürgermeisterin gehört. Dann gibt's da noch einen schüchternen Feuerwehrmann mit kolossal abste-

Im Feuermeer
UdSSR, PJ: 1982
RE: Rudolf Fruntow
DB: Boris Medowoi, Rudolf Fruntow, Anatoli Lewitow
KA: Konstantin Suponitzki

Seit vielen Jahren sind wir (Familie) Leser Eurer Zeitung. Von Spitze bis Gähnen reicht die Skala unserer Empfindungen bei der Lektüre. Sicherlich ist es nicht immer einfach, allen gerecht zu werden, aber eine Autorin Eurer Zeitung tut uns echt leid. Warum müßt ihr denn Frau Holland-Moritz immer nur in die schlechten Filme schicken? So etwas kann einen Menschen doch völlig kaputtmachen!
R.K., Leipzig

Bahnhof für zwei
UdSSR, PJ: 1982
RE: Eldar Rjasanow
DB: Emil Braginski, Eldar Rjasanow
KA: Wadim Alissow

Fame – der Weg zum Ruhm
USA, PJ: 1980
RE: Alan Parker
DB: Christopher Gore
KA: Michael Seresin

henden Ohren, der gerade von seiner Frau verlassen wird. Warum, erfährt man nicht. Vielleicht wegen der Ohren.

Und nun kann sich der schon lange angekündigte, versehentlich ausgelöste Schwelbrand endlich entzünden. Der altersschwache Tanker wird gerade auf Reede geschleppt, um dort dem Untergang entgegenzukokeln, da melden sich plötzlich aus dem untersten Maschinenraum die eingeschlossenen Reparaturschlosser. Da sie berechtigtes Vertrauen in das Genie des flugs rehabilitierten Feuerwehrchefs setzen, sich ferner auf den Wagemut des gar nicht mehr schüchternen Ohren-Mannes und die Tatkraft der Bürgermeisterin verlassen können, versteht man ihre relative Gelassenheit. „Verdammt, dein Rücken brennt", ist das äußerste an Unbeherrschtheit, dessen sie sich kurz vor der Rettung schuldig machen. Die Farbqualität dieses betulichen Thrillers mutet übrigens an, als sei das Filmmaterial vor Gebrauch in kochende Lauge gelegt worden.

Wer sich von den Möglichkeiten sowjetischer Filmkunst ein Bild machen will, der scheue nicht die Mühe des Spielplanstudiums noch langer Anfahrtswege, um irgendwo den **Bahnhof für zwei** zu erwischen. Regisseur Eldar Rjasanow, der 1956 mit seiner Komödie „Nun schlägt's dreizehn" die Karriere der damals neunzehnjährigen Ljudmila Gurtschenko begründete, betraute die inzwischen zu einer bedeutenden Charakterdarstellerin gereiften Aktrice diesmal mit einer tragikomischen Rolle. Jene ruppig-warmherzige Bahnhofskellnerin, die den vom Schicksal gebeutelten Reisenden (Oleg Bassilaschwili) zunächst in tiefste Nöte stürzt und schließlich zum Fixpunkt seines Lebens wird, dürfte zu den schönsten und ergreifendsten Leinwandereignissen seit Erfindung des Tonfilms gehören. Auf meiner ganz privaten Liste der zehn besten Filme aller Zeiten rangiert „Bahnhof für zwei" weit oben.

Wenn hierzulande einer Schauspieler werden will, muß er – um es mal salopp auszudrücken – „schau" spielen können. In Amerika setzt der gleiche Berufswunsch ein Allround-Show-Talent voraus. Wer die erbarmungslos harte vierjährige Ausbildung in den Sparten Schauspiel,

Tanz, Gesang oder Musik durchsteht, verläßt die Hochschule als Profi. Doch um aus dem Erlernten auch eine Profession machen zu können, die ihren Mann ernährt oder ihm gar zu Starruhm verhilft, bedarf es schon eines nahezu göttlichen Wunders. Allein in der Stadt New York sind neunzig bis fünfundneunzig Prozent aller Schauspieler arbeitslos. Dergleichen Wissenswertes über das Land der unbegrenzten Ausbeutungsmöglichkeiten vermittelt das faszinierende Musical **Fame – der Weg zum Ruhm**, das schon Monate vor seinem Einsatz im normalen Spielplan eine riesige Fangemeinde – darunter zahlreiche Wiederholungstäter – in die Nachtvorstellungen des Berliner „International" lockte.

Regisseur Alan Parker und sein Autor Christopher Gore brachten das Kunststück fertig, in knapp zweieinhalb Stunden sieben zutiefst bewegende Menschenschicksale zu erzählen. Daß es kaum Mühe bereitet, den dramaturgisch geschickt verzahnten Episoden zu folgen, liegt nicht nur an ihrer literarisch-psychologischen Qualität, sondern auch am hohen Wiedererkennungsgrad der Darsteller. Obwohl alle Debütanten sind, leisten sie durch die Bank Meisterhaftes.

Zum absoluten audio-visuellen Furioso (Choreographie: Louis Falco) steigert sich der Film in den Tanzszenen, die Straßen, Plätze, enge Mensa-Räume, ja selbst Autodächer zur Bühne machen und sie damit vergessen lassen. Diesem außerordentlich perfekten Kunstwerk vorzuwerfen, es sei selbst das Hohelied auf den nur unter Qualen zu erlangenden Perfektionismus, halte ich für anfechtbar. Wer spricht denn über jene Qualen, die der Zuschauer angesichts stümperhafter, dilettantischer Machwerke erleidet?

Auch Sidney Pollacks **Tootsie,** nach Aussagen amerikanischer Statistiker die erfolgreichste Filmkomödie aller Zeiten, entlarvt die unwürdige, demütigende Situation der meisten Schauspieler in den USA. Und dies ohne vordergründige Agitation oder Larmoyanz, sondern durchgehend witzig, sarkastisch, manchmal wehmütig, aber nie sentimental. Wann immer Rührung in Gerührtheit umschlagen könnte, reißt Meister Pollack das Ruder herum und vertreibt die aufsteigenden Tränen durch befreiendes Lachen.

Tootsie
USA
RE: Sydney Pollack
DB: Larry Gelbart, Murray Schisgal
KA: Owen Roisman

Nachdem ich die Kino-Eule in Heft 44/84 gelesen hatte, trieb es mich förmlich an den Schreibtisch. Als langjähriger Eule-Fan und passionierter Kino-Gänger verfolge ich die Filmkritiken stets mit besonderer Aufmerksamkeit. Meine Frage: Durch welche Brille schaut sich Frau Holland-Moritz eigentlich die Filme an? Wenn ich nach ihren Kritiken ginge, dürfte ja kaum noch ein Film ansehenswert sein.

V.Sch., Magdeburg

Wie wichtig ist Ihnen, Frau Holland-Moritz, eigentlich die Meinung anderer. Ich würde es gut finden, wenn Sie sich nicht nur auf Ihren eigenen Verstand (besser wohl: Geschmack) verlassen würden. Vielleicht können Sie sich, bevor Sie eine Kritik schreiben, anhören, was normale Kinogänger zu sagen haben.

G.F., Brandenburg

Die Story vom hochbegabten engagementslosen New-Yorker Schauspieler Michael Dorsey, der sich aus wirtschaftlicher Not und aus Zorn über die Besetzungspolitik der bornierten Fernsehbosse als Frau verkleidet und so in einer TV-Serie Furore macht, dürfte sich mittlerweile herumgesprochen haben. Nicht aber, wie es zu diesem künstlerisch brillanten, publikumswirksamen Film kam, wie lange und wie hart daran gearbeitet wurde.

Eines längst vergangenen Tages plauderte Dustin Hoffmann, der große, kleine Mann unter den weltbesten Filmstars, mit seinem Freund, dem erfolgreichen Broadway-Autor Murray Schisgal, und stellte beiläufig die Frage: „Was geschähe eigentlich, wenn ich eine Frau wäre?" Dies brachte die beiden auf die Idee zu einem Film, der weder klamottig noch feministisch sein, sondern sowohl die menschliche wie die gesellschaftliche Psyche ausleuchten sollte.

Der erste Script-Entwurf wurde von Don McGuire geliefert und danach von Robert Kaufman bearbeitet. Das Unternehmen stockte, als der bis dahin vorgesehene Regisseur Dick Richards ausstieg. Nunmehr sollte Hal Ashby Regie führen, für den Murray Schisgal und Larry Gelbart neue Buch-Versionen schrieben. Da auch diese Konstellation kein überzeugendes Ergebnis zeitigte, wurden drei weitere Autoren mit der Arbeit betraut: Elaine Hay, Valerie Curtin und Barry Levinson. Erst als es Dustin Hoffman gelang, Sydney Pollack („Nur Pferden gibt man den Gnadenschuß", „Jene Jahre in Hollywood", „Der elektrische Reiter") von dem Projekt zu überzeugen, nahm die Sache Gestalt an.

Eine endgültige Drehbuchfassung, in die alles Brauchbare aus den voraufgegangenen Arbeiten einfloß, wurde von Larry Gelbart und Murray Schisgal hergestellt. Obwohl sich Dustin Hoffman und Sydney Pollack in ständigem produktiven Streit befanden, einigten sie sich schließlich auf eine „zarte Liebesgeschichte darüber, wie man ein besserer Mann wird, indem man eine Frau ist". Diese Rolle aber war Hoffman nur bereit zu spielen, wenn sie ihm nicht zur Karikatur geriete. Zweimal machte er die Probe aufs Exempel: Er besuchte in voller Maske die Schule seiner Kinder und wurde von den Lehrerinnen als ihresgleichen akzeptiert. Kollege José Ferrer gar errötete heftig, als ihm Hoffman im „Tootsie"-Look ein eindeutiges Angebot machte.

Dustin Hoffman vermochte es, nicht nur Michael Dorsey, sondern auch Dorothy „Tootsie" Michaels als einen eigenständigen Charakter zu gestalten. Am Ende fehlt uns Tootsie, und sie fehlt auch ihrem Darsteller, der selbst sagt, er sei durch diese Metamorphose wirklich zu einem besseren Mann geworden. Die übrige (ebenso glanzvolle) Besetzung entstand gewissermaßen in Teamwork: Hoffman überredete Sydney Pollack, den Film-Manager zu spielen, Pollack wählte Jessica Lange als Tootsies TV-Partnerin Julie aus, mit der Rolle ihres Vaters wurde auf Empfehlung von Hal Ashby Charles Durning betraut, und Elaine Ray wünschte sich Teri Garr als Michael Dorseys Freundin Sandy.

Gewiß läßt sich ein vergleichbarer Film bei uns schon aus technischen und finanziellen Gründen nicht bewerkstelligen. Aber eins sollten die DEFA-Leute den aus Profitgründen geschäftstüchtigen Hollywood-Produzenten getrost abgucken: wie man nämlich gründlich und vor allem kollektiv an einem Drehbuch arbeitet, um ein Maximum an künstlerischer Geschlossenheit, wenn nicht gar an Scherz, Satire, Ironie und tieferer Bedeutung zu erzielen.

Zwei einsame Enddreißiger, sie ledig, er verwitwet, begegnen einander während einer jener Betriebsfeiern, die offenbar nur unter Zuhilfenahme von viel Alkohol zu ertragen sind, und landen folgerichtig auf gemeinsamer Bettstatt. Die Ernüchterung in des Wortes doppelter Bedeutung treibt ihn am Morgen aus ihrem Haus. Doch sie läßt sich nicht einfach wegschieben wie ein nutzlos gewordener Gegenstand. Nach allerhand Gezänk und Tränen steht sie mit Sack und Pack vor seiner Tür und erzwingt den Einzug ins erträumte Paradies mit der burschikos-verzweifelten Erklärung: : „Wir machen es eben anders als die andern. Wir ziehen erst zusammen und lernen uns dann kennen!" Welch herrlicher Ausgangspunkt für einen Film! Was ließe sich nicht alles an tragikomischen Situationen und funkelndem dialogischen Schlagabtausch denken, ausgelöst von derart unkonventioneller Familiengründung! Die Idee wäre es wert gewesen, eine starke Geschichte

Eine sonderbare Liebe
DDR
RE: Lothar Warneke
DB: Wolfram Witt
KA: Thomas Plenert

Mitte 1984 gab es einmal eine Einschätzung eines Einsenders, in welcher die hohen Qualitäten der Arbeit der Renate Holland-Moritz grundlegend gewürdigt wurden. Das konnte man getrost unterschreiben. (Gut für die Kaderakte R.H.-M.!)
O.G., Leipzig

Nachdem ich Ihr Heft 47 gelesen hatte, machte ich fast die ganze Nacht kein Auge zu, denn ich hatte einen gar schrecklichen Traum: Mir erschien unsere Kinolandschaft, die einige Veränderungen nach den Vorstellungen Ihrer Leser V. Schrock und Gabriele Fritz erfahren hatte. Ich möchte hier ein paar der bedrückendsten Bilder dieses Alps wiedergeben: Es traten passionierte Kinogänger auf, die ihr Urteil darüber, ob ein Film ansehenswert sei, danach zu bilden trachteten, wie die Kritiken ausgefallen waren. In großer Zahl waren Kritiker zu beobachten, welche Filme durch besondere Brillen anschauten. Diese Brillen waren so konstruiert, daß alle Filme ausgesprochen ansehenswert erschienen. Vor dem Schreiben ihrer Kritiken veranstalteten die Filmkritiker Befragungen von Zuschauern. An den Meinungsumfragen durften nur solche Zuschauer teilnehmen, die als normale Kinogänger erkannt wurden. Wichtigstes Merkmal: Verzicht auf eigenen Verstand und eigenen Geschmack. Glücklicherweise erwies sich alles als ein böser Traum. Ich bin froh, weiterhin mit Vergnügen die Kino-Eule lesen zu dürfen und dabei selbst zu entscheiden, welche Filme ich mir ansehe – durch die eigene Brille, versteht sich. Denn: Von schöneren Kritiken werden die Filme auch nicht besser.

R.W., Berlin

aus ihr zu entwickeln, eine von der Sorte, die den Zuschauer in Atem hält, ihn lachen und weinen läßt, eben eine richtige Komödie. Jedoch – die Chance ist vertan.

In DEFA-üblicher dramaturgischer Genügsamkeit setzte man einen einzigen Autor (Wolfram Witt), noch dazu einen Debütanten, auf den Stoff an und akzeptierte ein Ergebnis, das bestenfalls Rohmaterial für möglichst mehrere branchenerfahrene Szenaristen hätte sein dürfen.

So entstand **Eine sonderbare Liebe**, sonderbarerweise auf den diesjährigen Filmfestspielen in Karlovy Vary mit einem Hauptpreis ausgezeichnet.

Nach seinem schönen und erfolgreichen Film „Die Beunruhigung" hatte Regisseur Lothar Warneke den Wunsch, ein neues Projekt mit seiner glanzvollen Hauptdarstellerin Christine Schorn zu realisieren. Die Rolle der alleinstehenden Küchenchefin sollte ihr deshalb direkt auf den Leib geschrieben werden. Doch das anvisierte Ziel wurde nicht getroffen. Man mag es einfach nicht glauben, daß diese hübsche, gescheite, selbstbewußte Frau in totaler Isolation lebt, daß sich zu keiner Zeit ein Heiratskandidat gefunden haben soll, daß es keine Freunde gibt, nicht einmal eine Busenfreundin zum Austausch gegenseitig interessierender Geheimnisse.

Kurzum, das auf die gestohlenen Stunden mit einem fremdgehenden Spießer angewiesene Mauerblümchen, das an den leeren Abenden höchst banale Monologe an sein Meerschweinchen richtet, nehme ich der Schorn nicht ab.

Anders verhält es sich mit ihrem Partner Jörg Gudzuhn. Daß dieser in sich gekehrte, äußerlich unscheinbare, von Beruf, Hausarbeit und Sorge um zwei mutterlose Söhne gestreßte Mann weder Amouren noch zeitaufwendige Freundschaften unterhält, ist glaubwürdig. Den kommunikativen Ausgleich findet er beim Knüpfen weltweiter Kontakte im stillen Kämmerlein – per Amateurfunkgerät.

Das Bestreben des Regisseurs Lothar Warneke, der Realität möglichst dokumentarisch auf den Fersen zu sein, bringt aus Mangel an künstlerischer Verdichtung kaum Gewinn. Da über lange Strecken optische Kargheit, Handlungsarmut, nervtötende Musik und mäßige Dialoge dominieren, bleibt der Zuschauer weitgehend unberührt, wenn nicht gar gelangweilt. Zwei gewichtige Szenen allerdings beweisen Warnekes – von ihm selbst in Abrede gestelltes – Talent zur Komödie: das Betriebsfest mit der rührend-komischen Angestrengtheit der Veranstalter, ein Kollektiverlebnis um jeden Preis zu schaffen, gekrönt von Christine Schorns und Jörg Gudzuhns zwerchfellerschütternder Tanz-Einlage, und die Schlußsequenz, da sich die voneinander enttäuschten Partner in hilflos-hilfesuchender Umarmung wiederfinden. Zwei Momente also, wo sich gewünschte Emotionen beim Publikum einstellen. Der Filmstoff hätte bei sorgfältiger Bearbeitung Dutzende davon bieten können.

In einem alten Sprichwort heißt es: „Kritiker sind wie Eunuchen, sie wissen, wie es gemacht wird, können es aber nicht." Deshalb rate ich jedem in meinem Bekanntenkreis: Der Film, der die schlechteste Kritik hat und am meisten runtergemangelt wird, ist bestimmt sein Geld wert.
K.B., Dessau

Als sechzehnjähriger Zeitungsreporter veröffentlichte er bereits einige Erzählungen, mit siebzehn schrieb er seinen ersten Roman. Der durchschlagende Erfolg dieser Debüts hatte eine solche Flut von Aufträgen zur Folge, daß er sich zeitweilig dreiundzwanzig Pseudonyme zulegte, um den Wert seines echten Namens nicht zu inflationieren. Dieser wurde spätestens seit Erfindung des Kommissars Maigret im Jahre 1929 weltberühmt (Übersetzungen in einundvierzig Sprachen) und machte den heute einundachtzigjährigen Georges Simenon nicht nur zum konstanten Phänomen der französischen Literaturgeschichte, sondern auch zur Legende seiner selbst.

Die Produktivität dieses vom Publikum wie von den Literaturwissenschaftlern gleichermaßen favorisierten Mannes, der in seinen besten Zeiten bis zu vierzehn Romane jährlich verfaßte, dürfte weltweit ohne Beispiel sein. Einem Interviewer erzählte Simenon einmal, seine Arbeitsweise sei von psychologischen und physiologischen Umständen abhängig. Irgendeine Information, vielleicht eine Zeitungsnotiz, löse in seinem Hirn einen Mechanismus aus, der zunächst eine Idee und schließlich die komplette Story reifen lasse. Sodann müsse er nur noch seine Körpertemperatur unter Kontrolle halten. Sei diese auf siebenunddreißig Grad angestiegen, werde der Hausarzt konsultiert. Allerdings weniger, um den Gesundheitszustand des Meisters zu diagnostizieren, als vielmehr den seiner Gattin und der Kinder. Denn ein Krankheitsfall in der Familie sei erfahrungsmäß das einzige, das ihn aus der nun folgenden Produktionsphase herausreißen könne. Diese

Die Phantome des Hutmachers
Frankreich, PJ: 1982
RE: Claude Chabrol
DB: Claude Chabrol
KA: Michel Thiriet

... Aber jetzt, jetzt tue ich mir nicht mehr länger Gewalt an, jetzt will ich endlich auch mal widersprechen – und zwar den Renate Holland-Moritz-Filmkritik-Gegnern. Natürlich gestehe ich unumwunden ein, daß ich die Moritzsche Partei aus dem Gefühl tiefster geistiger Verbundenheit und Dankbarkeit heraus ergreife, denn ich finde meine Filmkritiken fast ausschließlich von den ihren bestätigt. Vielleicht reiche ich stilistisch nicht ganz an sie heran? Nun ja. Für mich sind Holland-Moritz-Beiträge nicht nur deshalb Lesegenuß und -vergnügen, weil mich der Inhalt entzückt, sondern auch der Sprache wegen. (Diese Ironie-Leckerbissen!) Ich möchte die Kritiker der Kritiker fragen, was sie eigentlich von einer Kritik erwarten, was sie unter Kritik verstehen?
R.W., Leipzig

beginne mit dem Einschluß in eine schalldichte, gutbelüftete Stahlkammer, woselbst er täglich ein Kapitel zu Papier bringe. Abends werde das Geschriebene vervielfältigt und an die Übersetzer verteilt. Da Simenon-Krimis im allgemeinen sieben bis neun Kapitel enthalten, sei das jeweilige Werk in ebenso vielen Tagen vollendet und befinde sich zwei Wochen später auf den Buchmärkten von zweiunddreißig Ländern.

Bevor die Tränen des Neides über die Gesichter derer fließen, die sich in unseren Breiten schreibend mühen, verweisen wir besagtes Interview einfach in den Bereich Simenonscher Phantasie.

Seit mehr als fünfzig Jahren partizipiert auch der Film an den Bestsellern des in der Schweiz lebenden gebürtigen Belgiers. Dutzende bedeutender europäischer und amerikanischer Regisseure bedienten sich der literarischen Vorlagen Simenons, um dem Überangebot an vordergründig-reißerischen Thrillern filmische Unterhaltungsware mit Qualitätssiegel entgegenzuhalten. Doch nicht nur die „Maigrets", um deren Gestaltung sich renommierte Schauspieler wie Albert Préjean, Charles Laughton, Jean Gabin, Heinz Rühmann und Gino Cervi rissen, sondern auch die psychologisch noch subtileren „Non-Maigrets" waren den Filmemachern hochwillkommen. Ein Meisterwerk dieser Gattung ist Claude Chabrols **Die Phantome des Hutmachers** nach Simenons (1949 erschienenen) gleichnamigen Roman.

In einer düsteren südfranzösischen Kleinstadt unterhält Monsieur Labbé einen kleinen Hutladen. Sein Leben verläuft enervierend gleichförmig. Tagsüber schikaniert er den halbwüchsigen Lehrjungen und das Trampel vom Lande, das den Haushalt führt. Madame Labbé kann dergleichen nicht tun, denn sie ist gelähmt, seit fünfzehn Jahren hat sie ihr Zimmer nicht verlassen. Monsieur kümmert sich rührend um sie, keinen anderen läßt er in die Nähe der Kranken. Bevor er sich zu seiner allabendlichen Bridge-Partie ins Caféhaus begibt, rückt er ihren Rollstuhl ans Fenster, damit die Ärmste teilhaben kann am Leben auf der engen Gasse. Beobachter dieses Rituals ist Labbés Nachbar, der armenisch-jüdische Schneider Kachoudas. Wie unter innerem Zwang folgt er dem Hutmacher auf seinen Wegen, trinkt am Katzentisch des Cafés einen kleinen Weißen, belauscht demütig schweigend die Gespräche der Honoratioren über einen rätselhaften Frauenmörder, der das Städtchen in Angst und Schrecken versetzt. Labbé genießt seine Anziehungskraft auf Kachoudas, drängt ihn geradezu in die Rolle eines ergebenen Hundes. Doch schließlich genügt ihm das nicht mehr. Der Psychopath braucht die Mitwisserschaft des zur Wehrlosigkeit Verurteilten, um seine Verbrechen genießen zu können …

Dies ist kein Kriminalfilm mit aufregender Jagd nach dem Täter, sondern die sich dramatisch zuspitzende Tragödie eines Wahnsinnigen. Optisch gediegen und mit dramaturgisch exakt kalkulierten Rückblenden entsteht die faszinierende Studie zweier gebrochener antipodischer Charaktere, die so nur in der Welt des Spätbürgertums vorstellbar sind. Daß Claude Chabrol nach Jahren künstlerischer Abstinenz mit diesem fabelhaften Film an frühere Erfolge anknüpfen konnte, ist auch das Verdienst des Autors Georges Simenon und der grandiosen Hauptdarsteller Michel Serrault und Charles Aznavour.

Markus und Gottfried sind Freunde seit Buddelkastenzeiten, haben Schule, Facharbeiterlehre mit Abitur sowie drei Jahre Armee absolviert und sollen ab morgen zu vierjährigem Physikstudium in Dresden antreten. Nun ist erst einmal eine Abschiedsfete mit beider Herzensfreundin angesagt. Das Domizil der Kranfahrerin Karin Krause befindet sich jedoch nicht auf Schloß Gripsholm, sondern im Berliner Norden, dritter Hinterhof, fünf Treppen, hochstilisiert zur Prenzlauer-Berg-Idylle.

Auf dem Weg zu dieser Anlaufadresse unterhalten sich die jugendlichen Helden wie folgt: „Kleinste Spezialistengruppen mit eingespielten Partnern, die haben noch 'ne Chance … Einen dritten Mann müssen wir noch finden, drei sind immer gut, mathematisch gesehen." – „Ab drei Personen geht es um Mitbestimmung und Mehrheitsbeschlüsse." – „In der Wissenschaft gibt es keine Demokratie, nur die Wahrheit, die reine naturwissenschaftliche Wahrheit." Nach derlei herzerfrischend natürlichen Dialogen während eines morgendlichen Herbstmarathons ist man schon fast **Auf dem Sprung**, um das Kino wieder zu verlassen. Aber mit dem Beharrungsvermögen des notorisch Neugierigen wartet man ab, und siehe da, es kommt alles noch

Meine frühe Ehrfurcht vor den geheimnisvollen Eulenvögeln wurde empfindlich gestört, als ich hörte, der nächtliche Ruf des Käuzchens vor meinem Fenster sage den Tod eines Menschen voraus. Wer mit dem Titel einer kritischen Kolumne solches Mißbehagen in Kauf nimmt, so hoffte man, hatte vielleicht andere, sympathischere Eigenschaften des Fabelwesens im Sinn. Da wäre an die Weitsicht dieser Tiere zu denken, die mehr und besser sehen sollen als andere Art- und Zeitgenossen, an die Neigung, Schädlinge zu vertilgen statt sich geifernd auf Freund wie Feind zu stürzen. Weit gefehlt. Die jüngste Kino-Eule scheint vor allem um den Ruf zu buhlen, ihresgleichen mit scharfem Schnabel möglichst beide Augen auszuhaken.

Die Pose des allwissenden, unfehlbaren Kritikers letzter und auch verletzender Deutlichkeit kannte man bereits. Nun aber sollen wir uns daran gewöhnen, daß seine „vernichtende" Kritik nicht nur das Werk zerschmettert, sondern am besten gleich die Urheber. Und dies ausgerechnet im Namen des „Volksmundes": „Drei Wurf hat jeder", so scherzt die Autorin, „anstelle eines vierten Versuchs sollte Evelyn Schmidt lieber das Handtuch werfen." Sicher. „Auf dem Sprung" ist nicht der stärkste Film der Regisseurin! Das rechtfertigt aber nicht, daß um der Pointe und des makabren Ratschlags willen ihre schöne Debüt-Arbeit „Lasset die Kindlein …" (Autor: Wolfgang Kohlhaase) einfach unterschlagen wird. Auch, daß es mit ihr zielsicher von Film zu Film „steil bergauf ging" bis zur „Bruchlandung", entbehrt seriöser Begründung. Hier geht es nicht um das selbstverständliche Recht auf scharfes,

Auf dem Sprung
DDR
RE: Evelyn Schmidt
DB: Rainer Koch, Evelyn Schmidt
KA: Peter Brand

auch sarkastisch gefärbtes Urteil.

Je rigoroser aber eine Meinung, desto sorgsamer muß sie begründet sein. Da genügen nicht bloße Behauptungen („vor Banalitäten strotzende Geschichte", „Dilettantismus in seiner reinsten Form") und subjektive Empfindungen („geradezu erschüttert war ich von der Schauspielerführung"), schon gar nicht bösartige Falschdeutungen („knackige Kranfahrerin", „hochstilisiert zur Prenzlauer-Berg-Idylle"). Bei weniger namen- und wehrlosen Objekten wie Regisseur Lothar Warnecke ist unsere Eule im Ton ein wenig zurückhaltender, im Urteil und in der Methode nicht weniger ignorant. Erst kürzlich mußte sich eine namhafte internationale Jury dafür rüffeln lassen, sie habe einen DEFA-.Film „sonderbarerweise auf den diesjährigen Filmfestspielen in Karlovy Vary mit einem Hauptpreis ausgezeichnet". „Eine sonderbare Liebe" ist für sie mit „DEFA-üblicher dramaturgischer Genügsamkeit" geschrieben (die Studio- und Dramaturgenschelte gehört zu ihren Stereotypen), „von einem einzigen Autor" (welch eine Besonderheit in der Filmkunst!), „noch dazu von einem Debütanten" (welch ein Verbrechen), „bestenfalls Rohmaterial für möglichst mehrere branchenerfahrene Szenaristen ..." An wen mag die Autorin da wohl denken? Sie entnimmt dem fertigen Film einen Dialog-

viel schöner! Der mit dem Zunamen Mopel geschlagene Gottfried (gewissermaßen ein menschgewordener nasophiler Abzählreim) beschließt nämlich Sekunden vor Abfahrt des Zuges und unmittelbar an der Bahnsteigkante, das Physikstudium sausen zu lassen und künftig milieugeschädigte Kinder zu erziehen. Nicht mehr Einstein noch Ardenne – Makarenko will er werden! Einfach so. Denn zwingend logisch, gar psychologisch nachvollziehbar ist diese Entscheidung nicht. Gottfried hat zwar tags zuvor einen ausgebüchsten Jungen wieder ins Heim zurückgebracht, dort aber keinerlei einschneidende, sein bisheriges Leben glaubwürdig beeinflussende Erlebnisse gehabt. Selbst das Angebot des dankbaren Leiters zu einer Heim-Besichtigung lehnt er uninteressiert ab.

Da es der von Banalitäten strotzenden Geschichte (Szenarium: Rainer Koch, Evelyn Schmidt) an einleuchtendem szenischen Aufbau ebenso mangelt wie an emotionaler Überzeugungskraft, erübrigen sich weitere Angaben zum Inhalt. Geradezu erschüttert war ich allerdings von der Schauspielerführung und vom Inszenierungsstil (falls ein so großes Wort erlaubt ist) der Regisseurin Evelyn Schmidt. Das ist Dilettantismus in seiner reinsten Form! Vom vielkritisierten, aber immer noch diskutablen „Seitensprung", mit dem sie 1980 debütierte, über „Das Fahrrad", mit dem es 1982 schon steil bergab ging, hat sie nun mit „Auf dem Sprung" eine Bruchlandung geschafft (in allen Fällen dramaturgisch betreut von Erika Richter). Im Volksmund heißt es: Drei Wurf hat jeder! Anstelle eines vierten filmischen Versuchs sollte Evelyn Schmidt lieber das Handtuch werfen.

1985

Fanny und Alexander
Schweden, PJ: 1982
RE: Ingmar Bergman
DB: Ingmar Bergman
KA: Sven Nykvist

Eigentlich wollte er keine Filme mehr machen. Aber dann saß er eines einsamen Sommertages auf seiner Insel Farö in den schwedischen Schären, war bester Laune und begann, fast absichtslos, über seine Kindheit zu schreiben. „Ich stieß wohl auf eine Quellader, und plötzlich begann es zu sprudeln", sagte Ingmar Bergman zur Entstehungsgeschichte seines Opus **Fanny und Alexander**. Der inzwischen mit vier Oscars ausgezeichnete Film gehört zweifellos zu den bedeutendsten und erregendsten Kinoereignissen aller Zeiten. Da ist nichts mehr von schwer deutbaren Symbolen, vergessen alle ästhetisierende Stilisierung, auch das vom Meister in den letzten Jahren bevorzugte Kammerspiel („Herbstsonate", „Szenen einer Ehe") hat keinen Raum. Hier offenbart sich mit Urgewalt pralles, farbensprühendes, sinnenfrohes Leben, dargeboten vom riesigen, für die Zeit der Jahrhundertwende ungewöhnlich toleranten Familienclan der Ekdahls, von der klerikal-dogmatischen Sippschaft des antisemitischen Bischofs Vergerus, von Isak Jacobi, dem klugen jüdischen Jugend- und Altersfreund der Prinzipalin Helena Ekdahl, und gesehen mit den Augen des elfjährigen Alexander, in denen die Weisheit und Güte des sechsundsechzigjährigen Ingmar Bergman leuchten.

Auf der Leinwand entsteht ein Roman, handelnd von Liebe und Lust, Tod und Verderben, Ängsten und Freuden. Er ist so spannungsgeladen und kurzweilig, daß man darüber seine Länge vergißt, eher ist es traurig, so plötzlich – nach mehr als drei Stunden – aus dieser faszinierenden Gesellschaft entlassen zu werden.

Der wunderschöne Film beweist, daß Bergmans überragende künstlerische Meisterschaft in seiner tiefen Menschenliebe begründet liegt. Seine Favoriten sind die Schauspieler, die Frauen und die Kinder. Mein größter Wunsch an ihn ist, er möge sein erneut gegebenes Wort, nun keine Filme mehr machen zu wollen, erneut brechen.

Bevor Steven Spielberg dreiundzwanzigjährig in Hollywood glanzvoll debütierte (1971 „Das Duell"), hatte er bereits acht Folgen verschiedener Fernsehserien inszeniert. Zum Liebling seiner Produzenten avancierte das Wunderkind spätestens 1974 mit dem Horror-Film „Der weiße Hai", der Millionen Zuschauer in Angst und Schrecken versetzte und abermillionen Dollar in die Kassen fließen ließ. Nicht ganz so ertragreich gestaltete sich 1977 die **Unheimliche Begegnung der dritten Art**, die aber von seriösen Kritikern als der immerhin seriöseste Beitrag innerhalb eines Massenaufgebots an kriegslüsternen amerikanischen Science-fiction-Filmen bezeichnet wurde.

Das mag schon sein. Nach siebenjähriger Wartezeit auf eine Erst-Begegnung mit Spielbergs galaktischem Abenteuer relativieren sich die Dinge für unsereinen jedoch ganz erheblich. Gewiß bleibt unbe-

satz und ein Motiv, erklärt dies zur alleinigen Idee der Sache und läßt den staunenden Rest der Welt wissen, welchen Film SIE gern geschrieben und gesehen hätte: „Welch herrlicher Ausgangspunkt für einen Film! Was ließe sich nicht alles … denken! Jedoch – die Chance ist vertan." Solche Bevormundung der öffentlichen Meinung, die sich kalt über unsere Urteile, Publikumsvotum und Auslandsresonanz hinwegsetzt, kann als Methode von Kunstkritik hierzulande nicht unwidersprochen bleiben. Der Kritiker im Massenmedium hat zu bedenken, und mit ihm seine Redaktion, daß die Mehrzahl seiner Leser zu diesem Zeitpunkt den Film noch gar nicht gesehen haben kann. So wird seine subjekte Meinung sehr schnell zum massenhaften Vor-Urteil.

Mindestens dies, wenn schon nicht wohlverstandene Mitverantwortung für die nationale Filmproduktion, verpflichtet ihn, möglichen Kinobesuch nicht zu verleiden, sondern zu eigener Anschauung und Auseinandersetzung anzuregen.

Um im Bild von Renate Holland-Moritz zu bleiben: Im Boxkampf, dem sie mit ihren Tiefschlägen mehr zugetan scheint als dem Florett des geistigen Duells der Argumente, entscheidet noch immer der Kampfrichter oder der Trainer, ob und wann das Handtuch zu werfen ist. Zum Glück haben junge Filmleute bei uns behutsamere Betreuung als diese Kritikerin.

Dr. D.W., Potsdam

Unheimliche Begegnung der dritten Art
USA, PJ: 1977
RE: Steven Spielberg
DB: Steven Spielberg
KA: Vilmos Zsigmond

Die Frau und der Fremde
DDR
RE: Rainer Simon
DB: Rainer Simon
KA: Roland Dressel

stritten, daß sich da ein erstklassiger Arrangeur erstklassiger Trick-technik bedient. Es macht auch Spaß zu sehen, daß nächtens herum-schwirrende interplanetare Raumschiffe lediglich Sonnenbrand auslö-sen sowie sämtliche elektrischen Geräte selbsttätig in Gang setzen. Überhaupt gefallen mir Mr. Spielbergs appetitliche UFOs, weil sie wie überdimensionale Mixturen aus Kronleuchter und Geburtstagstorte aussehen und statt böser grüner Männlein liebe blauschimmernde Kinderchen beherbergen (deren leicht deformierte Köpfe allerdings starke Ähnlichkeit mit Spielbergs später erfundenem Weltraum-Gnom E. T. aufweisen). Aber all diese märchenhaften Phantastereien, die durchaus verblüffend von einem der besten Kameramänner der Welt (Vilmos Zsigmond) fotografiert sind, können über die weitgehend unverständliche, konfuse und zudem grauenhaft kitschige, mit Sphä-renklängen übergossene Story nicht hinwegtrösten. Am Ende war das, was da dem guten Geschmack zugemutet wurde, nicht die feine noch die dritte Art, sondern eher der dritte Grad.

Zu Beginn der fünfziger Jahre war Leonhard Frank der Favorit aller lesenden jungen Leute unseres Landes. Wir liebten die klare, einfache Sprache und die spannenden Geschichten des großen Erzählers, der wie kaum ein zweiter deutsche Vergangenheit plastisch machen konn-te, die er mit fühlendem Kopf und denkendem Herzen durchlebt und durchlitten hatte. Ich gestehe, daß ich der Verfilmung meiner Lieb-lingsnovelle „Karl und Anna" nicht nur erwartungsvoll, sondern auch ein wenig ängstlich entgegensah, denn ihr Regisseur Rainer Simon („Das Luftschiff") schien gelegentlich mehr Gewicht auf private Stil-willenskundgebungen als auf beglückende Massen-Meetings im Kino zu legen. Zudem irritierte mich die im Titel vorgenommene Entper-sönlichung von Karl und Anna in **Die Frau und der Fremde**. Doch damit bin ich auch schon am Ende der Unkerei. Zu empfehlen bleibt ein schöner, zutiefst bewegender Liebesfilm der DEFA.
Ohne Schnörkel und Verästelungen, ohne Rückblenden und zweite Ebenen beginnt die Geschichte ordentlich an ihrem Anfang, mitten in der russischen Steppe. Zwei einsame Gefangene des ersten Weltkrie-ges, Karl und Richard, schippen Gräben. Ringsum ist Ödnis – kein

Baum, kein Strauch, nicht einmal Bewachung. Aber der Krieg ist atmosphärisch spürbar. Er hat Richard nach kurzem Eheglück von seiner Anna getrennt, und nun erlebt er jede Stunde, jeden intimen Augenblick noch einmal. Indem er seinem Kameraden Karl davon erzählt.

Die Schilderungen sind so intensiv, daß Karl mit der Zeit wie Richard fühlt, zu Richard wird. Und nur noch ein Ziel kennt: heim zu Anna, der so sehr geliebten und ganz vertrauten Frau. Er schafft das Unwahrscheinliche nach langer, zermürbender Flucht, steht vor Anna und beharrt darauf, ihr Mann zu sein. Wie Annas Widerstand langsam brüchig wird, schließlich erlahmt und in Liebe umschlägt, weil Karl genaugenommen der bessere Richard ist – das gehört zu den ganz selten erreichten großen Momenten auf der Leinwand und ist den beiden eminent begabten Kino-Debütanten Kathrin Waligura und Joachim Lätsch zu danken. Sie und auch Richard-Darsteller Peter Zimmermann, der 1979 in Helmut Dziubas „Chiffriert an Chef – Ausfall Nummer 5" noch völlig farblos wirkte, entdeckt und zu bemerkenswerten Leistungen geführt zu haben, bleibt das Verdienst des Regisseurs Rainer Simon. Er hat, was vielen seiner Kollegen so schmerzlich abgeht: Sensibilität und handwerkliche Sicherheit.

„Die Frau und der Fremde" (mit hervorragenden Szenenbildern von Hans Poppe, die Roland Dressel ausgezeichnet fotografierte), ist ein psychologisches Kammerspiel, das seiner Natur nach eigentlich eher ins Fernsehen gehörte. Es wäre schön, wenn Rainer Simon künftig mit ebenso starken, emotional nachvollziehbaren Geschichten dem Medium Kino noch einen Schritt näherträte. Dann ließe sich das große Publikum die Chance, künstlerisch wertvoll unterhalten zu werden, gewiß nicht länger entgehen.

Die an der Plakatwand des Berliner Kinos Colosseum gestellte Frage „Kann denn Liebe strafbar sein?" ist keine Aufforderung zu einem Zarah-Leander-Gedächtnissingen, sondern Werbemittel für eine italienisch-japanische Love-Story mit Soft-Porno-Effekten. Doch ehe **Der Garten Eden** seine Pforten für die in Massen herbeigeströmten Vierzehnjährigen öffnet, müssen sie erst einmal einen Schulungskur-

Herr Dr. D. Wolf stellt Kinobesuchern allgemein ein Armutszeugnis über ihre geistigen Leistungen aus, wenn er sagt: „…. die subjektive Meinung eines Kritikers wird zum massenhaften Vor-Urteil". Wenn ein Kritiker objektive Meinungen verbreitet, kann er sich die Rezension gleich sparen. Der Brief, vom Leiter der Gruppe „Babelsberg" im DEFA-Studio für Spielfilme, enthält allerdings ein Kompliment für Frau Holland-Moritz. Ihr wird bestätigt, daß ihre Kritiken zu den viel- und damit gern gelesenen gehören. Es ist schlimm, wenn ein Hauptdramaturg den Versuch unternimmt, Kritik zu verbieten, wo sie ihm nicht paßt.
M.Sch., Berlin

Als langjähriger Abonnent Eurer Zeitung hatte ich schon häufig das Bedürfnis, mich sehr kritisch über die Filmrezensionen der Mitarbeiterin Holland-Moritz zu äußern. Daher ist mir der Beitrag des Hauptdramaturgen Dr. Dieter Wolf in Heft 3/85 direkt aus der Seele gesprochen, zumal ich meine Meinung nicht so gut und treffend hätte begründen können. Ich fühle mich auch abgestoßen durch die negierende Form und Einschätzung; und die ist selbst durch den satirischen Charakter Eurer Zeitung nicht zu rechtfertigen. Ich vermisse ganz einfach, daß diese Rezensionen dialektisch gesehen und dargestellt werden.
A.M., Berlin

Der Garten Eden
Italien/Japan, PJ: 1981
RE: Yasuzo Masumura
DR: Leros Pittoni
KA: Mario Vulpiani

Endlich ist es soweit! Aber kein geringerer als Hauptdramaturg Dr. Dieter Wolf mußte erst auf den Plan treten, um Filmkritik-Kaiserin Renate Holland-Moritz von ihrem hohen Roß herunterzuholen. Alle anderen, ob Fachleute oder einfache Kino-Fans, erstarrten scheinbar jahrelang in Ehrfurcht vor dieser „Koryphäe". Bleibt nur zu hoffen, daß sich die Dame von diesem Niederschlag nicht so schnell erholt!
A.O., Radebeul

Nach der Antwort des Dr. Wolf konnte ich mich einer gewissen Schadenfreude nicht erwehren. Da hat sie es auch einmal bekommen, wie sie gewöhnlich austeilt.
A.H., Jeßnitz

Mit Befremden las ich die Ausführungen von Dr. Dieter Wolf. Ich hoffe, daß sich Frau Holland-Moritz durch diese Auslassungen nicht unterkriegen lassen wird.
W.W., Berlin

Es war an der Zeit, daß Renate Holland-Moritz mal auf die Finger geklopft worden ist. Ihren „Roman" „Das Durchgangszimmer" (so hieß er wohl?) habe ich sofort nach dem Lesen verbrannt, um nicht in den Verdacht zu kommen, mich mit Kitschliteratur zu befassen.
I.Z., Berlin

sus „In Sachen Ordnung und Sicherheit" absolvieren. Denn wem verdanken sie schließlich die Vergünstigung, den Liebesspielen anderer Halbwüchsiger zusehen zu dürfen? Der Deutschen Volkspolizei, die sie feierlich mit einem Personalausweis ausstattete. Folglich ist es nur recht und billig, per filmischer Unterweisung dieses kostbare Einlaßdokument ins Erwachsenenleben korrekt hüten und pflegen zu lernen. Ich hatte das von Kinoleitern offenbar besonders geschätzte Produkt der Dokumentarfilmgruppe „Information" schon viermal als Hors d'œuvre zu unterschiedlichen Spielfilmen genossen, aber das war, wie sich den Reaktionen im Parkett entnehmen ließ, eine vergleichsweise schwache Kür. Die meisten Jugendlichen konnten ganze Textpassagen simultan mitsprechen und sparten weder mit Applaus noch mit gezielten Hinweisen auf zu erwartende dramatische Höhepunkte des Ausweis-Thrillers.

Doch dann führten endlich alle Wege nach Rom, wo sich ein bildschöner Taschendieb in eine bildschöne Millionärstochter verliebt. Nach ermüdendem Hick-Hack landen die beiden in ihrem Eden, einem paradiesisch menschenleeren Stückchen Mittelmeerstrand. Hier herrscht natürlich Kostümzwang für Adam und Eva, damit der ausgiebig, wenn auch dilettantisch betriebenen Garten-Arbeit kein hinderliches Kleidungsstück Einhalt gebiete.

Inzwischen befinden sich beider Familien in heller Aufregung. Bei Millionärs tummelt sich eine Horde vertrottelter Kriminalisten, um dem mutmaßlichen Kidnapper per telefonischer Fangschaltung auf die Spur zu kommen. Die Witwe des früheren Königs der Taschendiebe hat nichts dagegen, daß ihre beiden hinterbliebenen Söhne das Entführungswerk des schönen Bruders vollenden. Obwohl sich die Kriminalisten dümmer anstellen, als es die Polizei erlauben dürfte, können sie den überforderten Jung-Ganoven das erpreßte Geld wieder abjagen. Worauf die empörte Mama mit dem Foto ihres verblichenen Gatten wie folgt hadert: „Du wolltest doch die Hände über uns halten. Hach, bist du schusselig!"

Wurden der primitiven Sex-and-Crime-Story bis dahin kaum mehr als ein paar ironische Kommentare zuteil, so schweißte sie doch gegen Schluß das gesamte Publikum zu einem begeistert johlenden, tränenlachenden Kollektiv zusammen. Etliche Jugendliche mischten sich nämlich lauthals und pointiert in den gebrüllten Dialog zwischen dem inhaftierten Taschendieb und seiner vor dem Gefängnis wartenden Millionärsbraut ein und bewiesen damit, daß Berliner Witz selbst die übelste Import-Klamotte in eine kabarettistische Glanznummer umzuwandeln vermag.

Was wäre, wenn ein Ehemann und Familienvater seine illegitime Zweitfamilie ans Licht der Öffentlichkeit holte, in aller Form also zugäbe, daß er zwei Frauen und beider von ihm gezeugte Kinder liebt und in wöchentlichem Schichtwechsel mit ihnen lebt? Vermutlich wäre der Teufel los.

Auf diesem originellen Einfall basierte ein Hörspiel von Joachim Brehmer, dessen sich Regisseur Roland Oehme für seinen Film **Meine Frau Inge und meine Frau Schmidt** bediente. Das akustische Ur-Werk steht im Ruf einer gelungenen Sache. Gleichlautendes läßt sich über die optische Version nicht sagen. Dennoch scheint das Thema einen bestimmten Nerv aller Altersklassen getroffen zu haben, denn schon in der ersten Woche wohnten 10 000 Berliner dem legalisierten Fremdgang im Premierenkino „Kosmos" bei. Ich durchlitt den Film während einer gutbesuchten Nachmittagsvorstellung im „Colosseum", und wenn auch vor und hinter mir gelegentlich gekichert oder angesichts der gutgewachsenen Nackedeis Katrin Saß und Viola Schweizer anerkennend gequiekt wurde, waren die Anzeichen kollektiv empfundener Langeweile unüberhörbar.

Roland Oehme verlagerte die Handlung aus einer Wunschtraumwelt in die Realität heutigen DDR-Alltags und geriet dabei – übrigens unter Beihilfe des behutsamen dramaturgischen Betreuers Dr. Dieter Wolf – mit allen möglichen Filmgesetzen in Konflikt. Wollte er nun ein Lustspiel machen mit satirischen Seitenhieben auf menschliche und gesellschaftliche Unzulänglichkeiten? Oder eine Groteske mit märchenhaften Elementen? Einen Problemfilm gar, der die – einst von Engels postulierte – Fragwürdigkeit der Institution Ehe spielerisch aufgreift? Von allem wohl etwas, denn Oehme bekennt sich zu Genre-Mischformen, wenn sie „stimmig und lustig" sind. Doch statt sich an seine

Meine Frau Inge und meine Frau Schmidt
DDR
RE: Roland Oehme
DB: Joachim Brehmer, Roland Oehme
KA: Werner Bergmann

Bezugnehmend auf den Angriff gegen Renate Holland-Moritz in Heft 3/85 möchte ich sagen, daß ich mit Spannung auf die Kino-Eule warte. Von der Besichtigung eines mich interessierenden Films lasse ich mich auch durch die herzerfrischenden Kritiken der so geschmähten Renate Holland-Moritz nicht abhalten – und in aller Regel stelle ich dann fest, daß ich ihre Meinung teile.
J.K., Berlin

… Normalerweise denke ich, daß ich mit gesundem Menschenverstand und durchschnittlicher Intelligenz ausgerüstet bin. Aber wenn ich … die Beträge von Renate Holland-Moritz gelesen habe, komme ich mir so saudumm vor, daß ich mich wie ein Analphabet fühle.
Prima, wie Dr. Dieter Wolf sich in Heft 3/85, Seite 10, geäußert hat. Ich halte es so: Filme, die Renate Holland-Moritz verreißt, sehe ich mir an. Da kann ich sicher sein, daß sie mir gefallen.
S.K., Neustrelitz

Hälfte des Lebens
DDR
RE: Herrmann Zschoche
DB: Christa Kozik
KA: Günter Jaeuthe

Bravo Dr. Wolf! An Ihrer Kritik kann sich Renate Holland-Moritz die Finger wärmen, selbst etwas lernen und die Sachlichkeit bestaunen. So etwas war mal fällig.
P.G., Blücherhof

selbstgeschöpfte Theorie zu halten, hat er sich lieber einen Stilbruch gehoben.
Lustig ist die grobgestrickte Geschichte schon mal nicht, eher durchgehend peinlich und plump. Wer sich nicht sonderlich über abgenutzte Klamottengags, altklugen Kindermund oder die in Pointenlosigkeit verharrende Dauerbegegnung des priesterlichen Verkehrssünders mit dem abschnittsbevollmächtigten Ordnungshüter amüsieren kann, erleidet unweigerlich Lachmuskelschwund. „Stimmig" wäre die Angelegenheit nur dann, wenn man dem tatkräftigen Liebediener (Walter Plathe) die doppelte Leidenschaft auch glauben könnte, wenn also Frau Inge und Frau Schmidt richtige Charaktere und nicht alberne Anziehpuppen sein dürften. Gleiches gilt für die beiden Witzblattfiguren, denen sich die beiden Lehmann-Damen in unmotivierter Liebe zuwenden. Das einzig Knisternde während der zahlreichen Kopulations- und Knutscharien war das Bonbonpapier meines Platznachbarn.

Bescheiden, unspektakulär, ohne die drückende Schuldenlast des Vorschußlorbeers kam ein DEFA-Film ins Kino und wurde zum Ereignis für die (hoffentlich kontinuierlich wachsende) Schar unvoreingenommener Zuschauer, die ihm folgten. Die Rede ist von **Hälfte des Lebens**, einem Film über die Liebe, die einzige große Liebe im Leben des Friedrich Hölderlin (1770-1843). Daß sie so unerfüllt blieb wie die Hoffnung des Dichters auf ein von französischen Revolutionsidealen erneuertes Deutschland, bedeutete sein Todesurteil. Da war der Genius deutscher Sprache sechsunddreißig Jahre alt. Der physischen Vollstreckung des Urteils mußte er weitere sechsunddreißig Jahre umnachteten Geistes entgegendämmern.
Diesem furchterregend großen künstlerischen Gegenstand stellte sich ein Team, das sich auf dem leichter zu beackernden Feld des Kinder- und Jugendfilms („Philipp der Kleine", „Sieben Sommersprossen") bereits bewährt hatte: Szenaristin Christa Kozik und Regisseur Herrmann Zschoche. Und beiden gelang das schier Unglaubliche: Sie schufen eine Love-Story ohne jeden Anflug von Kitsch, sie machten einen Dichter und seine Sprache so lebendig, daß eine Renaissance des Hölderlinschen Werkes geradezu unaufhaltsam scheint, und sie

Erfolgsfilm-Musen

Endlich hat mal ein Hauptdramaturg der DEFA zu erkennen gegeben, daß schlechte DEFA-Filme eigentlich gar nicht so schlecht sind, sondern erst durch die Rezensionen von Renate Holland-Moritz schlecht werden. Es ist doch zum Lachen, daß leere Kinos nicht die Schuld der Filmemacher sind, sondern Schuld der Rezensenten.

W.S., Berlin

Dem Beitrag von Dr. Dieter Wolf gebe ich vollinhaltlich meine Zustimmung. Mir mißfällt die leider oft hämische Art und Weise, derer sich Renate Holland-Moritz bedient.

L.L., Magdeburg

Es ist für mich eine Tatsache, daß es noch zuviel beschönigende Kritik und zu wenig Pfeffer im öffentlichen Meinungsstreit zu unseren Filmen gibt. Ich bin sicher, Renate Holland-Moritz würde viel lieber Lobeshymnen auf beeindruckende DEFA-Filme schreiben. Es gehört aber auch zum sorgsamen Umgang mit dem Publikum, einen schwachen Film nicht anzupreisen!

J.H., Zeuthen

vermittelten ein Zeitbild, das sich, unverstellt von verstaubten Requisiten, ins Bewußtsein der Heutigen brennt.

Natürlich war so hoher Anspruch nur einzulösen in Gemeinschaft gleich guter Verbündeter. Da wären zu nennen Dieter Adam (Szenenbild) und Anne Hoffmann (Kostüme), die dem historischen Zeitabschnitt (1796-1886) treu blieben, ohne sich der sattsam bekannten langweilenden Klischees üblicher Historienfilme zu bedienen. Die also die romantische Epoche dergestalt nachempfanden, daß sie von Kameramann Günter Jaeuthe auf erlesene Weise ins Bild gesetzt werden konnte. Bereichert durch die stimmungsvolle, effektsicher eingesetzte Musik Georg Katzers und die dramaturgisch pointierte Schnittechnik Monika Schindlers wurde ein Höchstmaß an oft geforderter und so selten stattfindender Kinowirksamkeit erzielt.

Und doch wären all diese talentvollen Schöpferkräfte vergeblich, gäbe es nicht ein Schauspieler-Ensemble, das der gutgebauten Geschichte erst zu Leben verhilft. Schon für die Nebenrollen stehen Namen, die Gutes nicht nur versprechen, sondern auch halten: Michael Gwisdek, Swetlana Schönfeld, Rolf Hoppe, Reimar J. Baur, Christine Gloger. Aber das Beste sind die Protagonisten des unsterblichen Liebespaares Hölderlin und Susette Gontard, nämlich Ulrich Mühe und Jenny Gröllmann. Nach Absolvierung der Leipziger Theaterhochschule und erstem erfolgreichen Engagement in Karl-Marx-Stadt gelang 1983 dem dreißigjährigen Mühe mit seinem Debüt in Ibsens „Gespenstern" auf Anhieb der Durchbruch im anspruchsvollsten und traditionsreichsten Schauspielhaus unseres Landes, dem Deutschen Theater zu Berlin. Der Hölderlin ist Mühes erste große Filmrolle, und nichts Geringeres läßt sich sagen als: A star is born! Über Talent und Sensibilität verfügen auch andere, Ulrich Mühe hat darüber hinaus das Irrationale, schwer zu Definierende: die Aura des begnadeten Mimen. An seiner Seite, in seinem Sog gewissermaßen, gelangte auch die ungleich filmerfahrenere Jenny Gröllmann zu einer darstellerischen Ausdruckskraft, die ich ihr, offen gesagt, nicht zugetraut hätte.

Es ergab sich, daß ich „Hälfte des Lebens" nicht als Voraufführung im Kreis der Kritiker-Kollegen, sondern in einer fast ausverkauften Abendvorstellung sah. Die Präsenz aller Altersklassen vom Weihling bis zum Rentner bereitete mir anfangs etwas Sorge. Aber die war unbegründet. Niemand vermochte sich dem Zauber dieses spannungs- und konfliktgeladenen Leinwandgemäldes zu entziehen, aus dem Parkett kam keine einzige falsche Reaktion. Wäre eine Stecknadel gefallen, man hätte sie gehört.

Woran mag der ahnungslose Spaziergänger denken, wenn er aus einem Kino fortgesetzt herzhaftes Gelächter und alle paar Minuten Szenenapplaus hört? Garantiert nicht an eine DEFA-Komödie. Hatten wir dergleichen überhaupt schon? Natürlich, wenn auch vereinzelt und in ungebührlichen Abständen. Ein durchschnittlich trainiertes Landgzeitgedächtnis rekapituliert zwei hervorragende Filme zum Thema Nachkrieg und spätere Folgen: „Karbid und Sauerampfer" (1964) und „Anton der Zauberer" (1978).

Doch die Einschläge kommen näher. Nach nur noch siebenjähriger Wartezeit erfolgte die Auslieferung des kaum noch Erhofften, um keinen Preis zu Importierenden: eine DEFA-Komödie, angesiedelt hier und heute, behandelnd die Probleme und Sehnsüchte junger DDR-Bürger. Ein Film, so ehrlich wie das Leben und so witzig und sublimiert, wie es im günstigsten Fall nur die Kunst vermag. **Ete und Ali** heißt das Wunder-Werk mehr als bescheiden, und es nimmt eigentlich nicht wunder, daß dieses Sonderangebot von jungen, unverbrauchten Leuten kommt.

Urheberrechtens ist vor allem den filmneuen Autoren Waltraud Meienreis und Henry Schneider zu danken, die vor fünf Jahren begannen, an einer vom Regisseur vorgegebenen vagen Idee so lange herumzudenken, bis sie Gestalt annahm und sich zu einer filmträchtigen Geschichte verdichtete. Sie erfanden zwei antipodische Freunde, nämlich den stillen, gefühlsbetonten, etwas linkischen Ete und den vierschrötig-gutmütigen Action-Macher Ali. Beide kommen gerade von „der Fahne" und verschaffen sich zunächst in der Bahnhofswirtschaft eine Alkohol-Fahne. Ali möchte keinesfalls in sein langweiliges mecklenburgisches Dorf zurück, und Ete fürchtet sich noch mehr vor der Heimkehr in seine kleinstädtische Einraumwohnung. Dort logiert nämlich neuerdings ein Provinz-Dandy, den sich Etes Frau Marita

Ete und Ali
DDR
RE: Peter Kahane
DB: Waltraud Meienreis, Henry Schneider
KA: Andreas Köfer

Das „Quittierte" von Dr. Dieter Wolf sprach mir aus der Seele. Was er dazu sagt, gilt in gleichem Maße für Ihre Theater-, Fernseh- und Literaturkritik ohne Abstriche, auch da ist so viel Wort- und Gagspielerei um ihrer selbst willen, so viel Arroganz, Geschmäckelerei und leider wenig Verantwortungsbewußtsein, wenig Liebe zu den Genres und zu denen, die sich da mühen …
Wenn mit dem Geld und den unseren Filmemachern gebotenen Möglichkeiten und Voraussetzungen auch so behutsam umgegangen würde, wie es Dr. Dieter Wolf offensichtlich mit Evelyn Schmidt schafft, müßte eigentlich etwas Besseres rauskommen.
J.L., Berlin

Schon manche Zerreiß-Kritik von Film-Moritz hat mich köstlich amüsiert, der Film anschließend ebenfalls.
E.K. Cottbus

Ohne öffentliche Meinungsäußerung über Dinge, die für die Öffentlichkeit mit öffentlichen Geldern geschaffen werden, sind wir mittelmäßigen und ungenügenden Leistungen hilflos ausgesetzt. Also bitte nicht die unnachahmlichen Darstellungen filmischer Schwächen durch Renate Holland-Moritz beschneiden!
G.Z., Berlin

Wenn es soweit kommt, daß DEFA-Filme zu „heiligen Kühen" gestempelt werden, die von der Kritik nicht auch einmal – wenn notwendig – geschlachtet werden dürfen, dann muß man um die Kino-Eule wohl künftig bangen. Oder ist es notwendig, ein Solidaritäts-Konto für Ihre Kritikerin ins Leben zu rufen, um sie vor Schlimmem zu bewahren?
G.R.M., Mühlbach

(ausgezeichnet: Daniela Hoffmann) als Ersatzmann erkoren hat. Doch derlei Drückebergerei läßt Ali nicht zu. Seine Parole lautet: Auf in den Kampf! Und wenn es auch nur der um die Frau eines Freundes ist.
Wie die einzelnen Stationen und Situationen ins Bild gesetzt sind, wie die Helden Ete, gespielt von dem hochbegabten Schauspielstudenten Jörg Schüttauf, und Ali, beglückend nachempfunden von dem Schauspieler-Laien Thomas Putensen, miteinander und mit der Umwelt umgehen, wie sie locker, spielerisch und fast beiläufig Leben erforschen und begreifen, das ist von einem inszenatorischen Glanz, der an Filme von Ernst Lubitsch und Billy Wilder erinnert. Geringere Namen fallen mir angesichts dieser Debütarbeit des jungen Regisseurs Peter Kahane nicht ein.
Hier hat sich ein Talent gemeldet, das von der Studioleitung gehegt und gepflegt werden sollte. Schon die Sorgfalt, die er seinen Autoren bei der Erarbeitung des Szenariums abverlangte, spricht für Kahanes Ernsthaftigkeit im Umgang mit dem komischen Genre. Er sagte: „Irgendwann in einer schwierigen Phase des Schreibens wurde die Figur des Ali zum Gauner, zu einem schlitzohrigen Manager für den hilflosen Ete. Er nutzte seinen lebensuntüchtigen Partner zum eigenen Vorteil aus. Das war eine echte Arbeitskrise für uns. Sie hielt an, bis wir begriffen, daß Ali die gleichen Chancen haben muß wie sein Freund Ete."
Dieser Balanceakt ist hundertprozentig gelungen. Ete und Ali sind eigenständige, konträre Charaktere, die aneinander wachsen und gleichermaßen liebenswert bleiben. Dazu tragen nicht unwesentlich herrlich pointierte, witzige Dialoge bei, deren Menge nicht geschwätzig wirkt, sondern geradezu süchtig macht. Manchmal ist man fast ärgerlich, wenn Teile des Gesagten im Publikumsgelächter untergehen. Befragt nach ihren Arbeitsmethoden, antworteten die Autoren Meienreis und Schneider, sie hätten nicht nur das Leben, sondern vor allem gute Filme studiert. Nicht zufällig war ihr ergiebigstes Studienobjekt Woody Allen.
Im allgemeinen sehe ich mir einen zu rezensierenden Film nur einmal an, und zwar in einer vor der Premiere stattfindenden Pressevorführung. Im Falle „Ete und Ali" fiel mir auf, daß er drei Schlüsse hat. Die

übereinstimmende Ansicht meiner Kollegen, sie möchten keinen davon missen, veranlaßte mich zu einem zweiten Filmbesuch. Und siehe da, das normale, vorwiegend jugendliche Publikum reagierte beim ersten scheinbaren Schluß, der eine Versöhnung des Ehepaars Ete und Marita signalisierte, unwillig. „So'n schöner Film bis jetzt", sagte ein junger Mann hinter mir, der die ganze Zeit Tränen gelacht hatte, „aber nu man bloß keen Happy-End!" Es kommt auch nicht, es kommt alles ganz anders und ist dennoch herzbewegend, fröhlichstimmend und zutiefst wahrhaftig.

Diesem schönen Film, an dessen Gelingen Kameramann Andreas Köfer, Szenenbildner Paul Lehmann, Komponist Rainer Böhm und Karin Gregorek in einer Nebenrolle nicht unerhebliche Aktien haben, prophezeie ich kühn ein Millionenpublikum binnen kürzester Zeit. Denn kein noch so guter Import kann leisten, was er vermag: uns lachend, wenn auch manchmal mit einer Träne im Knopfloch, unseren Alltag und die darin wohnenden Menschen nahezubringen.

Artischocke, der vielleicht uninteressanteste Beitrag einer vor Monaten stattgehabten österreichischen Filmwoche, ist nun wirklich alles andere als ein Schocker. Es handelt sich vielmehr um den bieder im Dokumentarstil abgelichteten Alltag des blutjungen Pressefotografen Peter, der beruflich nicht recht zum Zuge kommt. Ob das an seiner eigenen Disziplinlosigkeit oder am Desinteresse seines Chefredakteurs liegt, wird nicht deutlich. Aber das Augenmerk des Regisseurs John Cock verlagert sich schon bald auf Peters Liebesleben, das zunächst auch nicht aufregender ist als die Arbeit in der Dunkelkammer. Erst eine südfranzösische Schönheit, offenbar zum Strandinventar der Cote d'azur gehörend, läßt den von sich und der Welt enttäuschten Peter allen Schmäh vergessen. Die Hormone arbeiten auf Hochtouren, nur mit der Sprache hapert's. Immerhin verdanke ich dem Film die unschätzbare Kenntnis, wie man Artischocken ißt. Angesichts unseres Gemüseangebots nichts als totes Wissen!

1981 wurde die siebenjährige Anna Bachmeier aus dem BRD-Land Schleswig-Holstein von einem Sittlichkeitsverbrecher mißbraucht und

Es ist doch fast ein Lichtblick, wenn die Kino-Eule erscheint und man von einer lesen kann, die kein Blatt vor den Mund nimmt, die das Kino liebt und sich vielleicht auch eine (Wieder-)Entwicklung wünscht.
B.K., Ilmenau

Die Kino-Eule in Heft 3 habe ich nach der Quittung von Dr. Dieter Wolf mit doppeltem Genuß gelesen, und ich hoffe und wünsche, daß ich noch viele „Eulen" der Autorin Renate Holland-Moritz lesen kann.
I.R., Dresden

Artischocke
Österreich, PJ: 1981
RE: John Cook
DB: Helmut Zenker, Dominique Eudes, John Cook
KA: Helmut Pirnat

Keine Zeit für Tränen (Der Fall Bachmeier)
BRD, PJ: 1983
RE: Hark Bohm
DB: Hark Bohm
KA: Sawomir Idziak

Bei Euch kann ich immer lachen, auch wenn die Leserzuschriften auf S. 2 manchmal wie die Kritiken zu einem DEFA-Spielfilm klingen. Laßt Euch nicht entmutigen!
U.S., Coswig

Am liebsten lese ich die Beiträge von Johannes Conrad und Renate Holland-Moritz. Deshalb widerspreche ich hiermit deren Kritikern. Hoffentlich kommt auch weiterhin der Humor neben der Satire nicht zu kurz.
H.L., Halberstadt

ermordet. Zu dieser Tragödie kam es, weil ein Richter der Hormonbehandlung des einschlägig vorbestraften Täters nach dessen Kastration zugestimmt und damit den Rückfall des triebhaften Mannes möglich gemacht hatte.

Eben dieser Richter übernahm zehn Monate später den Vorsitz im Mordprozeß. Um von seinem eigenen schuldhaften Versagen abzulenken, machte er Marianne Bachmeier, die Mutter der kleinen Anna, praktisch verantwortlich für deren Tod. Daß das uneheliche (!) Kind in halbasozialem Kneipenmilieu aufgewachsen und von der Mutter sowohl vernachlässigt als auch verzogen worden sei, habe es zum Verbrechensopfer geradezu prädestiniert. Nach qualvollen Verhandlungen erschoß Marianne Bachmeier den Mörder ihrer Tochter im Gerichtssaal. 1983 wurde sie deshalb zu sechs Jahren Gefängnis verurteilt.

Soweit die entsetzlichen Tatbestände, die den sensationslüsternen BRD-Medien über Monate Stoff lieferten, dessen akribische Aufbereitung speziell in den Springer-Blättern bis zur Forderung nach Lynchjustiz für Triebtäter eskalierte.,

Auf dem bundesdeutschen Kinomarkt präsentierten sich Ende 1983 gleich zwei Filme zum Thema Bachmeier. Der wegen Gewaltverbrechens vorbestrafte Burkhard Driest inszenierte das indiskutable Machwerk „Annas Mutter", von dem sich Annas Mutter öffentlich distanzierte. Hingegen bekannte sie sich vorbehaltlos zu **Keine Zeit für Tränen (Der Fall Bachmeier)** des vormaligen Strafverteidigers und progressiven Regisseurs Hark Bohm.

Dieser Meinung vermag ich mich nicht anzuschließen. Hier wird nicht eine „um Behutsamkeit" bemühte, „psychologische und soziale Studie" geboten (Progress-Pressebulletin 10/85), sondern ein schrilles pathologisches Melodram mit erheblichen Längen. Das vielgerühmte Talent der Hauptdarstellerin Marie Colbin ist lediglich in den wenigen leisen Passagen ahnbar. Ihre wesentlich häufigeren hysterischen Ausbrüche überschreiten ständig die Schmerzgrenze der Zuschauer. Das sensible, differenzierte Spiel ihres Partners Michael Gwisdek, Star-Gast und Gast-Star aus der DDR, macht die psychische Verfassung der Heldin völlig unglaubwürdig. Aber das sind eindeutig Regiefehler.

Da sich die kritische Abrechnung mit einer strafwürdigen Gerichtsbarkeit, die den Armen schuldig werden läßt, auf einen knappen Abspann reduziert, ist das Motiv für den Import dieses Film weit und breit nicht zu entdecken.

Im BRD-Film **Abwärts** tobt der blanke Horror auf engstem Raum. Bevor das Geviert eines steckengebliebenen Hochhauslifts zum Kammerspielplatz einer ziemlich miesen Viererbande avanciert, dürfen wir einen Blick in die grausige Tiefe des vierzigstöckigen Fahrstuhlschachts tun, in den ein jugendlicher Funker hineinstürzt und sich in allerletzter Sekunde wieder herausangelt. Ferner machen wir noch die Bekanntschaft eines Pförtners, der, obwohl Gastarbeiter und folglich nur gnadenhalber in Lohn und Brot, stundenlang pflichtvergessen einer TV-Unterhaltungssendung folgt und so die Alarmsignale auf der Computeranlage nicht bemerkt.

Solcher unlauteren Effekte mag Regisseur Carl Schenkel auch im weiteren Filmverlauf nicht entraten. Die weder sonderlich attraktive noch sympathische Kollegin eines Werbemanagers (Götz George) verlagert ihr trotz Todesangst ungebrochenes amouröses Interesse auf jenen von Gotteshand geretteten Funker und löst damit blutige Rivalenkämpfe im offenen Fahrstuhlschacht aus. Ein lange Zeit schwitzend schweigender Biedermann (Wolfgang Kieling) läßt sich von der Hysterie anstecken, just als ihm ein paar hunderttausend gestohlene Piepen aus dem Koffer rutschen.

Dieses angeblich an Altmeistern wie Alfred Hitchcock und Louis Malle orientierte Drama ist so billig konstruiert, daß man sich zwischen den auf pure Schockwirkung zielenden Aktionen eines Gefühls lähmender Langeweile beim besten Willen nicht entziehen kann.

Abwärts
BRD
RE: Carl Schenkel
DB: Carl Schenkel, Frank Göhre
KA: Jacques Stein

Mit hellgrünem Gesicht aus dem Kino-Ereignis „Abwärts" wankend, bedurfte ich eines stärkenden geistigen Getränks, um mein seelisches Gleichgewicht wieder herzustellen. Aus demselben geriet ich jedoch sofort wieder beim Lesen einer Rezension in der „Weltbühne": Ich hatte ein „filmisches Kammerspiel von Format" gesehen: Dabei war's mir wie ein Schocker im fadenscheinigen gesellschaftskritischen Mäntelchen vorgekommen. Renate Holland-Moritz hat mir den Glauben an mein relativ intaktes Wahrnehmungsvermögen zurückgegeben (Kino-Eule Heft 50). Wenn ein Filmeulen-Fanclub existiert, wünsche ich einzutreten!
H.F., Schloß Kochberg

Wir haben, wer wüßte es nicht, wunderbare Schauspieler. Solche, die schon international Aufsehen erregten (wie zum Beispiel Rolf Hoppe, Jutta Wachowiak, Katrin Saß), und solche, denen das zweifellos noch gelingen wird (wie Hermann Beyer, Corinna Harfouch, Johanna Schall). Wir haben auch, wenngleich in geringerer

1986

Das Haus am Fluß
DDR
RE: Roland Gräf
DB: Roland Gräf
KA: Roland Dressel

Aufgrund Ihrer vernichtenden Kritik zum Bachmeier-Film (Heft 47) und zu „Abwärts" (Heft 50) und der dadurch erzeugten Erregung in meiner Umgebung über das „ätzende Element" Ihrer Kino-Eule, fühle ich mich als eifriger Kinobesucher dazu animiert, einmal zu reagieren auf das, was da so immer im Eulenspiegel zu einigen Filmen steht. Da Ihrer Meinung nach – so scheint es – Progress ein Fehler nach dem anderen unterläuft (ich kann mich schwerlich lobender Erwähnung eines Films in der Kino-Eule erinnern), würde es mich brennend interessieren, welche Filme Ihrer Meinung nach in unsere Lichtspieltheater gehören, um eventuell die Zuschauerzahlen zu erhöhen. Wer harte Kritik übt, hat – so vermute ich – sicherlich auch knallharte Alternativen zu bieten. Immer wieder verwunderlich ist es für mich, wie weit die

Zahl, sehr gute Regisseure. Einer von ihnen ist Roland Gräf („Die Flucht", „Märkische Forschungen").

Wenn solche Kräfte sich verbünden, verstärkt durch Könner wie Kameramann Roland Dressel, Szenenbildner Alfred Hirschmeier und Kostümbildnerin Christiane Dorst, darf man auf das Ergebnis gemeinsamer Anstrengung einigermaßen gespannt sein. **Das Haus am Fluß** (Szenarium Roland Gräf) fußt auf Motiven der Erzählung „Der Russenpelz", die Friedrich Wolf 1942 im Moskauer Exil schrieb.

Es ist ein Film voll unvergeßlicher Bilder und großer darstellerischer Momente. Gleich am Anfang die herb-schöne Flußlandschaft, eine scheinbar friedliche deutsche Idylle. Ausgerechnet die Preußenschnulze „Adieu, mein kleiner Gardeoffizier" setzt den akustischen Kontrapunkt, läßt die Gefahr für jene Ahnungslosen ahnen, an denen der Krieg bisher vorbeigegangen ist. Emmi (Corinna Harfouch), die Soldatenbraut, hat Post von der Front. Ihr Paul lebt, genug Glück im Unglück des Getrenntseins. Die Einberufung ihres Schwagers Jupp (Manfred Gorr) erscheint ihr wie eine himmlische Fügung. Bietet sie doch die Möglichkeit, dem Geliebten ein Freßpaket überbringen zu lassen …

Die wenig später erfolgende Todesnachricht, nur angedeutet durch das Umsinken der Mutter (Jutta Wachowiak) und die hilflose Geste des Hiobsboten (Hermann Beyer), ist zugleich das Todesurteil für Emmi. Bevor sie es selbst vollstreckt, führt sie einen stummen Kampf der Verzweiflung, die kein Begreifen mehr zuläßt. Der alte Werftbesitzer Hüsgen (Rolf Hoppe) trifft diesen letzten Entschluß aus der Gewißheit, ohne seine Wertvorstellungen von Liberalität, Toleranz und humanistischer Gesittung nicht leben zu können.

Agnes (Katrin Saß), deren biedersinniger Mann Jupp die Seelen- und Liebesnöte seiner Frau nicht spürt, opfert Selbstachtung und Würde in den Armen des demoralisierten Hüsgen-Sohnes (Sylvester Groth), während dessen mondän-kühle Braut (Johanna Schall) ihre Gefühle im geschäftlichen Kalkül erstickt. Allein Ferdinand (Mathis Schrader) und Lisbeth (Arianne Borbach) lassen die Vermutung zu, daß es auch an jenem Ort eine kleine, mutige Schar bewußt Handelnder gab. Obwohl mir die zum Teil überragenden Leistungen der Schauspieler und die Stimmigkeit der Szenerie größte Achtung abnötigten, vermochte mich der Fluß der Handlung nicht mitzureißen. Friedrich Wolf schrieb seine Erzählung mit politischer Klarsicht, schmerzvoll wissend, wie dieser Krieg auf die Deutschen zurückschlagen würde. Aber er war schon zu lange zu fern von ihnen, um den Ton genau treffen, die Banalität gewöhnlichen faschistischen Alltags literarisch überzeugend bewältigen zu können. Möglicherweise trieb Roland Gräf seinen Versuch, den Tücken vorgegebener Kolportage und Melodramatik durch Komprimierung zu begegnen, in solche Höhen, wo Kunst leicht zur Künstlichkeit erstarren kann. Und vielleicht bleibt einer solchen Geschichte dann nicht mehr genug Schubkraft, um das subjektive Gefühl jedes einzelnen im Parkett zu erreichen.

Jan auf der Zille
DDR
RE: Helmut Dziuba
DB: Helmut Dziuba, Hans Albert Pederzani
KA: Helmut Bergmann

Zu einem der bedeutendsten Regisseure unseres Landes ist mittlerweile Helmut Dziuba herangereift. Dieser Prozeß geschah fast in aller Stille, denn Dziubas Lobby rekrutiert sich vornehmlich aus jenen, die in den Medien nur selten zu Wort kommen: den Kindern und Jugendlichen. Filme wie „Als Unku Edes Freundin war", „Sabine Kleist, 7 Jahre" und „Erscheinen Pflicht" gehören jedenfalls zu den besten DEFA-Produktionen der bisher verstrichenen achtziger Jahre. Mit **Jan auf der Zille** (frei nach Motiven der gleichnamigen Erzählung von Auguste Lazar) gesellt sich ein neues Meisterwerk hinzu, dem man von Herzen ein großes Publikum jedweden Alters wünschen möchte. Aber ich ahne schon, daß es damit wieder seine Schwierigkeiten haben wird, denn sowohl Erwachsene als auch viele Jugendliche verweigern sich einem Film, der nur in den Nachmittagsvorstellungen läuft. In diesem Falle entginge ihnen ein enorm spannendes, mit nicht erahnbaren Überraschungen gespicktes psychologisches Kammerspiel von der Suche eines Jungen nach seinem Vater. Besonders vier Darsteller haben Gelegenheit zu atemberaubenden Leistungen: Peter Sodann, Hermann Beyer und die nicht weniger professionellen Peter Scholz (12) und Helene Anders (13).

Helmut Dziubas kontinuierliche Erfolge liegen in einem Geheimnis begründet, das von der Mehrzahl der DEFA-Regisseure beharrlich nicht zur Kenntnis genommen wird: Teamwork! Szenarien läßt er sich

Meinungen des normalen Kinobesuchers von denen eines Kritikers entfernt sind. Eine Filmproduktion findet ein vielzähliges, begeistertes Publikum in unserer Republik, und ein Kritiker, imagebewußt wie immer, zerschmettert selben Film. Vermutlich können Empfindungen, die ein durchschnittlicher Kinobesucher so hat, nicht so einfach entstehen, wenn man mit gespanntem Kritikerbogen darauf wartet, einen weiteren Giftpfeil in Form brillanter Formulierungen wie „Meister des Klischees" („Der Haifischfütterer"), „Verquastheit der Szenen" („Junge Leute in der Stadt") oder „Spießer-Drama" („Abwärts") in Richtung Darsteller, Regisseur … abschießen zu können.
R.B., Magdeburg

nicht vom Dienstleistungsunternehmen Dramaturgie zuliefern, er bespricht und erarbeitet sie gemeinsam mit seinem bevorzugten Autor Hans Albert Pederzani. Seit über zwei Jahrzehnten steht ihm in zwillingsbrüderlicher Verbundenheit der Kameramann Helmut Bergmann zur Seite. Im Vertrauen auf dessen Bildkunst streicht Dziuba bis zur letzten Drehbuchfassung etwa vierzig Prozent aller Dialoge. Auch die anderen Mitglieder seines Drehstabes sind seit langem dieselben, so daß von einem gut eingespielten Familienbetrieb die Rede sein kann. Da man sich genau kennt, einander achtet und schätzt und auf jeden einzelnen Verlaß ist, geht die Arbeit reibungslos, ruhig und bemerkenswert kostenunaufwendig vonstatten. Das Ergebnis heißt Qualität.

Blonder Tango
DDR
RE: Lothar Warneke
DB: Lothar Warneke, Omar Saavedra Santis
KA: Thomas Plenert

Wenn Senhora Clara Post von ihrem Sohn bekommt, freuen sich alle Bewohner des Viertels. Rogelios Briefe aus dem Exil sind Kraftquell für die Daheimgebliebenen, die sich im zermürbenden Alltag des von Junta und Geheimpolizei beherrschten Chile einrichten müssen. Ihr Rogelio hat es aber auch über die Maßen gut getroffen, in dieser schönen, fernen DDR! Seine Kollegen am Theater sind begeistert von ihm, besonders sein Chef hat häufig Grund, ihn zu loben. Fast täglich wird er zu fröhlichen Festen eingeladen, und nun erwartet seine angebetete Freundin Cornelia ein Baby! Mutter Claras Glück ist vollkommen, als sie endlich ein Hochzeitsfoto in den Händen hält. Wenn es sie auch ein bißchen stört, daß die Braut nicht gar so hübsch ist und „Augengläser" trägt …

Indessen droht Rogelio zu erfrieren „in diesem kalten Land, in dem alle Katzen blond sind". Er kommt mit der fremden, von Distanz und Disziplin bestimmten Mentalität nicht zurecht. Einsamkeit läßt Selbstmitleid ins Kraut schießen und das Heimweh übermächtig werden. Seine stupide Arbeit als Beleuchter versieht er lustlos. Es sei denn, er darf den Scheinwerfer auf die blondmähnige, vollmundige Sopranistin Cornelia richten, seine große Liebe. Aber das flatterhafte Dummchen bricht ihm beiläufig das Herz. Rogelio fühlt sich außerstande, die Seinen mit der Wahrheit traurig oder gar mutlos zu machen. Und so gehen noch lange Zeit Briefe von Kontinent zu Kontinent, um die einen wie den anderen durch fromme Lügen zu beschützen.

Wie gut, daß DEFA-Dramaturgen – vielleicht weniger dem eigenen Triebe als der Originalstoff-Not gehorchend – eifrige Leser von Gegenwartsliteratur sind. Auf diese Weise geriet Erika Richter an den Roman **Blonder Tango** des seit zwölf Jahren in der DDR lebenden chilenischen Schriftstellers Omar Saavedra Santis und animierte Regisseur Lothar Warneke („Die Beunruhigung") zu einer Verfilmung. Ihm gelang trotz Beibehaltung der schwierigen Erzählstruktur – mehrere Zeitebenen, Rückblenden und Traumsequenzen – ein wunderbar einfacher, zutiefst anrührender und spannender Film, der nicht nur die Begrenztheit unseres gewöhnlichen Alltagslebens durchbricht, sondern auch die Grenze zwischen Tragik und Komik fließend werden läßt. Lachend und weinend lernt man vor allem begreifen, daß sich Solidarität nicht in verbalem Verständnis und materieller Hilfe erschöpft. Es bedarf auch der menschlichen Wärme und Freundlichkeit, mit der wir uns oft so schwer tun, damit die aus ihren Heimatländern Vertriebenen unser Land als wirkliche Heimstatt und nicht nur als Zufluchtsort empfinden können.

Für seinen Helden fand Lothar Warneke eine ideale Besetzung. Alejandro Quintana Contreras, einst Häftling in Pinochets größter Folterhölle, dem Stadion von Santiago, nun seit vielen Jahren Schauspieler und Regisseur am Berliner Ensemble. Der Rogelio ist vermutlich die Rolle seines Lebens, denn er konnte alles genau so selbst Erlebte und Erlittene in die Darstellung einbringen. Die DEFA sollte ihn auch künftig nicht aus den Augen verlieren, verfügt der junge Mann doch über mehr explosive Spielfreude, komödiantischen Witz und südländischen Charme, als in unseren kühlen Breiten üblich ist.

Neben ihm brilliert die junge Johanna Schall, deren Entwicklung von der Elevin bis zur Spitzen-Schauspielerin sich überraschend schnell vollzog. Rogelio akzeptiert die unscheinbare Inspizientin Luise nur als den zuverlässigen Kumpel, bei dem er sich ausheulen und Trost suchen kann. Als Luise ihre schüchtern angebotene Liebe verschmäht sieht, reagiert sie mit einem erschütternden Ausbruch von Verletztheit und Verzweiflung. Opa Brecht hängt derweil als Foto an der Kulissenwand und blickt wohlgefällig auf die reife Leistung seiner Enkelin.

Dank Renate Holland-Moritz bin ich endlich hinter das Geheimnis einiger (Miß-)Wirtschaften gekommen. („... und später oft glücklosen Regisseur Frank Vogel ...") Ich dachte immer, daß die Qualität eines Produkts vom handwerklichen Können des Herstellers abhängt, das Glück hatte ich doch tatsächlich nicht beachtet. Aber da trifft es Regisseur Frank Vogel bestimmt nicht am schlimmsten, wenn ich an so einige glücklose Kreisbaubetriebe, KWVs, Gaststätten und Möbelhersteller denke ...

Es war eigentlich nur noch eine Frage der Zeit, bis endlich einem Leser angesichts der Holland-Moritzschen Kino-Eule der Kragen platzte. Ich möchte deshalb Herrn Brethack (Post 5/86) und seinem „in Kino veritas" danken, in der Hoffnung, daß viele Kinofreunde in unserem Land ebenso empfunden haben. Man kann natürlich über Kritiken geteilter Meinung sein, aber was Renate Holland-Moritz sei geraumer Zeit an Beiträgen in Sachen Kino fabriziert, läßt sich nur mit Unsachlichkeit und Unkenntnis betiteln. Falls die Kritikerin weiterhin in dem Fahrwasser der letzten Kino-Eulen herummanövrieren sollte, wäre es vielleicht besser, sich mit Dingen zu beschäftigen, die beim Leser vergleichsweise weniger Schaden anrichten können, wie zum Beispiel „Die Gartenzwerge" oder „Der Einfluß der Gammastrahlen auf das Wachstum der Margeriten".

A.O., Britz

Schon öfter wurde Renate Holland-Moritz wegen ihrer Kino-Eule angegriffen. Diesmal aber zieht mir der Angriff des Herrn Brethack beinahe die Stiefel aus. Da schreibt er unter anderem: „Ich kann mich schwerlich lobender Erwähnung eines Films in der Kino-Eule erinnern." Daran ist die Gedächtnisschwäche des Autors schuld. Und weiter: „Wer harte Kritik übt, hat – so vermute ich – auch knallharte Alternativen zu bieten." Da lasse ich Lessing sprechen: Ein Kritiker braucht es nicht besser machen zu können! Das ist Sache der Regisseure, der Filmautoren, der Produzenten und aller an einem solchen Filmwerk Beteiligten! Die Feder von Frau Holland-Moritz ist spitz und scharf, aber dafür schreibt sie schließlich Kritiken für den Eulenspiegel!

E.F., Plauen

Je t'aime, chérie
DDR
RE: Roland Oehme
DB: Rudi Strahl
KA: Peter Brand

Wir haben uns den neuen DEFA-Film „Je t'aime, chérie" angesehen und freuen uns diebisch auf Renate Holland-Moritzens Rezension. Wann erscheint sie?

K.-J.L., Halle

Auch in kleineren Rollen wurde Außerordentliches geboten. Zum Beispiel von Trude Brentina als Rogelios freundliche alte Nachbarin Frau Hube. Vier Opfer hat sie den Nazis bringen müssen: Ihren Mann, die Söhne und den großen, kleinen Sänger Joseph Schmidt. Den sah sie nur ein einziges Mal „persönlich", aber wenn sie seine Stimme hört, weint sie um alle ihre Toten.

Helmut Straßburger liefert als Beleuchtungsmeister Reisling das satirische Kabinettstück eines bornierten Deutschen, der mit penetranter Jovialität seine Überheblichkeit und Dummheit im Umgang mit Ausländern zu kaschieren versucht. Zu einer viel belachten Kabarettnummer stilisiert Komiker-As Peter Sodann die winzige Charge eines geschäftstüchtig-beflissenen Fotografen hoch.

Steffie Spira gestaltet das schöne Porträt von Rogelios Mutter, das sich besonders in den deutschsprachigen Passagen einprägt. Die bemerkenswert professionell agierenden chilenischen Darsteller sind fast ausschließlich Laien. Doch sie haben schmerzvoll erlebt, was hier nur zu spielen war. Und aus dieser Kenntnis fügten sie dem Film für uns Unbekanntes, Überraschendes hinzu. Indem sie beispielsweise in einer Konzentrationslager-Szene spontan Schillers „An die Freude" aus Beethovens Neunter Sinfonie sangen. Das gehört zum Ritus unter lateinamerikanischen Häftlingen, wenn sie sich von ihren in eine ungewisse Freiheit entlassenen Kameraden verabschieden. Ein kleiner, aber eindrucksvoller Beweis für die völkerumspannende Kraft humanistischer Kultur, der sich der schöne DEFA-Film „Blonder Tango" würdig zugesellt.

Dunkel war's, der Mond schien helle, und die nun folgenden Kopulationshandlungen müssen wirklich in Blitzesschnelle vollzogen worden sein. Martina nahm sich nicht einmal die Zeit, nach Nam' und Art jenes Herrn zu fragen, der sie am Sonnenstrand von Varna in gegenseitigem Einvernehmen aufs Kreuz legte. Bis auf seine nicht sehr glaubwürdige Versicherung **Je t'aime, chérie** blieb es bei einem stummen Akt. Bevor sich der wackere Athlet auf Nimmerwiedersehn in die Büsche schlug, hinterließ er zwei Andenken: ein Trikot der bulgarischen Volleyball-Nationalmannschaft und Andy. Diesen konnte

Martina allerdings erst neun Monate später in Augenschein und in die Arme nehmen.

Der von Rudi Strahl geschriebene und von Roland Oehme inszenierte Film beginnt, als Andy ein halbes Jahr alt und Martina der Meinung ist, nun müsse sie ihrem Sohn endlich zu seinem Vater verhelfen. Nachdem sie die Sofioter DDR-Botschaft über ihre Fahndungsabsichten informiert hat, begibt sie sich interflugs selbst in die bulgarische Metropole. Bis dahin hat sie sich bereits gründlich als ordinär keifendes Marktweib und Tritte verteilender Foulspieler profiliert und bei jeder nur denkbaren Gelegenheit ein Verkehrschaos ausgelöst. Aber das scheint ja überhaupt der Casus knacksus dieser über alle Maßen beknackten Geschichte zu sein.

Eine richtige Geschichte gibt es, nebenbei bemerkt, nicht. Nur aneinandergereihte Episoden, die Kameramann Peter Brand mit Postkartenansichten vom schönen Reiseland Bulgarien aufzupeppen versucht. Aber was hilft's, wenn zwei nicht sonderlich sympathische Leute wie Martina (Marie Gruber), angeblich Schichtarbeiterin aus dem Berliner Kabelwerk Oberspree, und Tommi (Peter Kube), tapsig-ungelenker Botschaftssekretär, unglaubwürdige Situationen bestehen und bis zur Peinlichkeit witzlose, gar zotige Dialoge von sich geben müssen. Zwischen den beiden darf es trotz gelegentlich schlechtwetterleuchtender Erotik nicht zu Weiterungen kommen, weil laut Regisseur Oehme eine lernfaule Arbeiterin und ein ehrgeiziger Diplomat nun einmal nicht zueinander passen. Jedenfalls nicht fürs Leben. Und ohne solche Ewigkeitsgarantie kann ein DEFA-Lustspiel-Happy-End offenbar nicht funktionieren.

Ansonsten ereignen sich drei Stück Klamottengags, die jeweils – aus Ehrfurcht vor ihrem methusalemischen Alter? – ein Dacapo erfahren. Die Pointe eines Films, sofern er eine hat, sollte das Beste daran sein. Im vorliegenden Fall ist sie jedoch von solcher Hirnrissigkeit, daß das insgesamt sterbenslangweilige, gewiß aber teure Reiseunternehmen schließlich mit künstlerischem Totalschaden am Baum allzu später Erkenntnis endet.

Sergio Leone, der Erfinder des Italo-Westerns, hatte 1968 einen (bis

Da nun wieder einmal in der Eule die Wogen über Kritik und Kritik über Kritik hochschlagen, möchte ich an dieser Stelle auch einmal meine Kritik loswerden. Erst kürzlich las ich Renate Holland-Moritz' Kritik zum Film „Je t'aime, cherié" (Heft 27). Wirklich, die Kritik war gut gewürzt und vielleicht witziger als der ganze Film, was zu beurteilen allerdings nicht meine Sache ist. Vielmehr möchte ich hier die Frage stellen, wie es überhaupt möglich ist, eine solche Luftnummer von Komödie zu produzieren, deren Story an den Haaren herbeigezogen ist. Fakt ist jedenfalls, daß nicht alle Geschichten, die sich komisch lesen, auch genauso komisch ins Bild umgesetzt werden können, auch wenn die Schnoddrigkeit der Berliner sprichwörtlich und dazu schon die halbe Miete ist. Da sich nun außerdem und letztendlich die Verlagerung der DEFA-Komödien ins Ausland als Reinfall erwiesen hat, sollte man vielleicht doch lieber im eigenen Land bleiben und aus einem Besuch an der Ostsee einen komischen Abenteuerfilm machen.

M.R., Brandenburg

Es war einmal in Amerika
USA, PJ: 1983
RE: Sergio Leone
DB: Sergio Leone, Leonardo Benvenuti,
Piero De Bernardi, Enrico Medioli, Franco
Arcalli, Franco Ferrini
KA: Tonio Delli Colli

Die Kritik von Renate Holland-Moritz, die in
ihrer arroganten Art schockierend wirkt,
Morricones Kompositionen schlechthin als
„Mehrzweckschnulzen" zu bezeichnen
(Kino-Eule 31/86), finde ich in keiner Weise
gerechtfertigt. Am meisten stört mich bei der
Kritikerin die oftmals ordinäre Ausdrucks-
weise, und in anderen Kino-Eulen war ihr
Deutsch geradezu vulgär. Verglichen mit der
Schreibweise anderer Schriftstellerinnen –
wie Eva Strittmatter oder Christa Wolf –
muß ich bei Renate Holland-Moritz erhebli-
che Abstriche machen.
U.H., Dresden

heute andauernden) Riesenerfolg mit „Spiel mir das Lied vom Tod"
(Originaltitel: „Es war einmal der Westen"). Als 1971 „Todesmelodie"
(„Es gab einmal eine Revolution") die Kassen nicht mehr in gewohn-
ter Weise füllte, trat Leone nur noch als Produzent in Erscheinung.
Doch seit 1972 ging er mit der Idee schwanger, die Kinomärchen-
Trilogie zu vollenden.

Geeignete Grundlage dafür schien ihm der Bericht eines gewissen
Harry Gray, der in sicherem Gewahrsam von Sing-Sing sein ereignis-
reiches Gangsterleben zu Tonbandprotokoll gegeben hatte. Es bedurfte noch mehr als zehnjähriger intensiver Vorarbeit sowie zermürbender Kämpfe mit amerikanischen Partnern, deren Geschäftspraktiken
Unterweltnivenau aufwiesen, bis Leone sein 40-Millionen-Dollar-Mo-
numentalwerk **Es war einmal in Amerika** der staunenden Weltöf-
fentlichkeit präsentieren konnte. Denn dergleichen ward bis dato nicht
gesehen: Ein Bilder-Roman von epischer Breite und Tiefe, der den
Mythos des alten Hollywood-Kinos beschwört und den Mythos vom
Einwanderer-Dorado Amerika zerstört.

Hier wird nicht mit dem Soft-Horror Grimmscher Volksmärchen gearbeitet, sondern mit knallharten Bandagen. Es geht um die Bandenkrie-
ge in den New Yorker Slums der frühen zwanziger Jahre, um Alkohol-
schmuggel und Prostitution während der Prohibitionszeit und um die
Verflechtung von Politik und Verbrechen. Und es geht auch um Treubruch und menschliche Verkommenheit. Das einzig Märchenhafte an
diesem Film ist seine Machart.

Sechs Autoren (mit Meister Leone an der Spitze) schrieben die Geschichte der halbwüchsigen Knaben aus dem jüdischen Ghetto, deren
natürlicher Lebensraum allein die Straße mit ihren kriminellen Möglichkeiten ist. Religiöse Riten und Normen des Zusammenlebens aus
der alten Welt gelten bei den jungen Outlaws nicht mehr viel. Also
wird auch am Sabbat gestohlen, und wenn der korrupte Polizist um
sein bezahltes Schäferstündchen geprellt werden kann, dann ist das
schon der Gipfelpunkt vorstellbaren Glücks. Allein der Zusammenhalt
innerhalb der Gang hat noch Wert und moralische Gültigkeit. Feierlich
geloben sie auf dem Beutegeld ihres ersten großen Coups Freundschaft fürs Leben. Noodles, der Intelligenteste von ihnen, ausgestattet

mit so etwas wie Ganovenehre und der tiefen Sehnsucht nach richtiger Liebe, nimmt den Schwur ernst. Daß es Max, sein bester Freund und Rivale um die Gunst der ehrgeizigen Tänzerin Deborah, nicht tut, glaubt er nicht. Und er ist noch nach Jahrzehnten nicht dazu bereit, als ihn Max längst verraten, verkauft und um alles betrogen hat.

Star des durch die Bank hervorragend besetzten Films ist Robert de Niro, laut Leone kein Schauspieler, sondern ein Chamäleon. Er spielt den eben erwachsenen wie den alten Noodles mit mimischer Intensität und Glaubwürdigkeit, daß es des Maskenbildners kaum noch bedurfte. Elizabeth McGovern als Deborah hingegen schien sich dem künstlichen Alterungsverfahren energisch widersetzt zu haben. Auch eine dicke Creme-Maske vermag die Glätte ihres Puppengesichts nicht zu kaschieren. Dabei war in ihrem Fall durch den aparten Karen-Black-Silberblick ein hoher Wiedererkennungsgrad ohnehin garantiert.

Geradezu atemberaubend an diesem perfekt inszenierten Reißer ist die Montagetechnik. Die von Kamera-Genie Tonio Delli Colli aus teilweise ungewöhnlichen Sichten fotografierten atmosphärestarken Bilder sind auf drei verschiedenen Zeitebenen raffiniert ineinander verschachtelt. Obwohl oder vielleicht weil die Schnittfolge manchmal verwirrend ist, bleibt man durchgängig im Zustand äußerster Spannung. Für das enervierendste Telefongeklingel der Filmgeschichte, das am Anfang in die Stille einer chinesischen Opiumhöhle schrillt, gibt es praktisch erst am Schluß eine logische Erklärung. Und peinigender als die Blutrünstigkeit einiger Szenen war für mich Noodles' minutenlanges Rühren in einer Kaffeetasse.

Für den musikalischen Part verpflichtete Leone wie immer seinen Haus- und Hofkomponisten Ennio Morricone. Die leitmotivisch eingesetzte Mehrzweckschnulze hat zweifellos einen gewissen Sog, dennoch erfreuten sich meine Ohren weit mehr an den großzügig eingestreuten Dauerbrennern von George Gershwin, Cole Porter, Irving Berlin, den Beatles und Gioacchino Rossini.

Sergio Leone, der das Kino über alles liebt, fürchtet um dessen Fortbestand. Er sieht in der Trivialität solcher TV-Serien wie „Dallas" und „Denver" eine tödliche Gefahr. Doch sein großer, schwelgerischer, erregender Film „Es war einmal in Amerika" gehört zu den bedeutend-

Meine herzliche Gratulation, Renate Holland-Moritz! Hat Sie doch der Herr Hensel aus Dresden in seiner Kritik in Nr. 31/86) durch den angeführten Vergleich mit den „richtigen" Größen Eva Strittmatter und Christa Wolf ungewollt ganz in ihre Nähe gerückt. Hoffe trotzdem, daß Frau Renate sich hinsichtlich ihres ganz eigenen Schreibstils nicht beirren läßt und weiter so „ordinär und vulgär" bleibt wie gewesen.

H.H., Berlin

99

sten Rettungsaktionen, die in den letzten Jahren für das Kino gestartet wurden.

Otto – Der Film
BRD
RE: Xaver Schwarzenberger, Otto Waalkes
DB: Bernd Eilert, Robert Gernhardt, Peter Knorr, Otto Waalkes
KA: Xaver Schwarzenberger

Urlaubszeit – Sauregurkenzeit! Dieser so unmutige wie einmütige Stoßseufzer aus Kreisen der daheimgebliebenen, also arbeitenden Bevölkerung konnte in der diesjährigen Saison – zumindest in Berlin – unterbleiben. Es war nämlich wirklich was los an der Spree. Rock- und Jazzkonzerte in den Parks, Theater auf Straßen und Plätzen, und im „Kosmos", unserem größten und schönsten Premierenhaus, gar eine Non-Stop-Kino-Sommer-Nacht-Parade. Geboten wurden für den äußerst zivilen Obolus von 20,05 Mark
- zwei Filmhits in Erstaufführung
  über die unglaublichen Abenteuer eines Ostfriesen im Großstadtdschungel
  über zwei Männer, einen Tresor und eine raffinierte Idee
- Travestie-Show „Marleen und Josephin"
- Papa Binnes-Jazzband (Berlin)
- Himbeer-Band (Leipzig)
- gastronomische Betreuung
und weitere Überraschungen!
Glanznummer der gut siebenstündigen Soiree war **Otto – Der Film.** Otto Waalkes, ungekrönter Nonsens-König der BRD, reihte Perlen eines Nummernprogramms auf einen ziemlich dünnen roten Faden, die sogenannte Film-Story. Aber weder Zuschauer noch Kritiker verspüren Lust zur Ahndung dramaturgischer Gesetzesbrüche, wenn anderthalb Stunden Lachmuskeltraining angesagt ist.
Natürlich können gespielte Witze, Sach- und Wortgags, parodierte Filmzitate und Persiflagen nicht von durchgehend guter Qualität sein. Da verliert der intelligente Blödsinn gelegentlich schon mal den rechten Sinn, der schwarze Humor rutscht ins Makabre ab, und so manche Schwachstelle muß durch pointierten Kommentar und hektische Otto-Motorik verdeckt werden. Aber alles in allem bleibt genug an reiner Freude über das artistische Multi-Talent und seinen Einfallsreichtum. Den besten Einfall hatte zweifellos Film-Produzent Horst Wendlandt, als er Otto Waalkes überredete, es nun auch auf der großen Leinwand

als Darsteller und Regisseur zu versuchen. Mehr Zufall als künstlerisches Kalkül bewogen Wendlandt, den international renommierten Xaver Schwarzenberger für Co-Regie und Kameraarbeit zu gewinnen. Das Handlungsgerüst zum Film konstruierte Waalkes gemeinsam mit seinen langjährigen Gag-Lieferanten Robert Gernhardt, Bernd Eilert und Peter Knorr.

Eingedenk der Wendlandt-Warnung, die drei bösen, dem Erfolg abträglichen Ws wie Wüste, Weihnachten und Weltuntergang zu meiden, wandten sich die Autoren zunächst Ottos eigener Biographie zu. Da kommt also ein von der Natur und einem grotesk-komischen Elternhaus benachteiligter Springfrosch in die Weltstadt Hamburg, um das große Geld und das kleine Glück zu machen. Finanziert von einem Kredithai, gründet er das Allround-Unternehmen OSSI (Ottos Super Service International) und ist fortan auf der Jagd nach der Summe von 9876,50 DM, die jener als Zins samt Zinseszins verlangt. Da dem so wüst betrogenen Toren mit der gutsitzenden Narrenkappe die bildhübsche Erbin derer von Kohlen und Reibach buchstäblich in die Hände fällt, ist der Gegenwert genau dreimal zum Greifen nahe. Doch Otto, in hinreißend komischem Trialog mit seinem teuflischen inneren Schweinehund und dem engelsgleichen guten Gewissen, läßt die Gelegenheit dahingehen. Nach zwerchfellerschütternden Einlagen mit einem zerstrittenen Bankräuberpaar, dem Weinkenner und Nobel-Stadtstreicher Johannes Heesters und dem siebenfach aus Friedhofsgrüften steigenden schwarzbraunen Heino-Monster landet er mit seiner Angebeteten unsanft, aber heil an den Gestaden der Südsee. Die schöne Silvia wünscht nicht mehr und nicht weniger, als dreimal in selbiger Nacht glücklich gemacht zu werden. Und so kann Otto happyendlich seinem Publikum anvertrauen, daß er erneut vor drei für ihn schier unlösbaren Problemen steht.

Der Jubel der tausendköpfigen Menge im „Kosmos" kannte keine Grenzen, als Otto am Schluß des Films leibhaftig erschien, durch die Bankreihen hüpfte, hübsche Mädchen umarmte, beseligte Kinder knuddelte, Autogrammpostkarten verteilte und die ahnungslose Bühnenmoderatorin Heike Lebe im Wortsinne zu Boden knutschte. In einem halbstündigen Programm demonstrierte er seine enorme Viel-

Herr U. Hensel äußert sich bekümmert über die schamlose Ausdrucksweise von Renate Holland-Moritz in den Kino-Eulen. Seine feinfühligen Vergleiche mit Eva Strittmatter und Christa Wolf könnten zu peinlicher Ohnmacht führen, wenn, ja wenn er sich mal einen DEFA-Gegenwartsfilm vorführen ließe.
R.P., Demmin

seitigkeit als Sänger, Tänzer, Slapstick-Komiker und Pantomime eines herrlichen Sketches, der den vergeblichen Versuch eines Politikers „aus einem großen weißen Haus" glossierte, einen kleinen weißen Vogel mit Waffengewalt zur Strecke zu bringen. Doch nicht nur die brillant einstudierten Nummern wiesen Otto Waalkes als überragenden Entertainer aus, sondern auch seine Schlagfertigkeit und Improvisationskunst im Dialog mit einem Publikum, das ihn sichtlich beflügelte und zu ehrlichen Komplimenten hinriß.

So viele Träume
DDR
RE: Heiner Carow
DB: Wolfram Witt
KA: Peter Ziesche

Eine DEFA-Premiere eröffnete die nun schon zum 14. Mal stattfindenden „Tage des sozialistischen Films": In seiner Festansprache bemerkte Fachminister Horst Pehnert beiläufig, der sozialistische Gegenwartsfilm mache es seinem Publikum oft nicht leicht. Der Beweis für seine Worte wurde prompt und gnadenlos erbracht: **So viele Träume** – nach langjähriger Arbeitspause sehnlichst erwartetes Lebenszeichen des Erfolgsregisseurs Heiner Carow („Sie nannten ihn Amigo", „Die Legende von Paul und Paula", „Ikarus", „Bis daß der Tod euch scheidet ...") – löste im Parkett tiefe Ratlosigkeit aus Szenarist Wolfram Witt, der 1984 nicht eben überzeugend mit „Eine sonderbare Liebe" debütierte, entnahm die Anregung für seine Story der Lebensbeichte, die eine Hebamme zu Protokoll gegeben hatte. Die simple Grundkonstellation ist folgende: Christine, etwa fünfzig, Mutter eines taubstummen Sohnes und Gefährtin eines Musikers, der ebenfalls ihr Sohn sein könnte, wird in Berlin als „Heldin der Arbeit" geehrt. Auf der Rückfahrt in ihren Heimatort lernt sie eine sympathische junge Frau kennen, von der sie sich magisch angezogen fühlt. Ist es der reichlich genossene Alkohol oder aber die mystische Stimme des Blutes, die aus der Zufallsbekanntschaft sogleich dicke Freundschaft werden läßt? Jene Claudia nämlich entpuppt sich im Laufe der Nacht als Christines vor fünfundzwanzig Jahren im Stich gelassene Tochter. Im Morgengrauen spannt sie der Mutter – Rache ist Blutwurst oder c'est la vie? – den jugendlichen Liebhaber aus.
Natürlich waren die Schöpfer nicht willens, eine so hanebüchen triviale, melodramatische Geschichte pur zu verfilmen. Zum Zwecke künstlerischer Überhöhung wurde deshalb Christines Vorgeschichte gleich

zu Anfang in teils gelungenen, teil peinigend naturalistischen Alptraumsequenzen erzählt. Leider ist deren Informationsgehalt gering, weil die einzelnen Puzzlestückchen mangels Personenkenntnis kein verständliches Bild ergeben.

Das Abheben von der Realität, ein von Autor und Regisseur bewußt angestrebter Schwebezustand für den ganzen Film, beeinträchtigt die realistisch angelegten Szenen bis zur Unglaubwürdigkeit. Wie soll man nachvollziehen können, daß Christine die ihr erst seit wenigen Stunden bekannte Claudia der Obhut ihres taubstummen Sohnes überläßt? Allein mit dem kommunikationsunfähigen Knaben in Christines Wohnung, weiß Claudia nichts Besseres zu tun, als in fremden Schränken und Schüben zu kramen, bis ihr zufällig gefundene Familienfotos ihre wahre Identität enthüllen. Christine lauscht indes in der kerzenbestückten Wohn-Kathedrale ihres Geliebten einem Oboen-Solo. Verurteilt zu brutaler Großaufnahme (Kamera: Peter Ziesche), schneidet sie hilflose Grimassen und erweckt schließlich den Eindruck, als schunkele sie wenigstens mit der Seele.

Ein Höchstmaß an unerträglicher Indiskretion erreicht der Film, als Christine auf der eigens für sie arrangierten Festveranstaltung – anstelle der vom Oberbürgermeister eingeklagten Dankesworte – die Geschichte ihrer zweiten gescheiterten Beziehung mit einem Schlägertypen und Trunkenbold erzählt. In diese Atmosphäre bricht Claudia in lächerlicher Karnevalsverkleidung ein und gibt sich als das einst schnöde verlassene, sogar aus der Erinnerung der Mutter verdrängte Kind zu erkennen.

Solch dramatischer Vorgabe müßte nun dringend die Katharsis folgen, eine Austragung des Konflikts zwischen Mutter und Tochter scheint unausweichlich. Doch nichts dergleichen geschieht. Claudia rapportiert lediglich dem Geliebten der Mutter in einem siebenminütigen, bemerkenswert unfilmischen und zu allem Überfluß schlecht formulierten Monolog die Odyssee ihres Lebens. Christine entzieht sich durch feige Flucht in den Nachtdienst. Am nächsten Morgen steht sie vor den Trümmern ihrer Liebesbeziehung, vergibt der Tochter schwesterlich-verständnisvoll und macht sich mit dem taubstummen Sohn auf einen noch unbekannten Weg. In die letzten Bilder hinein beklagt

Der Film „So viele Träume", über den Renate Holland-Moritz in ihrer Ausgabe 41/86 geschrieben hat, war einfach zu traumhaft und zu langweilig. Wie gut, daß wir Renate haben. In Zukunft werden wir wieder die Kino-Eule lesen, bevor wir ins Kino gehen. Fam. K., Berlin

sie den Kreislauf des Lebens, der einem Kinder, Schwiegerkinder und bald auch Enkel beschert – und immer so weiter und immer so weiter. Für meinen Geschmack ist „So viele Träume" ein schriller, philosophisch anfechtbarer, psychologisch nicht bewältigter Film. Offenbar war Heiner Carow, der früher so effektsichere, in der Schauspielerführung beispielhafte Regisseur mit der Wahl seines Autors und dessen Buchangebot nicht sonderlich gut beraten.

Wenn es um etwas so Elementares wie die Verweigerung von Mütterlichkeit geht, wünsche ich mir tiefergehende, einleuchtendere Erklärungen als die, daß „eine was aus sich machen will". Ein Kind als Preis für eine sogenannte Karriere? Ein Kind bei einem Mann lassen, der einem in seiner muffigen Spießigkeit selbst zuwider ist? Das hört sich an wie aus einer anderen Welt. In unserem Staat aber hatte auch vor Jahrzehnten, wenngleich unter schwierigeren Bedingungen als heute und ohne sozialpolitische Segnungen, jede junge Mutter mit Kind ihre Chance. Das ist nicht Broschürenweisheit, sondern eigene Erfahrung. Wenn es aber so sein soll, daß eine immerhin erwachsene Tochter die verlorene Mutter wiederfindet, so wird sie wenigstens innerhalb der ersten vierundzwanzig Stunden gegen etwas derart Kitschiges wie „den Blitzstrahl der Liebe" (Progress-Werbetext) gefeit sein.

Daß mich die große Jutta Wachowiak nicht zu überzeugen vermochte, lag gewiß nicht an ihr. Die Figur stimmt in sich so wenig wie die der Claudia, der Dagmar Manzel bemerkenswerte Attraktivität und mimische Ausdruckskraft verlieh. Peter René Lüdicke als Oboe spielender Liebhaber wirkte sowohl äußerlich als auch in seinen darstellerischen Möglichkeiten entschieden zu unreif, aber an seinem Part wäre vermutlich auch ein erfahrener Schauspieler gescheitert. Allein zwei Mimen hatten – leider nur in Minutenauftritten – die Möglichkeit, als komödiantische Vollprofis zu brillieren: Jaecki Schwarz und Martin Seifert.

Männer
BRD
RE: Doris Dörrie
DB: Doris Dörrie
KA: Helge Weindler

Nach dem geradezu gigantisch erfolgreichen „Otto"-Klamottical kam aus der BRD ein weiterer Kassenfüller, diesmal gar eine richtige Komödie, lakonisch betitelt **Männer**. Es ist der dritte Film der erst einunddreißigjährigen Autor-Regisseurin Doris Dörrie, die ihr Hand-

Ihr wart zwar schon Spitzenreiter in meiner „Zeitschriftenbegehrtheitsskala", aber ab sofort lasse ich mir lieber ein Bein amputieren, als Euch eine Woche zu verpassen.
O.R., Berlin

Ich bin mit Renate Holland-Moritz gewiß nicht immer einer Meinung, trotzdem ist sie für mich ein Juwel unter den Kritikern und eine exzellente Journalistin.
K.F., Altenburg

werk an Universitäten in Stockton (Kalifornien), New York und München erlernte und nun mit ihrem mehrpfündigen Talent wuchert. Dieser gescheiten, selbstbewußten Person geht erfreulicherweise alles verbiestert Emanzenhafte ab. Auf keinen Fall will sie zu den „Frauenfilmerinnen" gezählt werden, weil das einen beleidigenden Anflug von „außer Konkurrenz" habe. Doris Dörrie mag Männer und votiert für ein kämpferisches Miteinander.

Um Verbindliches, also auch Entlarvendes über sie aussagen zu können, begab sich die Regisseurin als quasi Feldforscherin „mitten in den Dschungel", sprich Kneipe, wo sie „Sitten und Gebräuche eines unentdeckten Stammes" studierte. Und was sie da heimlich zu Protokoll nahm und unredigiert ins Drehbuch übertrug, klingt durchaus mehr affig albern als menschlich klug. Etwa: „Wir Männer sind immer mit unserem Gewissen erpreßbar, Frauen nicht." Oder: „Ein Mann ist eben, was er macht, eine Frau ist, was sie ist."

Frau Dörrie jedenfalls machte aus solcherlei Objektkenntnis einen äußerst lustigen Film, dessen Ausgangspunkt ein simpler Dreieckskonflikt ist. Am Morgen ihres 12. Hochzeitstages will der smarte Managertyp Julius (Heiner Lauterbach) seiner Frau Paula (Ulrike Kriener) als Zeichen ehelicher Wertschätzung sowie stillschweigender Wiedergutmachung für fortwährenden Fremdgang ein kostbares Geschmeide um den Hals legen. Doch seine Hand stockt, denn dieselbe Stelle wurde schon von einem anderen markiert, wenn auch nur mit einem lächerlichen Knutschfleck. Othello Julius rast, Paula, bis dato verständnisvolle Haus-, Kinder-und Karrierehüterin, versteht die Aufregung nicht. Warum darf sie nicht auch einmal, was er immer tut? Julius klopft äffische Männersprüche: „Ihr Frauen seid zu einer normalen Affäre gar nicht imstande, das ist immer gleich mehr, immer gleich so eine Gefühlsscheiße." Und flugs legt er sich auf die Lauer, rückt dem Nebenbuhler gar auf die zufällig frei gewordene Bude in der Wohngemeinschaft, um herauszukriegen, was an jenem dran ist, das nicht auch an ihm wäre.

Schon bald begreift er, daß es die jungenhafte Unbekümmertheit des konsumverachtenden, nur gelegenheitsjobbenden Stefan (Uwe Ochsenknecht) ist, von der sich Paula angezogen fühlt. Endlich einer, dem

Wörter wie Erfolgszwang und Termindruck fremd sind, der immer Zeit für sie hat! Da reift in Julius ein teuflisch-origineller Plan. Mit Geduld und List weckt er in Stefan beruflichen Ehrgeiz, macht ihm Appetit auf Karriere und exquisites Wohlleben und funktioniert den scheinbaren Nonkonformisten binnen kurzem zum perfekten Anpasser um. Der Trick gelingt: Paula ist an einem bloßen Abziehbild von Julius nicht mehr interessiert, jener aber hat sich den ehemaligen Rivalen zu einem gefährlichen Konkurrenten herangezüchtet.

Das alles ist schwungvoll und pointiert in Szene gesetzt, nur erweckt Doris Dörrie gegen Schluß den Eindruck, als wolle sie um keinen Preis bis in gesellschaftlich relevante Dimensionen vorstoßen. Weshalb sie ihre seelisch und auch sonst bis auf die Unterhosen entblößten „Männer" mit einem versöhnlichen Augenzwinkern aus dem Film entläßt.

Etwas Außerordentliches geschieht: Man sitzt im Kino und vergißt es. Die Barriere zwischen Parkett und Leinwand verschwindet. Ein Name, verbunden mit einem anderen inzwischen zum historischen Begriff, zum wiederkehrenden Gedenktagsereignis geworden, materialisiert sich. Entgegen tritt uns ein Mensch: warmherzig und klug, mutig und kämpferisch, liebes- und leidensfähig. Kein Fühlender, dessen Herz links schlägt, kann sich der Faszination dieser Persönlichkeit entziehen: **Rosa Luxemburg**. Sie war, wie Lenin es formulierte, „ein Adler mit Taubenherz". Ihre beispiellose rhetorische Überzeugungskraft wurde gespeist aus glasklarem Verstand, scharfem Witz und vehementer Prinzipienfestigkeit, auch gegenüber den „Schlafmützen" und bequem gewordenen Parlamentariern im eigenen sozialdemokratischen Parteivorstand. Ihr leidenschaftliches Engagement qualifizierte sie zur „Friedenshetzerin", während ihre Reichstagsfraktion – mit Ausnahme von Karl Liebknecht – endgültig den Kriegskrediten zustimmte.

Aber sie hätte auch eine Dichterin werden können. Ihrer Liebe zur Natur verlieh sie zartesten, gültigen Ausdruck in ihren Briefen aus vielen Gefängnisjahren. Gegen sich selbst hart bis zur Unerbittlichkeit, empfand sie im Schmerz einer gequälten Kreatur das Leid der

Rosa Luxemburg
BRD
RE: Margarethe von Trotta
DB: Margarethe von Trotta
KA: Franz Rath

107

gequälten Menschen. Die Schönheit einer Rose, das Gezwitscher der Blaumeisen, ein bizarres Wolkengebilde erfüllten sie mit staunender Freude. Sie genoß das Glück der großen, von Gefühlsausbrüchen und unerfüllten Wünschen begleiteten Liebe zu einem Ebenbürtigen, dem Kampfgefährten aus frühester Jugend Leo Jogiches. Und sie vollzog in selbstverleugnender, bis an ihr mörderisches Ende schmerzenden Konsequenz den Bruch, als sie ihn einer banalen Treulosigkeit überführt hatte.

Die uns jene so nahebringt wie eine Schwester, eine Freundin, eine mitreißende Gefährtin im Kampf gegen soziales Unrecht und schon wieder dräuendes Kriegsunheil, ist die Autor-Regisseurin Margarethe von Trotta. Sie begann an der Seite ihres Mannes Volker Schlöndorff als Schauspielerin, Szenaristin, Ko-Regisseurin („Die verlorene Ehre der Katharina Blum"). Als sie sich ihrer handwerklichen und filmästhetischen Mittel sicher war, hatte sie auch ihren bevorzugten Gegenstand gefunden: die sich emanzipierende Frau, ihrer Kraft bewußt und nicht bereit, eine borniert bürgerliche Männerwelt mit scheinbarer weiblicher Schwäche zu korrumpieren. „Schwestern oder Die Balance des Glücks" und vor allem „Die bleierne Zeit" sind Beweise für Frau von Trottas eminentes Talent, klares politisches Kalkül psychologisch zu durchdringen und mit Hilfe glänzend geführter Schauspieler starke emotionale Wirkungen zu erzielen.

Dies gelang im vorliegenden Fall auf geradezu exemplarische Weise. Jahrelanges gründliches Studium aller verfügbaren Luxemburg-Schriften – unter besonderer Berücksichtigung der Gefängnisbriefe, die sich zeitweise sogar für die Dialoggestaltung eigneten – hatte schließlich ein brauchbares Konzept reifen lassen. „Natürlich konnte und wollte ich keine politisch-historische Analyse des Werkes der Luxemburg machen" sagte Margarethe von Trotta in einem Pressegespräch, „mir ging es um ein Filmporträt dieser Frau, bei der Haltungen im Privatleben und in den politischen Kämpfen so nahtlos übereinstimmen." Sachkundige Beraterin war unsere Luxemburg-Expertin Prof. Dr. Annelies Laschitza. Frau von Trotta äußerte sich begeistert: „Sie kennt nicht nur alles über Rosa, sie liebt sie. Und in dieser Liebe zu Rosa haben wir uns getroffen, ist sie mir zur Freundin geworden."

Es scheint ein Wesenszug der freundlichen Zeitgenossin Margarethe von Trotta zu sein, daß sie am liebsten mit Freunden arbeitet. So gab sie schließlich die in aller Welt veranstaltete Suche nach einer Rosa Luxemburg äußerlich ähnlichen Schauspielerin auf und verpflichtete eine der besten Theater- und Filmaktricen der BRD, ihre Freundin Barbara Sukowa. Diese begnügte sich nicht mit der Kenntnis des Drehbuchs, sondern las ihrerseits das Luxemburg-Œuvre. Dabei verwandelte sie sich ihrer Heldin so stark an, daß eine unübersehbare innere Ähnlichkeit entstand. Das filmische Ergebnis – in Cannes mit dem Darstellerpreis belohnt – ist überwältigend. Neben Barbara Sukova vermögen nur noch ihre Partner Daniel Olbrychski als Leo Jogiches und Otto Sander als Karl Liebknecht zu bestehen.

Ich wage die Prognose, daß „Rosa Luxemburg" auch in der DDR ein großer Publikumserfolg wird. Denn nicht Denkmalskult noch faktentrockener Schulunterricht wird hier geboten, sondern eine zutiefst bewegende Lebens- und Liebesgeschichte. Man kann einen Menschen nicht in ein politisches und in ein privates Wesen zerlegen. Erst die der großen Sache ergebene, kein persönliches Opfer scheuende Revolutionärin und die liebende, ihren Seelennöten ausgelieferte Frau ergeben die ganze, einzigartige, unwiederholbare Rosa Luxemburg.

Mittlerweile grenzt es ja schon fast ans Wunderbare, wenn ein als heiter apostrophierter DEFA-Film im Kino tatsächlich Gelächter auslöst. Es muß sich dann zwar – auch wenn Regisseur Bernhard Stephan noch so fest daran glaubt – nicht um etwas so Anspruchsvolles wie eine Komödie handeln, aber die Hauptsache ist bekanntlich der Effekt. Und der wurde durch einen originellen Kabaretteinfall erzielt, den Autor Bernd Schirmer zuvor in einem Hörspiel verarbeitet hatte.

Das Ehepaar Steinköhler ist bislang nicht motorisiert, weil Herr Steinköhler angesichts der besonderen Auto-Lage in unserem Land das Leben eines Fußgängers vorzieht. Doch da wird Frau Steinköhler plötzlich und kaum noch erwartet mit einem vor langen Jahren bestellten Wartburg beliefert, während ihr Mann auf weit weniger glaubwürdige Weise in den Besitz eines Gebrauchtwagens gelangt.

Weshalb zunächst beide Autos in der Familie bleiben, obwohl man

1987

Fahrschule
DDR
RE: Bernhard Stepohan
DB: Bernd Schirmer
KA: Peter Badel

sich bestenfalls eines leisten kann, leuchtet nicht recht ein. Überhaupt wirkt alles, was um die Figur der oberflächlich-koketten Frau Steinköhler (Kata Kánya) und die ihres mutmaßlichen Geliebten (Detlef Heintze) passiert, wie mühsam ertüfteltes Rankenwerk und ist nicht einmal durchgehend unfreiwillig komisch. Der eigentliche Spaß beginnt erst in der **Fahrschule**. Hier beherrscht nämlich ein gewisser Benno Hempel sowohl die Szene als auch die ihm ausgelieferten Schüler, und zwar dergestalt, daß kein Auge eines einschlägig erfahrenen Zuschauers trocken bleibt. Die Dialoge verdichten sich zu entlarvenden, treffsicheren Pointen, die wie Sektkorken knallen. Sie werden allerdings auch von zwei Mimen geführt, die aus ihren Rollen perfekte komödiantische Kabinettstücke machen: Jörg Gudzuhn als unwilligem Fahrschüler Steinköhler und Otto Mellies als abgebrühtem Fahrlehrer Hempel, der mit schmierigem Charme seine Macht mißbraucht. Was da an darstellerischer Brillanz geboten wird, läßt manche handwerkliche Ungenauigkeit des Regisseurs Bernhard Stephan vergessen. Man möchte ihm wünschen, daß sein nächster Film mit ähnlich guter Besetzung gesegnet ist.

Der Traum vom Elch
DDR
RE: Siegfried Kühn
DB: Christa Müller
KA: Peter Brand

Zur Stunde wird dieses Stephansche Vorhaben noch unter dem Arbeitstitel „Wenn du einen Traum hättest" annonciert. Wenn es dabei bliebe, könnte sich der VEB DEFA-Studio für Spielfilme ohne weiteres in Traumfabrik umbenennen, denn unmittelbar nach Heiner Carows „So viele Träume" produzierte er ein weiteres Alpdruckerzeugnis, nämlich Siegfried Kühns **Der Traum vom Elch**. Es handelt sich natürlich nicht um den pferdegroßen Paarhufer nördlicher Länder, von dem die Filmheldin liebend gern wieder einmal geknutscht würde, sondern um einen gewissen Herrn Markus. Er hat die hübsche Anästhesieschwester Anna vor Jahr und Tag unter erotische Vollnarkose gesetzt, so daß sie vergaß, weitere Angaben zur Person sowie Adresse und Telefonnummer einzuholen. Voll fiebernder Ungeduld wartet sie nun auf ihn, wenn auch nicht gerade in Treue fest, dafür aber filmlang vergebens.

So gesehen ist dieser Markus durchaus eine sympathische Figur. Gleiches läßt sich von dem faden Industriemanager Stefan (wiederum –

110

und diesmal fehlbesetzt – Detlef Heintze) und dem exaltierten Maler Ludwig (Christian Steyer) nicht behaupten, denn deren Bekanntschaft bleibt uns leider nicht erspart. Diese Klischeetypen stehen in mehr oder weniger innigem Kontakt zu den innigst miteinander befreundeten Gesundheitshelferinnen Anna und Anette

Man fragt sich, warum die beiden jungen Frauen nicht gänzlich der Männerwelt entraten, da sie es doch im Austausch intimster Zärtlichkeiten schon verblüffend weit gebracht haben. Aber das ist nur eine der vielen Ungereimtheiten eines Films, der sich über die Maßen ambitioniert gibt und nicht einmal simple Kinoanforderungen erfüllt. Siegfried Kühn griff ungeniert zu heiligen Kulturgütern, um seine Botschaft vom Anspruch auf sinn- und glückerfülltes, nicht im Mittelmaß verharrendes Leben zu transportieren. Doch gerade der reichliche Einsatz von Verdi- und Mozartklängen sowie Zitaten aus dem herrlichen „Lied Salomos" (nur bei bibelfestem Publikum als bekannt vorauszusetzen) machen die inadäquate künstlerische Leistung des Regisseurs besonders augenfällig.

Kühns gravierendste Schwäche ist seine Indezenz. Die Liebesszenen sind nicht nur geschmacklos und undelikat, sie haben etwas geradezu furchterregend Animalisches. Um Krankenhausalltag lediglich zu illustrieren, muß ausgerechnet eine Patientin auf einem Gynäkologenstuhl herhalten. Die taktlose Zurschaustellung verstümmelter nikaraguanischer Patrioten wird so wenig vermieden wie die einer nackten, mit langer Obduktionsnarbe versehenen Frauenleiche. Poetisch gemeinte Bilder (Kamera: Peter Brand) geraten mit traumwandlerischer Sicherheit zu Kitschgemälden, wobei Kerzen, neuerdings Lieblingsrequisiten verschiedener DEFA-Regisseure, massenhaft Verwendung finden. Ganz unerträglich erschien mir die psychologisch niemals erhellte Tatsache, daß die aus unglücklicher Liebe Selbstmord begehende Anette ihr Kind nicht liebt, es gar eine Bestie nennt.

Was sich auf der Leinwand an Liebesfreud und Liebesleid ausführlichst begibt, findet im Parkett keinerlei Resonanz. Daran vermögen leider auch die ausgezeichneten Hauptdarstellerinnen nichts zu ändern. Katrin Saß (Anna), längst zur ersten Garnitur unserer Theater-

Ich wünsche es mir und uns allen, daß noch viel, viel mehr solche Vögel von der Klasse Renate Holland-Moritz' herumflattern möchten und uns gehörig fachkundig und offen aus unserer selbstgefälligen Mittelmäßigkeit scheuchen würden – auch wenn's wehtut.

H.K., Karl-Marx-Stadt

und Filmschauspielerinnen gehörend, kann einen Flop gewiß verkraften. Der begabten Marie Gruber (Anette), die schon das Desaster „Je t'aime, cherie" hinter sich gebracht hat, sollte endlich eine richtige Chance geboten werden.

Die langjährige DEFA-Dramaturgin Christa Müller schrieb das Szearium zu „Der Traum vom Elch" nach Motiven des gleichnamigen Romans von Herbert Otto. Sie hatte sich über gewisse Macho-Tendenzen im Buch heftig geärgert und eigentlich gehofft, der Film würde nie gedreht. Wäre doch wenigstens dieser Traum in Erfüllung gegangen!

Johann Strauß – Der ungekrönte König
Österreich/DDR
RE: Franz Antel
DB: Frederic Morton, Tom W. Priman,
Georg Kövary, Klaus Eidam, Franz Antel,
Carl Szokoll
KA: Hanns Matula

Franz Antel, der Zuckerbäckermeister des österreichischen Trivialfilms, versetzte die Fachwelt vor einigen Jahren mit der ausgezeichneten antifaschistischen Schwejkiade „Der Bockerer" in helles Erstaunen. Möglicherweise führte diese vertrauensbildende Maßnahme zur Koproduktion zwischen der Wiener Johann-Strauß-Film GmbH & Co. und dem DEFA-Studio für Spielfilme, in deren Auftrag Herr Antel das Millionen(-Dollar)-Ding **Johann Strauß – Der ungekrönte König** inszenierte. Nun weiß man wenigstens, daß „Der Bockerer" die regelbestätigende Ausnahme war. Die Geschichte vom Walzerkönig jedenfalls ist, wie die meisten der rund neunzig Antel-Filme, ein kaum genießbarer Kaiserschmarren.

Trotz der Bemühungen von sechs Autoren (darunter der Hollywood-Profi Frederic Morton und der DDR-Dramatiker Klaus Eidam) ließ sich kein auch nur einigermaßen schlüssiger, interessanter oder gar spannender Handlungsablauf bewerkstelligen. Da der Regisseur schon der Bildwirksamkeit seiner Anfangsszene mit Recht mißtraute, bediente er sich in Schulfunkmanier eines Kommentarsprechers, der auch im weiteren Verlauf noch oft zu Wort kam.

Von ihm erfahren wir, daß schlimmes Ungemach den toten Strauß bedroht, denn sein eifersüchtiger Bruder Eduard hat ein Enthüllungsbuch über den erfolgssüchtigen Weiberhelden geschrieben. Doch Frau Adele, die letzte und liebste Gattin des Dahingegangenen, fällt dem trunkenen Verleumder in die Arme und löst damit die unvermeidliche Rückblende aus. Und wen erleben wir nun? Einen erfolgssüchtigen Weiberhelden, der nicht arbeiten muß, weil er ja das Genie ist, dem die

Walzermelodien beim geringsten Anstoß nur so aus dem Kopf pur-
zeln.

Der Tod seiner ersten Frau scheint ihn nicht sonderlich zu inkommo-
dieren. Warum er die zweite, eine zickig-dümmliche Soubrette, überhaupt heiratet, weiß der Teufel. Nur für den Ehebund mit der dritten,
den Kaiser und Klerus verbieten, ist ihm kein Opfer zu groß: Strauß
konvertiert zum Protestantismus und läßt sich vom Gothaer Herzog
gar zum Sachsen schlagen. Dieser Schock bringt das Wiener Blut in
Wallung und den Kaiser zur Vernunft. Der majestätische Groll über
des Meisters Jugendsünde, den Revolutionsmarsch von 1848, ver-
raucht, Wien hat seinen vielgeliebten „Schani" wieder, und der darf
noch erleben, daß seine „Fledermaus" an der kaiserlich-königlichen
Hofoper gespielt wird.

Es ist geradezu sensationell, mit welch biederer Betulichkeit und wie
ohne jeden Witz und Charme Franz Antel sein Alterswerk in Szene
setzte. Dabei wurde er aufs unglücklichste unterstützt von seinem
Kameramann Hans Matula, der die Totalen grundsätzlich als starre
Postkarten abliefert und die Sänger durch brutale Großaufnahmen zur
Strecke bringt. Da der Film in englisch gedreht wurde, die allbekann-
ten deutschen Liedtexte aber keinesfalls geändert werden konnten,
war Lippensynchronität nicht zu erreichen. Überhaupt ist die Arbeit
des Münchner Synchron-Regisseurs geeignet, den Johannisthaler Kollegen einiges abzubitten.

Das Ärgste aber ist die Besetzung beziehungsweise Antels Unvermö-
gen, seine in aller Welt zusammengetrommelte Star-Parade ordentlich
zu führen oder gar zu einem Ensemblespiel zu bewegen. Wenn der in
England lebende Schweizer Oliver Tobias je eine Schauspielschule
besucht hat, dann muß es im Land des Lächelns gewesen sein. Weiteres Mienenspiel war in diesem über einen Zeitraum von zwanzig
Jahren gleichbleibend glatten und leeren Gesicht nicht zu beobachten. Die Wienerin Dagmar Koller und Mathieu Carriere (BRD) lieferten Vorzeige-Theater im übelsten Striese-Stil. Die mit viel Vor-
schußlorbeer garnierten Amerikanerinnen Audrey Landers und Mary
Crosby prägten sich mir nur durch jeweils einen unübersehbaren
Schönheitsfehler ein. Einzig der Brite Hugh Futcher in einer Buffo-

Zur Kino-Eule in Heft 22/87 muß ich ein
paar Zeilen an Sie richten. Sollten unsere
Filmeinkäufer über so wenig Geschmack
verfügen, daß sie mit dem Film „Seitenstechen" der umstrittenen Kritikerin Renate
Holland-Moritz Wasser auf die Mühlen
geben? Frau Holland-Moritz ignoriert
sicherlich die ausverkauften Filmtheater bei
solchen Filmen, die auch ihre Daseinsbe-
rechtigung haben. Für mich war der Artikel
ein Grund mehr, mir diesen „ungewöhnlich
primitiven Alptraum" genau anderthalb
Stunden lang anzusehen.
U.N., Neustadt

Rolle und unser Rolf Hoppe, der den Herzog von Gotha mit souveräner Ironie anging, vermochten mich zu überzeugen.

Das Beste an diesem Film sind diejenigen, die Strauß pur spielen dürfen: die Mitglieder der Staatskapelle Dresden, die Wiener Symphoniker, das Zigeunerensemble Scücs und die Wiener Schrammeln.

Käthe Kollwitz – Bilder eines Lebens
DDR
RE: Ralf Kirsten
DB: Ralf Kirsten
KA: Otto Hanisch

Was das A und O funktionierender Mundpropaganda sei, vertraute Ralf Kirsten, Autor und Regisseur von **Käthe Kollwitz – Bilder eines Lebens** den Lesern der „Weltbühne" (Heft 15/87) an: „Die Möglichkeit, für einen Film zu werben, liegt zuerst im Erzählen der Fabel." Wenige Zeilen später gesteht er resigniert: „Unser Film ist nicht zu erzählen."

Stimmt. Denn er hat keine Fabel, sondern besteht aus „szenischen Splittern", die der geneigte Zuschauer wieder als „ein Ganzes, eine Art Mosaik" zusammenfügen soll. Das aber kann nur einem ausgewiesenen Kollwitz-Kenner gelingen. Alle anderen hocken hilflos und schließlich total überfordert vor den bunt durcheinandergewirbelten Puzzlestückchen, als welche die Ereignisse der Jahre zwischen 1908 und 1945 in Form von Rückblenden innerhalb einer Rückblende angeboten werden.

Der Film beginnt in der Gegenwart, nämlich in einem Maskenbildnerraum der DEFA. Die Schauspielerin Jutta Wachowiak sitzt vor dem Schminktisch und spielt nach vorgegebenem Text eine Schauspielerin, die sich ebenso ängstlich wie ehrfurchtsvoll der von ihr zu gestaltenden Rolle anzunähern versucht. Als erfolge solcher Prozeß nicht lange vor Drehbeginn! Möglicherweise aber waren die dramaturgisch völlig überflüssigen Einschübe auch nur als Reverenz an die Maskenbildnerin Karin Wacker gedacht, welche die wohlansehnliche, noch immer jugendliche Jutta Wachowiak höchst glaubwürdig in die fünfzig- bis achtzigjährige Käthe Kollwitz verwandelte.

Nachdem Ralf Kirsten vor langen Jahren mit seinem wunderschönen Barlach-Film „Der verlorene Engel" (auf einer Novelle von Franz Fühmann basierend) Aufsehen erregt hatte, ließ ihn der Gedanke an Barlachs Gesinnungsgenossin, die „Gefühlssozialistin" Käthe Kollwitz, nicht mehr los. Aber erst 1980 geführte Gespräche mit deren

Enkeln, die ihm viele, weder in Briefen noch in Tagebüchern enthaltene private Interna anvertrauten, weckten Kirstens Lust auf einen Kollwitz-Film. Leider versicherte er sich nicht gleichgesinnter szenaristischer Mitarbeiter (wie beispielsweise beim Barlach-Film Jochen Nestlers und Manfred Freitags), sondern machte sich allein ans umfängliche Werk. Es entstand ein wahres Konvolut, Stoffgrundlage für eine mindestens vierteilige Fernsehserie.

Doch Kirsten ist nicht den Adlershofer, sondern den Babelsberger Produzenten vertraglich verpflichtet. Und, wie wir wiederum der „Weltbühne" entnehmen dürfen, seinem eigenen Gusto. „Bei der Konzeption eines Films muß ich mich zuerst auf mich selbst verlassen können. Erste Frage: Ist er für mich wichtig? Kann ich über das künstlerische Anliegen etwas über meine Befindlichkeit ausdrücken? Und stimmt die Gesellschaft mit mir überein?"

Ich als jener Teil der Gesellschaft, der sich durch keinerlei Unbilden vom Kinobesuch abschrecken läßt, muß gestehen, daß mich die Befindlichkeit des Filmemachers in diesem Fall herzlich wenig interessiert. Mein einziges Verlangen richtet sich auf ein gültiges Kunstwerk über die Zeit ihres Lebens dem Proletariat und dem Friedenskampf dienende Grafikerin und Bildhauerin, die liebende, zweifelnde, leidende Frau und Mutter Käthe Kollwitz.

Diesen Film ist mir Ralf Kirsten schuldig geblieben. Er zeigt die Künstlerin nicht auf ihrem Weg zu Reife und Vollendung, sondern als eine schon Gereifte, Vollendete. Und dies so statisch, als befände man sich nicht im Kino, sondern im Museum. Auch die Psychologie einer Frau, die ihren Mann weniger liebt als er sie, die gar einen Ausbruch aus dieser Ehe plant, verbleibt dank Kirstens Verhüllungskunst im dunkeln. Dem Schmerz um den im ersten Weltkrieg verlorenen Kollwitz-Sohn Peter darf Jutta Wachowiak in einer ihrer wenigen Aktionsmomente großen Ausdruck geben. Der Konflikt zwischen der Mutter und ihrem offenbar ungeliebten erstgeborenen Sohn Hans wird dagegen durch Verschweigen gelöst. Am Ende bin ich weder emotional bereichert noch klüger als zuvor.

Etwas ratlos fragt Ralf Kirsten in seinem „Weltbühne"-Artikel: „Aber wie das machen – eine historische Persönlichkeit von künstlerischem

Was ich bei so manchem Film nur denke, spricht Renate Holland-Moritz aus, begründet es geistreich, witzig, formuliert frechelegant, wie es sich für eine satirische Zeitschrift gehört. Jeder, mit dem ich darüber spreche, gibt ihr recht … Im übrigen, es stimmt ja nicht, daß sie alle Filme schlecht macht – nur die schlechten.
M.L., Berlin

115

Rang vorstellen in einer für den Zuschauer bereits historisch gewordenen Vergangenheit?"

Ganz einfach: Ins Kino gehen. Von Margarethe von Trotta lernen. Sie hat über Rosa Luxemburg den großen, bewegenden Film gemacht, der über Käthe Kollwitz leider noch aussteht.

Seitenstechen
BRD, PJ: 1985
RE: Dieter Pröttel
DB: Joachim Harman, Mike Krüger
KA: Franz X. Lederle

Was Frau Holland-Moritz über den Mike-Krüger-Film „Seitenstechen" schreibt, grenzt ja wohl schon an Beleidigung („zur Fettleibigkeit tendierender Alabasterkörper"). Man gewinnt zunehmend den Eindruck, sie hat eine grundsätzliche Abneigung gegen Filme aus dem kapitalistischen Ausland. Publikumserfolge westlicher Filmregisseure scheinen ihr schwer im Magen zu liegen („erschütternd erfolgreich").
R.D., Erfurt

Sein Talent als Texter, Sänger, Komponist und Gitarrist hält sich konstant auf einer Stufe: der untersten. Trotzdem machte der quicke Quickborner (BRD) Mike Krüger Karriere, denn seine gesungenen Bierzeitungsverse enthielten gelegentlich vielseitig zitierbare Refrainzeilen. Zum Beispiel: „Mein Gott, Walter" oder „Da muß man erst den Nippel durch die Lasche ziehn".

Inzwischen ist der Barde des niederen Blödsinns – nicht zu verwechseln mit der Nonsens-Komik eines Otto Waalkes – auch ins Filmgeschäft eingestiegen. **Seitenstechen** stellt bereits den zweiten, wiederum erschütternd erfolgreichen Versuch des Fernsehregisseurs Dieter Pröttel dar, die ebenso lange wie schiefe Nase seines Stars zu vergolden. Außer dem Zinken darf Krüger diesmal seinen ohnehin zur Fettleibigkeit tendierenden Alabasterkörper unverhüllt zur Schau stellen, denn er wird Mutter. Allerdings nur in einem ungewöhnlich primitiven, mit vielen Zoten angereicherten Alptraum, der genau anderthalb Stunden zu lange währt.

Amadeus
BRD, PJ: 1984
RE: Milos Forman
DB: Peter Shaffer
KA: Miroslav Ondricek

Solchen Vorwurf verdient das mit acht Oscars und vielen anderen Preisen überhäufte amerikanische Entertainment-Furioso **Amadeus** jedenfalls nicht. Witz, inszenatorische Rasanz, hinreißende Schauspielerleistungen und atemberaubende Klangfülle (ausgeführt vom Londoner Academy-Orchestra unter Leitung von Neville Marriner) zeichnen den Film des Regie-Perfektionisten Milos Forman („Einer flog über das Kuckucksnest") aus. Das Drehbuch stammt von dem Engländer Peter Shaffer, der mit seinem gleichnamigen Theaterstück weltweiten, wenngleich zwiespältigen Erfolg errang.

Einer hartnäckigen Legende zufolge, der auch Alexander Puschkin aufsaß (sein Einakter „Mozart und Salieri" regte Rimski-Korsakow zu einer Oper an), soll der kaiserliche Hofkomponist Antonio Salieri den verhaßten, weil unerreichbaren Konkurrenten Wolfgang Amadeus Mozart 1791 vergiftet haben. Shaffer und Forman trennten sich von dieser nicht belegbaren Behauptung und beschränkten sich auf „eine Phantasie über Begebenheiten aus Mozarts Leben".

Sie bedienten sich dabei einer konventionellen, fast simplen Erzählweise. Salieri (ausgezeichnet besetzt mit dem Theaterschauspieler F. Murray Abraham) wird nach mißglücktem Selbstmordversuch in eine Irrenanstalt eingewiesen und beichtet seinem Priester in einem langen monologischen Kabinettstück seine Schuld an Mozarts Tod. In Rückblenden begegnet uns das von seinem gestrengen Vater Leopold Mozart gemanagte Wunderkind, das noch im Jünglingsalter Einzug am Hofe des österreichischen Kaisers Joseph II. hält. Die schon internationale Berühmtheit entpuppt sich als infantiler, argloser Tölpel, der höfisches Zeremoniell mit meckernder Lache entweiht. Salieri hadert mit seinem Gott, der ihn, den kultivierten, kunstsinnigen Mann mit unverkennbarer Mittelmäßigkeit geschlagen, jenen ungehobelten Rohling aber mit dem göttlichen Funken ausgestattet hat. Er schwört, den Genius zu vernichten, und spinnt eine Intrige, deren physisches Opfer Mozart und deren moralisches er selbst wird.

Im Gegensatz zu Shaffers Stück ist im Film nicht Salieri, sondern Mozart die Hauptfigur. Für die Besetzung dieser Rolle war zunächst der auch als Pop-Star bekannte David Bowie vorgesehen. Milos Forman erwählte schließlich aber den weithin unbekannten neunundzwanzigjährigen Theaterakteur Tom Hulce aus White Water in Wisconsin. Er begründete seine Entscheidung nicht nur mit der Frische und dem überragenden Talent des jungen Mannes, sondern auch mit dessen künstlerischer Besessenheit. Tom Hulce, der nie zuvor eine Pianotaste berührt hatte, war nach vierwöchigem Intensivunterricht so perfekt, daß keine einzige Klavierszene gedoubelt werden mußte.

Am Anfang, also noch vor dem Vorspann, ist der Held ein holdes neugeborenes Knäblein. Den vom Papa und vom Paten vor dem Klinikfenster veranstalteten äffischen Vaterzirkus beantwortet es mit ahnungsvollem Wehgeschrei. Doch schon in der nächsten Lebenssphäre wickelt es glückstrahlend einen güldenen Schlagring aus dem Weih-

Ich stimme im wesentlichen mit der Filmkritik von Renate Holland-Moritz (Heft 22) bezüglich des Films „Seitenstechen" überein. Wenn Herr Noack auf der Postseite der Ausgabe 25 vom vollbesetzten Kino spricht, so bin ich der Meinung, daß dies kein Argument für eine gute Filmqualität ist. Meist, nicht immer, sind solche Publikumsmagneten Klamotten, zwar mehr oder weniger gut gemachte, aber doch Klamotten, die lustig sind und deshalb viel Publikum anziehen. Doch der Inhalt läßt oft zu wünschen übrig.

W.W., Berlin

Die Ehre der Prizzis
USA, PJ: 1984
RE: John Huston
DB: Richard Condon, Janet Roach
KA: Andrzej Bartkowiak

nachtspapier. Von nun an sind Gene und Erziehung im Einklang: Charley Partanna wird zeitlebens der „Familie" dienen und **Die Ehre der Prizzis** mit der Waffe in der Hand verteidigen. Als Haus-Killer gewissermaßen. Ansonsten hält der lottrig-flotte Mafioso seinen Hormonhaushalt durch häufig wechselnde Damengesellschaft in Schwung. Gerade hat er seiner verruchten, rachsüchtigen Cousine Maerose den Laufpaß gegeben, da ereilt ihn – völlig unerwartet, aber mit Himmelsmacht – die Liebe. Daß die schöne Irene eine erfolgreiche Konkurrentin ist, die sich sogar am Heiligsten der Prizzis, nämlich ihrem Geld, vergriffen hat, erfährt er erst später. Da ist es längst zu spät: Der Killer und die Killerin geben sich das Ja-Wort. Dummerweise sind sie aber auch mit ihren jeweiligen Auftraggebern im Wort, und das bedeutet, der eine ist auf die andere angesetzt und umgekehrt. Folglich leben sie als gute Christen glücklich miteinander, bis daß ein früher Tod sie scheidet.

Soviel zum Inhalt der schwärzesten Komödie, die je im Licht der Leinwand erschien. Die brillant gebaute Story konnte Szenarist Richard Condon seinem eigenen gleichnamigen Roman entnehmen, aber kein anderer als John Huston hätte daraus einen so frischen, frechen Film von funkelndem Witz und klirrendem Sarkasmus machen können. Da war er, der 1941 in Hollywood mit „Der Malteser Falke" die „Schwarze Serie" begründete, bereits achtundsiebzig Jahre alt. Während der Festivals in Cannes 1984 und Venedig 1985 machte „Die Ehre der Prizzis" Furore und animierte die Juroren, dem lebenden Kino-Denkmal John Huston jeweils einen Ehrenpreis für sein Gesamtschaffen zu verleihen.

Das beläuft sich übrigens auf neununddreißig Filme. Vielleicht hat der heute Einundachtzigjährige ein Faible für magische Zahlen, denn der Charley Partana war exakt Jack Nicholsons neununddreißigste Film-rolle. Wahrscheinlicher aber ist, daß der Altmeister sein parodistisches „Familien"-Drama nach familiären Gesichtspunkten besetzte. Immerhin ist Nicholson, der seit zwölf Jahren mit Huston-Tochter Anjelica (Maerose) zusammenlebt, sein quasi Schwiegersohn. Und William Hickey, der den „Paten" als herrlich knorzigen Edelschweinehund abliefert, ist sein bester Freund. Inwieweit Kathleen Turner (Irene)

zum Clan gehört, weiß ich nicht. In ihren schauspielerischen Leistungen steht sie jedenfalls dem Weltstar Jack Nicholson und der mit dem Nebenrollen-Oscar ausgezeichneten Anjelica Huston nicht nach.
Ehrenrührig an der „Ehre der Prizzis" erscheint mir lediglich der mörderisch-zynische Schluß, weil er das Genre der Komödie verletzt. Und die miserable bundesdeutsche Synchronisation, die dem hinreißenden Grimassierer Nicholson mit einer akustischen Fehlbesetzung an die Kehle geht.

Puzzle-Spiele sind mir schon in der Realität des Alltags verhaßt. Wenn mir aber im Kino „ein surrealistisches Puzzle" angekündigt wird, muß ich meistens passen. So auch während des Westberliner Festivals 1985, wo mir der französische Wettbewerbsbeitrag **Gefahr im Verzug** ein Buch mit sieben Siegeln beziehungsweise ein Puzzle mit siebentausend nicht zusammenfügbaren Schnipselchen blieb. Auch die – notgedrungen sparsamen – deutschen Untertitel brachten kein Licht ins dunkle Treiben, das von seinem Produzenten zudem noch als „ein frivoler Thriller, ein erotisches Ballett" bezeichnet wurde.

Gefahr im Verzug
Frankreich
RE: Michel Deville
DB: Michel Deville
KA: Martial Thury

Jetzt, da ich den von Michel Deville inszenierten, in diesem Fall in der BRD erstklassig synchronisierten Film auf heimischer Leinwand sah, bin ich völlig fasziniert. Die Handlung nachzuerzählen hieße Verwirrung stiften, denn endgültige Durchsicht ist nicht möglich. Daß der vom reichen Ehepaar Tombsthey (Michel Piccoli und Nicole Garcia) für das halbwüchsige Töchterchen engagierte Musiklehrer David (Christophe Malavoy) seiner Schülerin gern mehr als das Gitarrenspiel beibrächte, läßt sich ahnen. Doch die attraktive Mama belegt diesen Schulungskurs unverzüglich selbst. Ihr liebenswürdiger Gatte scheint nichts dagegen zu haben, wohl aber eine undurchschaubare, stets mit Feldstecher und Videokamera auf der Lauer liegende Nachbarin.

Ein geheimnisvoller Fremdling, dessen homophile Hinwendung zu David diskret, doch unverkennbar ist, bereichert die spannungsgeladene Szenerie. Man möchte es kaum für möglich halten, aber der sanfte Freund (Richard Bohringer) ist Berufskiller, angesetzt – der Himmel weiß, von wem – auf Monsieur Tombsthey. Schließlich sind

Opfer und Killer tot, und die Spuren allen ungeklärten Übels werden mit Hilfe einer Bombe, die Davids Vater in seinen Rentner-Mußestunden gebastelt hat, aus der Welt geschafft.

Dem vorzüglichen Handwerker Michel Deville ist mit „Gefahr im Verzug" ein Stück gediegener, höchst geschmackvoller Krimiunterhaltung gelungen, die einen keine Minute aus ihrem Bann entläßt. Selbst wenn man am Schluß die Motive für die wohlige Gänsehaut so vergeblich sucht wie verlorengegangene Puzzlestückchen.

Jenseits von Afrika
USA, PJ: 1985
RE: Sydney Pollack
DB: Kurt Luedtke
KA: David Watkin

Vor dem Berliner „International" bietet sich speziell den Angestellten unseres Lichtspielwesens seit Wochen das schönste Bild: lange Schlangen geduldig Wartender, die den schönen Bildern in Sydney Pollacks großem Gefühlsepos **Jenseits von Afrika** entgegenfiebern. Kein wirklicher Kino-Fan wird enttäuscht. In traumhafter Landschaftskulisse, umweht von sphärischen Klängen (Musik: John Barry und Wolfgang Amadeus Mozart) begibt sich eine Love-Story, die den nahegelegenen Abgründen zur Sentimentalität immer wieder geschickt entkommt.

Wie die gleichnamigen Memoiren der dänischen Schriftstellerin Karen (Tania) Blixen (1885-1962, Pseudonym: Isak Dinesen) beginnt der Film mit dem erinnerungsschweren Satz: „Ich hatte eine Farm in Afrika …" Daß sie diese Farm gemeinsam mit ihrem Gatten, dem Abenteurer und Lebemann Baron Bror Blixen erwarb, verschwieg das Buch. Auch von Karens großer Liebe zum freiheitsfanatischen englischen Großwildjäger Denys Finch Hatton war kaum die Rede. Erst als diese wesentlichen Details aus dem Leben der ungewöhnlichen Frau in zwei biographischen Werken erhellt wurden, fanden Drehbuchautor Kurt Luedtke und Regisseur Sydney Pollack die Idee zu einer Filmversion, die inzwischen mit sieben Oscars ausgezeichnet wurde.

Es ist der Vorabend des Ersten Weltkriegs, als Baronin Blixen in der britischen Kronkolonie Kenia eintrifft. Noch ist sie ganz erfüllt von der Sorge um ihr kostbares Porzellan; auch die ehrliche Sorge um das Wohlergehen und die Zivilisierung der Eingeborenen resultieren aus ihren anerzogenen großbürgerlich-europäischen Idealen. Ein leidvoller Emanzipierungsprozeß setzt ein, als sie begreifen muß, daß ihr der

Baron nicht sein Herz geschenkt, sondern lediglich seinen Adelstitel verkauft hat. Die große, letztlich unerfüllbare Liebe zu Denys Finch Hatton läßt tiefere Erkenntnis reifen: Ein Land zu kolonialisieren, es seiner nationalen Kultur zu berauben, ist ein Verbrechen.

Sydney Pollack, der sich bedingungslos zum emotionalen Erzählkino mit moralischer Botschaft bekennt, gehört zu den Meistern der Montage. Er sagte: „Bei den Dreharbeiten habe ich oft das Gefühl, ich sammle nur das Material, aus dem ich später dann die Skulptur forme. Wenn zweihundert Leute herumstehen und die Uhr tickt, die anzeigt, was das alles kostet (in diesem Falle dreißig Millionen Dollar, R. H.-M.), habe ich keine Ruhe. Erst am Schneidetisch finde ich den Rhythmus, erst beim Schneiden füllt sich mein Film mit Leben."

Aber Pollack ist auch ein meisterhafter Besetzungskünstler. Meryl Streep als die äußerlich kühle, von inneren Leidenschaften verzehrte, gütig-kluge Humanistin Karen Blixen erweist sich als die sogenannte optimale Variante. Gleiches gilt für Robert Redford (Denys Finch Hatton), dessen ebenmäßige Physiognomie immer mehr zu einem charaktervollen Gesicht reift. Ein Kabinettstück liefert Klaus Maria Brandauer, der dem Baron Blixen trotz seiner moralischen Liederlichkeit die Sympathie des Publikums nie ganz entzieht.

Den vollen akustischen Genuß bereitet „Jenseits von Afrika" vorerst nur im „International", das über eine Dolby-Stereo-Anlage verfügt. Mit dieser technischen Errungenschaft sollen im nächsten Jahr auch das Berliner „Kosmos", das Dresdner Rundkino in der Prager Straße und das Leipziger „Capitol" ausgestattet werden. Übrigens bietet das „International" demnächst in seinen beliebten Nachtvorstellungen eine Reihe internationaler Spitzenfilme im Dolby-Stereo-Verfahren. Wer seinen „Amadeus" endlich so genießen möchte, als säße er „mitten im Orchester drin", der besorge sich rechtzeitig eine Karte

Nach meiner Erfahrung unterscheiden sich die meisten DEFA-Filme, die ich kenne, von den Rezensionen der RHM in einem Fakt: Die Rezensionen haben Stil.
M.S., Rostock

Als Regisseur Rolan Bykow die Erzählung **Vogelscheuche** von Wladimir Shelesnikow gelesen hatte, konnte er seine acht Jahre während Suche nach einem geeigneten Filmstoff endlich einstellen. Das Ergebnis seiner Arbeit bewegte das sowjetische Kinopublikum in ungewöhnlicher Weise. Begeisterte Zustimmung und flammende Em-

Vogelscheuche
UdSSR, PJ: 1983
RE: Rolan Bykow
DB: Wladimir Shelesnikow, Rolan Bykow
KA: Anatoli Mukassey

pörung hielten sich die Waage. Obwohl der Film alle Besucherrekorde brach, wurde er in einigen Städten vom Spielplan abgesetzt.

Lena (dargestellt von der damals elfjährigen Ballettschülerin Kristina Orbakaite, Tochter des Popstars Alla Pugatschowa) lebt seit kurzem bei ihrem Großvater (Juri Nikulin), der von den Bewohnern des kleinen Städtchens als Sonderling verspottet wird. Eigentlich hat das aparte Mädchen den Spitznamen Vogelscheuche gar nicht verdient. Gewiß, Lena ist anders als ihre Mitschüler, weniger keß und modebewußt, sehr kindlich und voller Zutraulichkeit. Sie bemüht sich so rührend wie vergeblich um Integration in ein Kollektiv, dessen Gespräche vornehmlich um textile und elektronische Importgüter kreisen. Nur der von allen akzeptierte gutaussehende Dima kann sich den Luxus eigener Meinung und Entscheidung leisten. Lena wähnt sich im siebenten Himmel, als er ihr ritterlichen Schutz und schließlich gar Freundschaft anbietet.

Zufällig wird sie Ohrenzeuge, wie die Lehrerin Dima das Geständnis entlockt, die Klasse habe den Unterricht zugunsten eines Kinobesuchs geschwänzt. Zur Strafe soll ein langgeplanter Ausflug nach Moskau nicht stattfinden. Die zornige Meute tut den Verräter in Acht und Bann, doch Dima leugnet feige seine Schuld. Lena kann die demütigende Erbärmlichkeit des Freundes nicht ertragen und bekennt sich selbst schuldig.

Ab sofort wird sie das Opfer beispiellosen Boykotts, der in einer symbolischen Hexenverbrennung kulminiert. Ein Häuflein verrohter, von einer fanatisierten Anführerin angestachelter Kinder treibt ein anderes Kind fast in den Tod. Aber Lena zerbricht nicht, sondern wird zur mutigen Anklägerin ihrer Peiniger, deren tiefe Betroffenheit ein hoffnungmachenden Signal zur Umkehr ist.

Das sowjetische Ministerium für Volksbildung erklärte diesen hochdramatischen, übrigens auf einer authentischen Begebenheit beruhenden Film zum Pflichtprogramm an allen Schulen. So kann er nicht nur Kindern, sondern auch Lehrern zur Lehre gereichen.

1988

Man schreibt das Jahr 1950. Zwei junge Männer, beide etwa Anfang zwanzig, zeigen einander die kalte Schulter und haben sich doch gegenseitig fest im Auge. Das bedarf keiner akrobatischen Verrenkungen, sondern nur zweier Rasierspiegel. Die sich davor einseifen, sind Leidensgenossen, Zimmergenossen in einem Sanatorium für Lungenkranke. Richtiger Genosse ist nur einer, nämlich der Volkspolizeikommissar mit dem gottgefälligen Namen Josef Heiliger. Hubertus Koschenz hingegen dient seinem Herrn als evangelischer Vikar.

Die ersten ideologischen Scharmützel werden ausgetragen, die Zimmerfronten abgesteckt. Auf dem einen Nachttisch liegt Lenins „Staat und Revolution", auf dem anderen die Bibel. Über des einen Bett prangt ein Stalinbild, die Schlafstatt des anderen wird vom gekreuzigten Jesus bewacht. Man hat sich auf Waffenstillstand geeinigt.

Josef pflegt seine morgendliche Rasur musikalisch zu untermalen. Solange er nur summt und brummt, ficht es Hubertus nicht an. Doch das fröhlich geschmetterte „Auf, Sozialisten, schließt die Reihen, die Trommel ruft, die Banner wehn!" bringt den Gottesmann in Harnisch. „Deinen Engel zu mir sende, der des bösen Feindes Macht, List und Anschläg' von mir wende …", kontert er mit geschulter Stimme. Gegen solche Provokation schickt Josef die Internationale ins Feld: „Wacht auf, Verdammte dieser Erde!" Worauf sich Hubertus lauthals hinter der Christen-Hymne verschanzt: „Ein feste Burg ist unser Gott." Was zum Duett nicht taugt, wird zum gesungenen Duell. Die beiden Sekundanten an der Wand blicken ernst und stumm aus ihren Bilderrahmen. Aber Chefarzt Dr. Stülpmann duldet keine wie auch immer geartete Kampfhandlungen, die seinen heiligen Krieg gegen die galoppierende Schwindsucht stören könnte. Dieser Mission zuliebe hatte er sich vorzeiten sogar den Nazis verbündet. Eine Tatsache, die Josef Heiliger und Hubertus Koschenz gleichermaßen ehrenrührig erscheint.

Medikamente sind rar in jenen Tagen, die neuesten amerikanischen Präparate noch kaum zugänglich. Da muß man schon auf die heilende Wirkung von Ruhe, Geduld und Toleranz vertrauen. Ausgerechnet Dr. Stülpmann erteilt den Rivalen, die ihrer „antagonistischen Widersprüche" wegen getrennte Zimmer verlangen, eine Lektion von historischer Tragweite: „Draußen im Leben können sie auch keinen Bogen umeinander machen. Sie müssen miteinander auskommen, meine Her-

Einer trage des anderen Last
DDR
RE: Lothar Warneke
DB: Wolfgang Held
KA: Peter Ziesche

RHM ist der einzige Filmkritiker, der sich in unserer schönen DDR-Kinolandschaft derartiges leisten kann – oder kennen Sie noch einen, der öffentlich die Klappe so weit aufreißt?
Was mich als aktiven Filmkonsumenten betrifft, so freue ich mich auf diese Filmkritiken. Ich fühle mich eher viehisch belustigt denn beleidigt oder bevormundet. Noch schlimmer – besonders schön gelungene Verrisse lerne ich auswendig und schmeiße sie passend zur Gelegenheit meinem Chef an den Kopf. Was glauben Sie, wie der immer guckt! Was soll ich eigentlich ohne RHM machen, wenn sie nicht mehr so schön kritikt?
B.B., Burg

Mich hat der Film „Einer trage des anderen Last" angenehm überrascht. Ein Film zum Nachdenken und Überdenken, das Richtige für unsere Jugend.
W.B., Berlin

Nochmals herzlichen Dank an Frau Renate Holland-Max-und-Moritz. Jedesmal wenn ich ein Brechmittel brauche, lese ich Ihre Filmkritiken. Diese Person ist für mich die Versinnbildlichung der Justine Putét aus dem Roman „Clochemerle"! Kann sich der Eulenspiegel nicht von ihr trennen?
J.W., Dresden

Ich stimme mit der Meinung von Andreas Wohland aus Zwickau überein, denn langsam stelle ich mir die Frage, ob Frau Holland-Moritz ein Autorenkollektiv oder eine einzelne Person ist, denn soviel Mist kann einer allein nicht verzapfen!
N.M., Kirchmöser

ren. Und wenn Sie das nicht können, dann taugt Ihr Sozialismus, Herr Heiliger, genausowenig wie Ihr Christentum, Herr Koschenz. Wir leben nämlich auf einer Erde."

Daß diese eine Erde nur durch das Bündnis der Friedfertigen überdauern kann, ist die Erkenntnis von heute. Lothar Warneke (Regie) und Wolfgang Held (Szenarium) siedelten die Handlung ihres Films **Einer trage des anderen Last** auf dem Boden der gerade erst gegründeten DDR an. Damalige Realität ist zwar spürbar, aber doch gefiltert und in vieler Hinsicht gemildert durch die Ausnahmesituation, die in einer „Zauberberg"-ähnlichen Einrichtung nun einmal herrscht.

Hart stoßen sich die Gegensätze im Raum, und in einem gutbürgerlich-christlich geleiteten Hause wie dem Sanatorium Hohenfels ist ein junger, seine Weltanschauung verteidigender Kommunist wie Josef Heiliger fast ein Anachronismus. Doch schon bald vermag er sich durch seine kluge Warmherzigkeit, seinen pfiffigen Gerechtigkeitssinn und manche herrliche Schwejkiade selbst bei politischen Gegnern Achtung zu verschaffen. Das schöne, todkranke Mädchen Sonja schenkt ihm ihr Herz, und sein Widerpart Hubertus wird ihm schließlich zum lebensrettenden Freund.

Wie kommt man auf eine solche Geschichte, die Vergangenes mit heiterer Gelassenheit reflektiert und gegenwärtige Fragen schlüssig und pointiert beantwortet? Lothar Warneke antwortet: „Wolfgang Held ist in den fünfziger Jahren Kommissar der Deutschen Volkspolizei gewesen und hat ähnliches erlebt. Er war in einer Lungenheilanstalt. Ich bin in den fünfziger Jahren evangelischer Vikar geworden. So waren wir beide unsere eigenen Fachberater und haben natürlich nicht zugelassen, daß falsche Töne in den Film hineinkamen. Denn wenn es um ein Bündnis geht, muß das sauber und ehrlich und nicht nur aus taktischen Erwägungen geschlossen werden. Darüber hinaus möchte ich sagen, daß ich mich heute mit Wolfgang Held in weltanschaulicher Übereinstimmung befinde."

Der zeitliche Abstand von fast vierzig Jahren ermöglichte den Schöpfern, mit ihrem Gegenstand politisch und künstlerisch souverän, also wirklich professionell umzugehen. Es gelang etwas Kostbares, weil Seltenes: eine Tragikomödie. Heiterkeit und Trauer, Lachen und Weinen liegen dicht beieinander – wie im Leben. Nur eben komprimierter. Und da erst beginnt die Kunst.

Vorausgesetzt, es sind Schauspieler am Werk, die keinen Geedanken an eine alternative Besetzung zulassen, wie zum Beispiel Karin Gregorek, die als Oberschwester Walburga eine psychologische Gratwanderung zu bewältigen hat, die ich keiner anderen unserer namhaften Aktricen zutrauen würde. Eine Meisterleistung! Der vom Babelsberger Besetzungsbüro zu Unrecht fast vergessene Heinz-Dieter Knaup brilliert als Chefarzt Dr. Stülpmann. Susanne Lüning, Johanna Clas und Doris Thalmer vermögen aus Nebenrollen wahre Kabinettstücke zu machen.

Seinen glücklichsten Tag hatte Lothar Warneke, als er aus 47 Bewerbern die Darsteller seiner Helden Josef Heiliger und Hubertus Koschenz auswählte: Jörg Pose und Manfred Möck. Beide sind 1959 geboren, haben die Rostocker Schauspielschule besucht und befinden sich bereits im zweiten Theaterengagement. Pose und Möck verfügen nicht nur über eminentes Talent, sondern auch über jene oft beschworene, schwer zu beschreibende Aura, die sie für eine Filmkarriere geradezu prädestiniert. Nun bedürfte es nur noch ähnlich guter Rollenangebote von ebenso einfühlsamen, handwerklich perfekten Regisseuren. Der überwiegende Teil des DEFA-Angebots für 1988, das den Kritikern Anfang des Jahres in Dresden vorgeführt wurde, läßt solche Hoffnung allerdings denkbar gering erscheinen.

1. Die von R.H.-M. verrissenen Filme sind immer gut und lohnen sich anzuschauen, das resultiert daraus, daß
2. R.H.-M. zuerst die Rezensionen schreibt und sich danach die Filme ansieht.
S.E., Grimmen

Im Namen des „Volksmundes" sind Ihre Kritiken bestimmt nicht geschrieben, auch wenn Frau R. H.-M. ab und zu Küchenlieder singt. Hoffentlich hat sie nun so viel Humor, wie sie bei anderen voraussetzt.
L.W., Leipzig

Paul, von seiner Mama zärtlich Pussi genannt, sitzt am Mittagstisch und läßt es sich schmecken. Während ihm die Gute nochmal das Püree aufwärmt, brabbelt sie vor sich hin: „Warum hast du dir nur diese Wohnung genommen, andere Jungs wohnen doch auch zu Hause."
Der schlichte Satz führt zur ersten schweren Erschütterung aller im Parkett versammelten Zwerchfelle. Immerhin ist der aus seinem Kinderzimmer entwichene, zaghaft um Abnabelung vom mütterlichen Rockzipfel bemühte Junge schon 56 Jahre alt.
Der Erfinder, Inszenator und Darsteller dieses exemplarischen **Ödipussi** kam vor 64 Jahren in Brandenburg an der Havel als Bernhard-Viktor von Bülow zur Welt. Dem kleinen Vicco, der bereits mit

Ödipussi
BRD
RE: Loriot
DB: Loriot
KA: Xaver Schwarzenberger

zehn Monaten Mama und Papa sagen konnte, wurde in seinem ersten Schulzeugnis bescheinigt: „Er ist fleißig, handgeschickt und kann im Unterricht denkend mitarbeiten, nur zuweilen macht sich eine gewisse Versonnenheit bemerkbar."

Vielleicht sann er damals gerade über die Komik der Ehetragödie seines Großonkels Hans von Bülow nach, der dem exzentrischen Genius Richard Wagner so ergeben war, daß er sich von ihm klaglos Frau Cosima ausspannen ließ. Die Absurdität menschlicher Verhaltensweisen, der Widerspruch zwischen Sein und Schein, zwischen Gesagtem und Gemeintem faszinierten den künstlerisch begabten, mit preußischen Tugenden reich ausgestatteten Vicco von Bülow, der sich ab 1950 anschickte, das heute allbekannte Genie Loriot zu werden.

Horst Wendlandt, erfolgreichster Filmproduzent der BRD, sorgte dafür, daß der König des Cartoons und des Bildschirm-Sketches sein Reich endlich auch auf die Kinoleinwand ausdehnte. Was für Otto recht und gewiß nicht billig war, durfte für Loriot doppelt so teuer sein. Das Finalprodukt bescheinigt dem Produzenten die richtige, mittlerweile wohl goldene Nase. „Ödipussi" ist ein Heidenspaß für alle, die einen Nerv für abstrus-komische Situationen und geschliffene, auf die letztmögliche Verkürzung gebrachte Dialoge haben. Der Detailfacharbeiter Loriot erwies sich auch als ein Muster an kollegialer Fairneß, indem er den Nebenrollen und ihren Darstellern die gleiche Sorgfalt angedeihen ließ wie seinem eigenen Part und dem seiner unübertrefflichen Sekundantin Evelyn Hamann.

Nach anderthalbstündigem Pointen-Marathon, unterbrochen durch eine kurze Durststrecke in Norditalien, ließ der Endspurt allerdings ein bißchen zu wünschen übrig. Da erging es Loriot wie seiner Film-Tante Mechthild beim Scrabble: Ihr fehlte das verbindende e und ihm die rettende Schluß-Idee.

E.T. – Der Außerirdische
USA, PJ: 1981
RE: Steven Spielberg
DB: Melissa Mathison
KA: Allen Daviau

Mit erheblicher Verspätung, aber von allen, die kindlichen Gemüts sind, begeistert begrüßt, landete **E. T. – Der Außerirdische** nun auch auf unserem Territorium. Das krumpelige Marsmännchen mit der Elefantenhaut und dem ausfahrbaren Hals, 1981 von Hollywoods erfolgreichstem Märchenerzähler Steven Spielberg auf einer kalifor-

Science-fiction-Muse

nischen Waldlichtung ausgesetzt, verpaßt sein UFO und findet Asyl beim niedlichsten aller Erdlinge, dem zehnjährigen Elliott (Henry Thomas).

Beider ehrliches Erschrecken vor der jeweiligen Andersartigkeit des anderen weicht ehrlichem Interesse. Elliotts spontan erwachter Beschützerinstinkt heißt ihn, seinen kleinen Freund vor der unberechenbaren, allen Wundern mißtrauenden Erwachsenenwelt zu verbergen. Zwei einsame Herzen haben sich gefunden. Denn mag das galaktische Wesen auch über geheimnisvolle Zauberkräfte in seinen bei Bedarf rotglühenden Fingerspitzen verfügen, so teilt es doch die Empfindungen aller Menschenkinder: Es ist übermütig, furchtsam, neugierig und wird schließlich gar heimwehkrank. Dank überirdischer Intelligenz kann sich der von Elliott E. T. (Extra Terrestrial) genannte Gnom sogar akustisch verständlich machen. „Nach Hause", krächzt er wehmutsvoll und gibt zu verstehen, daß er umgehend nach einem interplanetaren Funktaxi telefonieren muß.

War die unheimliche Begegnung bis dato noch von der freundlichsten Art, so erleiden die beiden in Seelensymbiose verbundenen Dreikäsehochs alsbald den dritten Grad des Horrors. Die Erwachsenen, stets in bedrohlicher Weise aus der Froschperspektive fotografiert, haben Wind vom Gast aus dem All bekommen. Raumfahrt- und Gesundheitsbehörden belagern das Haus wie eine Terroristen-Festung, bemächtigen sich des hilflosen Forschungsobjekts und führen mit eiskalter wissenschaftlicher Präzision seinen klinischen Tod herbei.

In einem unbewachten Moment raunt Elliott seinem schon tiefgefrorenen Freund die menschlichste aller Beschwörungsformeln zu: „Ich liebe dich", und prompt nimmt dessen Herz den Betrieb wieder auf.

In wilder Flucht, verfolgt von den erwachsenen Monstern, bringen Elliott und alle anderen Kinder des Ortes den so wundersam Geretteten mit Hilfe ihrer fliegenden Fahrräder zum wartenden Raumtaxi. Der tränenreiche Abschied, der sich weltweit auch im Parkett fortsetzt, erstickt in einer ebenso lauten wie grauenhaft kitschigen Musik. „Es klingt", schrieb ein ausländischer Kritiker, „als sei Bernstein beim Dirigieren einer Feuerwehrkapelle größenwahnsinnig geworden."

Während der Nazizeit entstanden vier miserable Filme nach Vorlagen von Hans Fallada. Es ist anzunehmen, daß der gegen besseres Wissen und mit immer schlechter werdendem Gewissen in Deutschland verbliebene Schriftsteller nicht nur aus opportunistischen, sondern auch aus pekuniären Gründen mit der Filmfirma des Herrn Goebbels zusammenarbeitete. Günter Caspar, profundester Kenner Falladas und Herausgeber seines im Aufbau-Verlag erschienenen literarischen Gesamtwerkes, schrieb in einer Artikelserie: „Sollte seine Beziehung zum Film kein zweckdienliches Verhältnis gewesen sein, sondern eine wirkliche Liebe, so war sie in der Tat unglücklich. Für den Film konnte Fallada nichts bedeuten, weil die Zeitumstände es nicht zuließen, daß seine wichtigsten Bücher überhaupt und angemessen adaptiert wurden."

Um die angemessene und zudem gelungene Adaption seiner Romane „Wolf unter Wölfen", „Kleiner Mann – was nun?" und „Jeder stirbt für sich allein" machte sich in den sechziger Jahren das Fernsehen der DDR verdient. Die DEFA konnte sich für keines der meist autobiographisch gefärbten Bücher Falladas erwärmen. Dafür zielten nun Helga Schütz (Szenarium) und Roland Gräf (Regie) mit ihrem Film **Fallada – letztes Kapitel** auf den ganzen Mann. Allerdings nur in seiner letzten, dunkelsten Lebensetappe, die anfangs noch Phasen produktiver Arbeit und fröhlicher Familienharmonie kennt. Die aber werden schon bald von hysterischen Ausbrüchen, Tabletten- und Alkoholmißbrauch abgelöst. Der „kleine Frieden", den der angeblich Unpolitische mit den Faschisten geschlossen hat, erweist sich als Teufelskreis, dem er durch Flucht in langanhaltende Räusche und Depressionen entkommt. Wie aber soll man verstehen, daß einer so zerstörerisch mit sich und seinen liebsten Menschen umgeht, wenn man nichts von den in frühester Kindheit und Jugend verborgenen Ursachen der schweren Gemütskrankheit erfährt? Und wie soll man begreifen, daß ein derart labiler, amoralischer Mensch so Großes zu leisten vermochte?

Was Roland Gräf anstrebte, war „kein biographischer Film in dem Sinne, daß wir am Ende sagen wollten: Seht her, so war Fallada, so und nicht anders! Eher ein, wenn dieser Terminus erlaubt ist, biographisch-fiktiver Film."

Fallada – letztes Kapitel
DDR
RE: Roland Gräf
DB: Helga Schütz, Roland Gräf
KA: Roland Dressel

Frau Renate Holland-Moritz hat den Nagel auf den Kopf getroffen. Sie hat nur das gesagt, was der Konsument denkt, aber sich nicht getraut, öffentlich zu sagen.
M.H., Dresden

Die Entfernung zwischen dir und mir und ihr
DDR
RE: Michael Kann
DB: Stefan Kolditz
KA: Hans Heinrich

Ich bin mir nicht sicher, ob es redlich ist, Lebensstationen eines prominenten Zeitgenossen mit Fiktionen anzureichern. Zumal dann nicht, wenn noch Angehörige und Betroffene leben, die über genaueres Wissen verfügen. Der weniger kenntnisreiche Zuschauer hält die Geschichte, in der ja authentische oder nur leicht verschlüsselte Namen verwendet werden, schließlich doch für die verbürgte Wahrheit.

Aber ungeachtet solch subjektiver, vielleicht anfechtbarer Bedenken ist Roland Gräf ein beachtenswerter Film gelungen. Da gibt es Szenen von elementarer Bild- und Aussagekraft (Kamera: Roland Dressel). Etwa, wie Falladas Frau Anna (Jutta Wachowiak) und seine Geliebte, das Hausmädchen Anneliese (Ulrike Krumbiegel), beim Wäschelegen stumm, allein mit der Brachialgewalt ihres Mienenspiels einen vergeblichen Kampf um den Mann austragen. Die zwiespältige Rolle der denunziatorischen Sekretärin wird von Corinna Harfouch mit dem geheimnisvollen Flair der kühlen Blonden ausgestattet. Von morbider Diesseitigkeit ist Katrin Saß als Ursula Losch. Diesem verführerischen Hexlein und ihren verbündeten Teufeln Alkohol und Morphium vermag Fallada nicht mehr zu entrinnen, so selbstlos sich sein Freund und Förderer Johannes R. Becher auch um ihn bemüht.

Das überwältigende Ereignis des Films ist ein Mann, der längst zu den bedeutendsten Mimen unseres Landes zählt: Jörg Gudzuhn. Für seine Gestaltung der Titelrolle wurde er bereits von allen Kritikern mit allen ihnen zu Gebote stehenden Superlativen bedacht, denen ich mich vollinhaltlich anschließe., Ferner plädiere ich für die alsbaldige Verleihung eines erstklassigen Nationalpreises.

Ausgerechnet im fernöstlichen Stadtbezirk Marzahn, der eher von thüringischer und sächsischer Mentalität geprägt ist, lief ein im sogenannten Szene-Milieu der Prenzlauer Bergwelt spielender Berlin-Film an. Autor Stefan Kolditz und Regisseur Michael Kann versahen ihren jeweiligen Zweitling, im DEFA-Kauderwelsch „zweites Debüt" geheißen, mit dem keineswegs werbewirksamen Titel **Die Entfernung zwischen dir und mir und ihr**. Ich muß gestehen, daß die Entfernung zwischen mir und diesem zweifellos ambitioniert

130

und talentiert gefertigten Opus erheblich ist, doch das mag einem Generationskonflikt geschuldet sein. Ich liebe nun einmal das altmodische, emotionsgeladene Erzählkino, in dem eine Geschichte vorne beginnt und hinten endet, ohne mich zwischendurch mit verschiedenen Zeitebenen, Phantasmagorien und Verfremdungseffekten zu irritieren.

Die eigentliche Geschichte ist nichts anderes als die tausendste Variation einer Dreiecksvariante. Marga (Kirsten Block), Journalistin einer Wochenpostille, muß stellvertretend für einen Kollegen die Popsängerin Anne (Silvia Rieger) interviewen, verliebt sich in deren Freund (Jörg Simonides) und läßt ihn wieder laufen, als sie bemerkt, daß er noch mit allen Herzensfasern an der Ex-Braut hängt.

Hinter den scheinbaren Klischeefiguren dieser munteren Anfangdreißiger verbergen sich verletzbare Charaktere, die ihre Zweifel, Ängste und unverdauten Enttäuschungen mit modisch-sarkastischem Großstadtidiom zu kaschieren versuchen. Am weitesten fortgeschritten auf dem dornenvollen Weg der Selbstverwirklichung ist Anne. Doch so wenig glaubwürdig wie ihre proletarische Vergangenheit wirkt die beginnende Karriere als Pop-Star. Die verbalen Behauptungen, Anne sei „mit der Stimme unheimlich gut drauf" und personifiziere gar „Gottes Sühne für Janis Joplins frühen Tod" werden vom Geschrei Silvia Riegers auf nervtötende Weise ad absurdum geführt.

Obwohl Fernsehturm, Nicolai-Viertel und andere hauptstädtische Kleinodien des öfteren ins Bild geraten, hatte ich nicht den Eindruck, **Ich liebe dich – April! April!** sei ebenfalls ein moderner Berlin-Film. Das alberne Gerangel innerhalb einer Juristenfamilie, die keine ist, nimmt sich wie ein mißglückter Schwank aus dem vorigen Jahrhundert aus. Fehlbesetzte und fehlgeführte Schauspieler agieren ohne Spurenelemente von Charme, Diskretion oder Geschmack. Der völlig unglaubwürdige Part eines infantilen Professors für Familienrecht, der in seinen Vorlesungen ständig gegen die Ehe polemisiert, oblag dem bekannten polnischen Schauspieler und Marta-Mészaros-Favoriten Jan Nowicki. Regisseurin Iris Gusner be-

Wir sind – meine Frau und ich – Kinogänger und danken Ihrer Mitarbeiterin für die Filmkritiken. Summarisch, für Form und Inhalt der Kritiken. Diese Art der Qualitätskontrolle hat uns oft vor „unnötigen" Kinobesuchen bewahrt; eigene Kritikfähigkeit konnten wir uns trotz Ihrer Mitarbeiterin erhalten. Spätestens als wir einen Film vor Frau Holland-Moritz gesehen hatten, konnten wir feststellen, daß von Ihrer Kritikerin keine Bevormundung ausgeht.
B.U.M., Schneeberg

Ich liebe dich – April! April!
DDR
RE: Iris Gusner
DB: Jochen Kramer, Iris Gusner
KA: Peter Brand

gründete ihre Vorliebe für den Einsatz ausländischer Akteure damit, daß Film für sie ein internationales Medium sei. Mir würde schon genügen, wenn sie – wie einst mit ihrem schönen Film „Alle meine Mädchen" – endlich einmal wieder auf nationalem Parkett bestehen könnte.

Die Garage
UdSSR, PJ: 1979
RE: Eldar Rjasanow
DB: Emil Braginski, Eldar Rjasanow
KA: Wladimir Nachabzew

Renate Holland-Moritz bietet mit ihren Kritiken in einer immerhin satirischen Zeitung außer ihrem hochentwickelten Sprachgefühl stets auch Literatur vom Feinsten, was vielleicht nicht jedermanns Sache, aber wohl auch nicht für jedermann gemacht ist.
S.R., Leipzig

Spätestens seit der Tragikomödie „Bahnhof für zwei" haben Emil Braginski (Autor) und Eldar Rjasanow (Autor und Regisseur) auch bei uns eine beträchtliche Fan-Gemeinde. Diese sowie alle Freunde schonungsloser Satire und beißenden Witzes möchte ich ebenso dringend wie herzlich in **Die Garage** des sowjetischen Meister-Duos einladen. Auch wer schon der Alexander-Gelman-Fassung im Theater beiwohnte, sollte sich das 1977 produzierte Original nicht entgehen lassen, denn es entginge ihm eine filmische Kostbarkeit.
Schauplatz ist das Zoologische Museum eines Forschungsinstituts zum Schutz der Tiere, in dem die Mitglieder der Garagenbaugenossenschaft „Fauna" turnusgemäß tagen. Die Wogen gehen hoch, denn aus Gründen objektiver Notwendigkeit müssen fünf Anwartschaften auf die begehrten Blechlauben gestrichen werden. Einige der Baugenossen wähnen sich – aus Erfahrung klug – sicher im Schutz ihrer Privilegien. Vor allem die in naturalwirtschaftlicher Rechnungsführung bewanderte Markthallendirektorin. Eine bildhübsche Studentin und Professorentochter empfindet immerhin Skrupel, weil ihre Familie gleich zwei Garagen beansprucht. Die Flirtversuche eines Funktionärssprößlings kontert sie mit der ironischen Empfehlung: „Bleiben Sie für mich der Sohn von Milosserdow, das entspricht der Romantik unseres Lebens."
Natürlich hat der Vorstand die Angelegenheit längst nach bestem subjektiven Wissen und ohne unnütze Gewissensbefragung entschieden und erwartet nur noch das bereits protokollierte Abstimmungsergebnis. Doch da sind, dank der Beherztheit einer jungen, unauffälligen Frau, plötzlich und buchstäblich alle Auswege versperrt. Wohl oder übel muß sich die eingeschlossene Gesellschaft einer ungewohnten, teils schmerzhaften, teils äußerst komischen Übung in Sachen Demokratie unterziehen. Der einzig wirkliche Verlierer ist am Ende nur

jener dicke Schmarotzertyp, der allen Streit verschlafen hat. Diese undankbare stumme Rolle wird von Regisseur Rjasanow überzeugend verkörpert.

Die Kritik meines geschätzten Kollegen Günter Sobe („Berliner Zeitung" von 23.9.88) an dem Ulrich-Thein-Film **Mensch, mein Papa!** endete mit dem halben Fragesatz: „– und wer lacht …?" Ich zum Beispiel. Streckenweise habe ich mich gar wie Bolle auf dem Milchwagen amüsiert. Aber dafür bedarf es vielleicht eines speziellen Sensoriums für das spezifisch Berlinische. (Nicht zu verwechseln mit dem spezifisch Hauptstädtischen, das manchenorts allergieauslösend wirkt.)

Der Berliner liebt bekanntlich Musike, Molle und Korn sowie Hunde. Von allem hat der Film reichlich, von letzterem überreichlich. Und er hat den genauen Tonfall, den trockenen Witz, das radikal Unpathetische des Berliners. Auch seinen Hang zur Sentimentalität, die jeweils vor Erreichung der ästhetischen Schmerzgrenze durch Ruppigkeit katalysiert wird.

Mensch, mein Papa!
DDR
RE: Ulrich Thein
DB: Ulrich Thein
KA: Günter Haubold

Autor, Regisseur, Schauspieler und Komponist (neben dem exzellenten Thomas Natschinski) Ulrich Thein investierte in sein drittes DEFA-Geschäft („Dach überm Kopf", „Romanze mit Amelie") eine Fülle herrlicher Ideen. Die beste war zweifellos, den großen alten Komödianten Erwin Geschonneck und seine gleichrangige junge Kollegin Franziska Troegner als Vater und Tochter zu präsentieren. Erich und Ulrike Zarling leben in ständiger Sorge umeinander, denn beide haben einen Tick. Der des langjährigen Vorsitzenden eines Hundesportvereins ist die Angst, er könne durch Abwahl von seiner Funktion zu einem Hundeleben verurteilt sein. Da ihm das Rechtsmittel der Berufung nicht zu Gebote steht, versucht er es mit der krummen Tour. Ulrike, das resolute, junonisch gebaute leitende Zimmermädchen einer Interhotel-Etage, beharrt auf ihrem Kindertraum von einer zweiten Marika-Rökk-Karriere.

Daß beide schließlich erfolglos bleiben, widerspricht dem Charakter des Volksstückes, als welches Ulrich Thein seinen Film verstanden wissen will. Dabei hätte die Konstellation der Geschichte durchaus ein

NEWS – Bericht über eine Reise in eine
strahlende Zukunft
(Singapur-Connection)
BRD/England/Australien, PJ: 1986
RE: Rainer Erler
DB: Rainer Erler
KA: Wolfgang Grasshoff

genremäßiges Happy-End hergeben können. Die authentischer Gerichtsberichterstattung entlehnte Idee vom illegalen Verkauf Treptower Alleebäume ist ebenso originell wie die Emanzipation eines netten Trampels zum clownesken Bühnenprofi. Allein Franziska Troegners dreivierteljähriges schweißtreibendes Studium des Steptanzes wäre Grund genug gewesen, sie die Früchte ihres Fleißes auch filmisch ernten zu lassen.

Wenn auch der große Bogen dramaturgisch nicht bewältigt wurde, bleibt doch genügend Erfreuliches zu registrieren. Zum Beispiel die Wiederbegegnung mit dem brillanten Kabarettisten Werner Troegner (Franziskas echtem Papa), der eine urkomische Type spitznamens Hyazinthe abliefert. Bemerkenswert auch die lustspielerische Leichtfüßigkeit so schwergewichtiger Mimen wie Wolfgang Dehler, Erik S. Klein, Alfred Struwe und Wolfgang Winkler. Der Chansonsänger Jürgen Walter mit dem französisch angehauchten Schmuse-Timbre besteht sein Debüt auf der Leinwand mit einer sympathischen Tendenz zur Selbstparodie. Zum Besten aber zählt die Studie des hinterhausbewohnenden Künstlerpärchens (Michael Gerber und Fred Alexander). Die Komik erwächst endlich einmal nicht aus schmierig-spießiger Denunziation einer homosexuellen Beziehung, sondern aus dem Zusammenspiel höchst eigenwilliger Charaktere.

Ulrich Thein ergänzte seinen titelgebenden Stoßseufzer „Mensch, mein Papa …!" um den folgenden: „Ich hoffe, es ist ein freundlicher, warmherziger Film geworden." Das ist er. Nur leider kein rundum gelungener.

Der Münchner Schriftsteller, Regisseur und Produzent Rainer Erler ist nachweisbar ein politisch progressiver Mann. Inwieweit sein künstlerisches Talent bewiesen ist, vermag ich nicht zu beurteilen. Unsere Filmtheater hatten von ihm bisher nur „Fleisch" im Angebot. Erlers prophetische Warnung vor mordrünstigen Zulieferern menschlicher Organbanken geriet zu vordergründig-spektakulär, um wirklich ernstgenommen zu werden. Nicht anders verhält es sich mit seinem in Koproduktion (BRD, Großbritannien, Australien) hergestellten Film **NEWS – Bericht über eine Reise in eine strahlende Zukunft**

(Singapur-Connection). Die Story ist zwar wieder in Science-fiction-Manier aufbereitet, meint aber durchaus heute schon vorstellbare Kapitalverbrechen, begangen von einer internationalen Mafia, die mit angeblicher Atommüllentsorgung ein Milliardengeschäft betreibt. Wie das allerdings in Szene gesetzt ist, entbehrt nicht einer gewissen Lächerlichkeit.

Analog zum Gesamtwerk (122 Minuten) und seinem Titel ist auch die Exposition von beträchtlicher Überlänge. Gezeigt wird in peinigender Großaufnahme das verschlafene Wuschelköpfchen der Londoner Journalistin Susan, die mit unpassend gutturalem österreichischen Akzent in ein Telefon brüllt. Es fällt schwer, die darstellerisch hilflose Person als jene Birgit Doll zu identifizieren, die einst in „Geschichten aus dem Wiener Wald" so überzeugend debütierte.

Immerhin wissen wir nun, daß Susans seit Wochen verschollener Berufs- und Lebensgefährte David noch an vorderster journalistischer Front gegen die Nuklear-Mafiosi kämpft. Grund genug für die junge Frau, sich in Begleitung eines ehrgeizigen Fotoreporters und ihrer nervtötend possierlichen kleinen Tochter auf weltweite Recherche zu begeben. Diese führt, immer der Blutspur der verbrecherischen Atommüllmänner folgend, über Nashville, New York und Singapur bis zu den Antipoden in die australische Wüste.

Ausgerechnet hier will Susan, die unterdes das Kidnapping ihrer Tochter ebenso unangefochten verkraftet hat wie deren rätselvolle Wiederkehr, aufgeben. „Wo soll ich ihn noch suchen?" fragt sie mutlos. Da bewegt sich der Wüstensand, heraus krabbelt der durch alle Höllen gegangene, halbverdurstete David und krächzt lakonisch: „Da bist du ja endlich!"

Pu Yi war knapp drei Jahre alt, als ihn seine sterbende Großmutter zum Kaiser von China krönen ließ. Drei Jahre später, nach Ausrufung der bürgerlichen Republik 1911, stellte der Drachenthron in der Halle der Höchsten Harmonie nurmehr eine feudale Sitzgelegenheit für den Dreikäsehoch dar. Dennoch regierte und kujonierte er von diesem Schonplatz unzählige Wächter, Eunuchen und korrupte Hofschranzen, bis er 1924 aus der Verbotenen Stadt vertrieben wurde und sich im

Außerdem fände ich es gut, wenn man den Kino-Eule-Muffeln die Abonnements entziehen würde. Es gibt nämlich noch genügend Bedürftige, zum Beispiel mich. Renate Holland-Moritz hat doch nie einen Hehl daraus gemacht, ihre ganz persönliche Meinung zu äußern. Wer würde denn heute noch von Alfred Kerr sprechen, wenn dies nicht auch sein Prinzip gewesen wäre?
W.L., Berlin

Der letzte Kaiser
Italien/England/VR China
RE: Bernardo Bertolucci
DB: Bernardo Bertolucci, Marc Peploe
KA: Vittorio Storaro

Tientsiner Exil Playboy-Freuden hingab. Nach diesem Karriereknick stellte sich Pu Yi 1934 den in die Mandschurei eingefallenen japanischen Okkupanten als Marionettenkaiser zur Verfügung. 1945 beendete die Rote Armee das schmachvolle Gastspiel schlagartig und übergab ihren Gefangenen später in ein chinesisches Umerziehungslager. 1967 starb **Der letzte Kaiser** von China als hochgeachteter Gärtner der Pekinger Akademie der Wissenschaften und Mitglied der Forschungskommission für literarisches und historisches Material der Konsultativkonferenz des chinesischen Volkes.

Fasziniert von diesem einzigartigen Schicksal erschloß sich der italienische Regisseur Bernardo Bertolucci („Der letzte Tango von Paris", „1900") vor allem eine literarische Quelle: Pu Yis 1964 erschienene Autobiographie „Die erste Hälfte meines Lebens". Drei Jahre verwandte er auf die Arbeit an seinem knapp dreistündigen Film, der zu einer sinnenbetörenden Mixtur aus Peking-Oper und Hollywood-Melodram geriet. Die Dekoration mit neun Oscars (mehr erhielten nur „Ben Hur" und die „West Side Story") belegt sowohl den ästhetischen Wert des ausstattungsprächtigen Opus' als auch seinen internationalen Marktwert.

Obwohl Bertolucci in Peking großzügigste und zudem koproduktive Unterstützung erfuhr, waren die Chinesen der Meinung, er habe ihrem letzten Kaiser zuviel nachsichtige Milde und Sympathie entgegengebracht. Weniger persönlich gefärbten historischen Aussagen zufolge sei Pu Yi ein brutaler Folterer gewesen, der vor allem seine vier Gemahlinnen mörderisch gequält habe. Da aber fernöstliche Höflichkeit jede Einmischung in Bertoluccis Angelegenheiten verbot, reagierte die chinesische Kinematographie mit einem eigenen Film zum Thema. Er heißt „Die letzte Kaiserin" und kommt im nächsten Jahr in unsere Kinos.

1989

Während die australische Filmindustrie infolge unfreundlicher Steuerpolitik immer tiefer in die Krise rutscht, setzt **Crocodile Dundee** seinen vor zwei Jahren gestarteten Siegeszug um die Welt unbeirrt fort. Das „Krokodil zum Küssen" verschlang sieben Millionen Dollar Produktionskosten und spuckte bislang mehr als dreihundert Millionen Dollar Gewinn aus. Ein Ende des warmen Regens läßt sich so wenig absehen wie das möglicher Film-Fortsetzungen. „Crocodile II" jedenfalls, wenn auch nach ausländischen Kritikermeinungen nicht ganz so ulkig wie der Reptilienklamotte erster Teil, liegt schon wieder gut im internationalen Rennen.

Erfinder, Drehbuchautor und Titelheld des erfolgreichsten australischen Kinohits aller Zeiten ist Paul Hogan. Arbeiterjunge aus Sydney, Amateur-Boxer, gelernter Brückenbauer und seit 1977 berühmtester Straßenfeger des Kontinents. Wenn seine volkstümliche Personality-Show im Fernsehen läuft, sind die Straßen leer.

Zum Film hatte der autodidaktische Wunderknabe anfangs eine recht oberflächliche, oder, wie er selbst sagt, ignorante Beziehung. Er kannte nur zwei Regisseurnamen: Cecil B. DeMille und Alfred Hitchcock. Sein Geschmack sei immer ganz simpel gewesen und es auch geblieben. Nur eines habe er sofort begriffen: „Niemand wird aus einem schlechten Drehbuch einen guten Film machen können." Zu dieser so simplen wie richtigen Erkenntnis sind viele unserer diplomierten Filmemacher leider noch nicht gelangt.

Der dramaturgische Bau von „Crocodile Dundee" ist wirklich von ergreifender Schlichtheit. Die erste Hälfte der Handlung begibt sich im australischen Dschungel, woselbst eine New Yorker Schickimicki-Journalistin den legendenumwobenen Krokodilbezwinger zu Reportagezwecken aufstöbert. Die zweite Hälfte ist den Abenteuern gewidmet, die der naiv-menschenfreundliche Buschmann im Dschungel amerikanischer Zivilisation erlebt. Doch gerade diese einfache Struktur läßt Raum für zahllose, herrlich gagreiche Situationen, an denen fünf Dresseure für Büffel, Hunde, Schlangen und Känguruhs nicht ganz unbeteiligt sind. Das einzige in Großaufnahme gezeigte Krokodil allerdings, das dem Mr. Dundee die appetitliche Journalistin vor der Nase wegschnappen möchte, ist deutlich aus Pappmaché.

Natürlich partizipiert dieses erstaunlich professionell und witzig inszenierte Filmdebüt des Fernsehregisseurs Peter Faiman vom wetterfesten Charme Paul Hogans und der sympathisch-intelligenten Ausstrahlung seiner mittlerweile auch Lebens-Partnerin Linda Kozlowski. Die darstellerische Präsenz der beiden und eine Schlußpointe von

Crocodile Dundee – Ein Krokodil zum Küssen
Australien, PJ: 1986
RE: Peter Faiman
DB: Paul Hogan, Ken Shadie, John Cornell
KA: Russell Boyd

Diesmal haben Sie den Bogen der Unverschämtheit überspannt, und ich hätte Lust, Ihnen öffentlich eins in die Fresse zu hauen. Wären Sie ein Kerl, es wäre längst passiert. Ihre Kolumne gibt Ihnen ja das Recht, ohne Sachkenntnis über Filme herzuziehen, und der Leser zollt Ihnen noch Beifall für den volkstümlichen Jargon, gemischt aus Halbwahrheiten und schnöder Bäckersfrauen-Weisheit.
Th.K., Berlin

Der Bruch
DDR
RE: Frank Beyer
DB: Wolfgang Kohlhaase
KA: Peter Ziesche

Den gelungenen Filmen mangelt es häufig an einer in ihrer Bedeutung über die DDR hinausreichenden Thematik, so daß die DEFA ihren „großen" Film (wie zum Beispiel „1900" – Bertolucci – oder „Das gelobte Land" – Wajda) noch nicht gedreht hat. Und das kann einen schon – und wird hoffentlich auch weiterhin Renate Holland-Moritz – auf die Palme bringen.
Wer das Filmemachen als Experimentierhandwerk betreibt, ohne auf Publikumswirksamkeit zu achten, braucht sich nicht zu wundern, wenn er Mißerfolge erzielt. Der Erzeuger schlechter Produkte sollte sein Handwerk an den Nagel hängen, nicht der Kritiker derselben.
D.B., Dresden

erlesen-rührender Komik lassen gelegentlich aufkommenden Unmut über einen gewissen Männlichkeitswahn schnell wieder vergessen.

In den Nachkriegsjahren, als Berlin noch ein Trümmerfeld war und wenig Freuden bot, verbrachte ich unzählige Stunden im „Franziskaner"-Tageskino am Bahnhof Friedrichstraße. Alle paar Minuten ratterte eine S-Bahn mit Getöse über das Etablissement und verurteilte die Leinwandhelden vorübergehend zur Pantomime. Wenn ich glaubte, Sätze von historischer oder wenigstens dem Verständnis des Films dienender Wichtigkeit verpaßt zu haben, blieb ich einfach sitzen und wartet die nonstop folgende Wiederholung ab. Immer in der Hoffnung, die S-Bahn möge diesmal durch eine andere Szene donnern.
Obwohl das „Franziskaner" seit langem nicht mehr existiert, kann man es jetzt im Kino wieder besichtigen. Allerdings ohne Hoffnung auf oben genannte Chance. Jedesmal, wenn die Kameras der Wochenschau von der amerikanischen Militärparade auf den sowjetischen Soldatenchor schwenken, erstickt der S-Bahn-Lärm die „Kalinka" im Halse des Tenors. Danach hat man wieder seinen hellen Spaß an einem grotesk wirkenden Tanzturnier, das nach Meinung des Kommentators vom ungebrochenen Schönheits- und Lebenswillen der Berliner zeugt
Kein „Augenzeuge" hat sich je solch witziger Texte schuldig gemacht. Die stammen aus der Feder eines Mannes, der mit dem Wort umzugehen weiß, aus dem die guten Filme sind: Wolfgang Kohlhaase. Seine zweite Zusammenarbeit mit Regisseur Frank Beyer (1983 „Der Aufenthalt") förderte die herrliche Kriminalkomödie **Der Bruch** zutage. In den Anfangssequenzen fiebert die junge Frisöse Tina im „Franziskaner"-Parkett dem Bericht vom ersten Berliner Schaufrisieren entgegen. Voll Stolz kann sie ihren Freunden, den Maurerlehrlingen Julian und Bubi versichern, daß jene in Großaufnahme gezeigte, eine Brennschere umklammernde Hand die ihre ist. Um eben diese möchten die beiden Halbwüchsigen liebend gern anhalten, doch Tinas Gunst gehört dem gutsituierten, selbstverständlich verheirateten reiferen Herrn Walter Graf, Fachmann in Liebes- und

Schwarzmarktangelegenheiten. Mit ihm tanzt sie in „Kaisers Ballhaus" die Tangos, die sie mit Julian und Bubi bei Grammophonklängen auf einem Trümmergrundstück geübt hat.

Herzens- und Treubruch samt üblichen Folgeerscheinungen gehören zwar zu den dramaturgischen Grundpfeilern dieses Films, im Mittelpunkt aber steht ein raffinierter Bankeinbruch. Wolfgang Kohlhaase benutzte Motive eines authentischen Falles von 1951 und ließ den mit anderthalb Millionen Mark Fahrgeldern bestückten Reichsbahnhauptkassentresor von Groß-Berlin schon im Jahre 1946 knacken. Geplant und ausgeführt wurde der Bruch nunmehr von einem erlesenen Gaunertrio namens Lubowitz, Markward und Graf.

Für diese gleichberechtigten Hauptrollen fand Frank Beyer eine Traumbesetzung. Den wegen krimineller Handlangerarbeiten mehrfach vorbestraften Lubowitz spielt der Star der Westberliner Schaubühne Otto Sander, für seine Filmrollen rechtens geehrt mit dem Ernst-Lubitsch-Preis und dem Charlie-Chaplin-Schuh. Lubowitz hat den Plan zum Tresoreinbruch von einem gefallenen Kriegskameraden geerbt und sucht Verbündete für die Ausführung. Mühelos gewinnt er den zwielichtigen Dandy Walter Graf, den der vielseitige TV-Star Götz George mit korruptem Charme und ohne jede Schimanski-Attitüde ausstattet. Zum Kopf des Unternehmens avanciert nach längerem Widerstreben Markward, einst Geldschrankknacker-Profi mit reicher Knasterfahrung, jetzt Inhaber der Lebensmittelkarte II für staatlich anerkannte „künstlerische Tätigkeit" als atheistischer Grabredner. In dieser tragikomischen Paraderolle brilliert unser Dresdner Weltklassemann Rolf Hoppe. Der kleine Gauner Pinske befindet sich mit dem Triumvirat nur in losem Bunde. Sein baumlanger Darsteller Reiner Heise nutzt die Gelegenheit, sich als Komiker großen Formats zu profilieren. Franziska Troegner macht aus der winzigen Rolle der Frau Markward ein Kabinettstück.

Die Gegenspieler auf der Seite des Gesetzes verfügen zwar über weniger Professionalität als ihre „Kunden", werden aber dank ihrer ebenso integren wie originellen Persönlichkeit zu echten Sympathieträgern. Für den kommunistischen Kommissar Lotz gab es nur eine Universität: das Nazi-Zuchthaus. Sein sozialdemokratischer Kollege

Für Ihre seit Jahrzehnten genau ins Schwarze treffenden Filmkritiken, sehr geehrte Frau Holland-Moritz, bringe ich meine größte Bewunderung und Dankbarkeit zum Ausdruck. Aber: Ein „Franziskaner"-Tageskino hat es im Bahnhof Friedrichstraße niemals gegeben. „Zum Franziskaner" hieß eine Speisegaststätte im Bahnhof östlich der Friedrichstraße. Darüber oder daneben befand sich das „Stern"-Tageskino, über das Sie schreiben. Dieses Kino besaß außer dem periodischen und störenden S-Bahn-Rattern eine weitere Besonderheit, die wohl einmalig war. Findige Köpfe hatten die längs an der gewölbten Decke angebrachten Leuchtstofflampen an die automatische Saallichtanlage angeschlossen. Beim langsamen Erniedrigen der elektrischen Spannung verloschen die Lampen beim Erreichen einer bestimmten Unterspannung plötzlich, nachdem sie ein wenig dunkler geworden waren, so daß der nur mit Glühlampen erreichbare Effekt nicht eintrat.
Dr. K.B., Berlin

Kollmorgen mußte die in der Weimarer Zeit begonnene Ausbildung 1933 zwangsweise unterbrechen. Zwischen beiden dominieren skeptische Solidarität und ironische Besserwisserei. Was der eine an Erfahrung hat, kontert der andere durch gesunden Menschenverstand und sicheren Instinkt.

Die Darsteller Gerhard Hähndel (Lotz), Filmdebütant vom Karl-Marx-Städter Theater, und Hermann Beyer (Kollmorgen), erstmals in einem Film seines älteren Bruders beschäftigt, agieren gleichrangig erstklassig. Ihre Dialoge sind nicht einfach Gespräche, sondern eine Abfolge exquisiter Kohlhaase-Bonmots. Kollmorgen: „Wie verhält sich der Marxismus eigentlich zum deutschen Weihnachtslied?" Lotz: „Abwartend." Zitierenswert auch Kollmorgens Sentenzen zur deutschen Täterpsychologie: „Weihnachten ruht der deutsche Täter aus." – „In Einzelfälllen handelt der deutsche Täter unlogisch." – „Der deutsche Täter hat in der Regel Pietät."

Alle Fabelstränge sind aufs glücklichste miteinander verzahnt (Dramaturgie: Dr. Dieter Wolf). In ihrem vergeblichen Werben um Tina (großartig: Ulrike Krumbiegel), geraten Julian und Bubi (Volker Ranisch und Thomas Rudnick, begabte Schauspielschüler mit einprägsamen Gesichtern) jeweils in eine der rivalisierenden Gruppen. Der ahnungslose Bubi hilft den Gaunern das entscheidende Loch zu stemmen, und Julian wird nach zweimaliger leichter Kollision mit dem Gesetz Polizeianwärter. (Lotz: „Willst du nicht bei uns anfangen? Ich meine, weil du sowieso dauernd hier bist.")

Daß sich Schnittmeisterin Rita Hiller von keinem Meter des überlangen Films trennen wollte, verstehe ich gut. Hier stimmt einfach alles: das von Dieter Adam gebaute oder gefundene Szenenbild, die zeitgenauen Kostüme von Christiane Dorst, unter besonderer Berücksichtigung der Hutkollektion Frau Grafs (Angelika Waller), und die ausgezeichnete Kameraführung von Peter Ziesche. Günther Fischers hitverdächtiger „Tango für Paul" (Text: Kohlhaase) zieht sich leitmotivisch durch die Handlung und gibt Jürgen Walter die Chance, sein enormes Talent für die Travestie zu beweisen. Darüber hinaus vermag er, dank der fürsorglichen Hand des Inszenierungskünstlers Frank Beyer, neben den großen Stars auch schauspielerisch zu bestehen und den von

Witz (nicht Scherz!), Satire, Ironie und tieferer Bedeutung strotzenden Film um eine nicht unerhebliche Nuance zu bereichern.

Ein Zug der Deutschen Reichsbahn fährt ratternd, tuckernd, holpernd durch triste Landschaft, die hier und da von schmutzig-weißen Schneeflecken sparsam aufgehellt wird. Vielleicht wählte Kameramann Thomas Plenert, foto-grafisches Juwel unseres Dokumentarfilmstudios, dieses Sujet ganz bewußt, um seinen Titelvorschlag **Winter ade** wenigstens einmal optisch zu motivieren. Im übrigen geht es um Frauen. Frauen unterwegs, in Fahrt, aus dem Gleis geraten, auf Anschluß wartend, eine schon an der Endstation. Zu dieser langen Reise von Zwickau nach Rügen lädt uns Regisseurin Helke Misselwitz ein. Vor vierzig Jahren wurde sie in einem Krankenwagen geboren, weil die Planitzer Bahnschranke gerade den Verkehr aufhielt. Der junge Reichsbahner, der das verantwortungsvolle Amt des Schrankenwärters (auch heute noch manuell) beidhändig ausübt, gewährt dem Filmteam eine kulturelle Zugabe. Er zieht das Hemd aus und präsentiert sich – Brust, Rücken und Arme über und über mit Tätowierungen bedeckt – als lebendes Gesamtkunstwerk.

Doch das ist nur eine von vielen, zu vielen feuilletonistischen Einlagen. Interessanter sind die Frauen, die in schwesterlich-vertrauensvollem Gespräch mit der Regisseurin ihr Inneres bloßlegen. Von Erfolgen und Glücksmomenten ist genauso die Rede wie von Niederlagen, Enttäuschungen und bitterem Schmerz.

Hillu, die selbstbewußte Berliner Werbeökonomin, hat sich und ihren kleinen Sohn nach neunjähriger „blöder Ehe" per Annonce eine zweite Rumpf-Familie gesucht. Vater mit Kind war Bedingung. Es wurde die ganz große Liebe. Eines Tages entschloß man sich zu einem dritten, dem gemeinsamen Kind. Dieses unsentimentale Gesagt-Getan hört sich bei Hillu so an: „Pille abgesetzt, bums – war't soweit!"

Hillu arbeitet gut und gern, besonders mit Frauen. Das hat was mit Solidarität und Bündnis zu tun. Als sie das „Banner der Arbeit" erhielt, war sie stolz und ist es spürbar noch heute. Aber auch ärgerlich, weil gemeinsam mit ihr nur wenige Frauen so hoch geehrt wurden. Nichts von all dem kommt ihr verbissen über die Lippen. Der Bericht von der

Winter ade
DDR
RE: Helke Misselwitz
DB: Helke Misselwitz
KA: Thomas Plenert

Ehrfurcht vor RHM hatte ich nie, einen Ruf-Mord ihrerseits kenne ich nicht. Eher ist sie mir durch sachliche, emotionale Kritiken bekannt. Von „vernichtender Kritik" (falls es so etwas überhaupt gibt) ist mir nichts erinnerlich.
H.-P.M., Wurzen

141

Auszeichnungszeremonie gerät ihr fast zu einer freundlichen Kabarettnummer.

Dann der Auftritt Lieselotte Schallers, ehemals Turniertänzerin, Dame der alten Schule, in Altenburg Leiterin der ältesten deutschen Tanzschule. Sie plädiert für Grandezza und Weiblichkeit. „Kommt den Männern zart entgegen", empfiehlt sie den linkischen, steifbeinigen Teenagern, und die nicht minder verklemmten Jünglinge geben ihrerseits prompt ihr Bestes.

In Meuselwitz besuchen wir mit Frau Misselwitz die Brikettfabrik, wo Christine (37) dreischichtig jede Stunde mit einem riesigen Holzhammer gegen alle Rohre klopft, damit sich der Staub löst und nach oben abzieht. Sie hat eine schwere Kindheit gehabt. Nach der Schule gab's nur Arbeit, im Haus, im Garten, mit dem Viehzeug. Der Bruder durfte spielen, sie hatte nicht mal genug Zeit zum Lernen. Deshalb stammt das Abschlußzeugnis aus der zweimal besuchten 7. Klasse.

Die zu früh geschlossene Ehe ging schief. Jetzt lebt Christine allein mit ihren zwei Kindern. Der Sohn ist liebevoll um sie besorgt, eine echte Stütze. Sie versucht, tapfer zu sein, aber die wüsten, unartikulierten Beschimpfungen aus dem Nebenzimmer lassen ihr Gesicht versteinern. Die achtzehnjährige Tochter hat einen Hirnschaden und läßt ihre krankheitsbedingten Aggressionen an der Mutter aus. Christine klagt über das Verhalten ihrer Umwelt. Zu allem Kummer noch Herzlosigkeit und Roheit derer, die geistige Behinderung für einen Makel halten. Ob sie für sich persönlich noch einen Wunsch hat? Sie muß lange nachdenken. Schließlich, zögernd: Ja, noch einmal einen Partner! Mit Verständnis für sie und Liebe zu Tieren. Aber in ihren Augen ist die hoffnungslose Trauer der Gelsomina.

Anja und Kerstin, die sechzehnjährigen Punkmädchen aus Berlin, haben keinen Bock auf Elternhaus und Schule. Später wollen sie mal was lernen, Anja Fotokopierer und Kerstin „so wat wie Schneider". Aber jetzt treiben sie sich herum, in Diskos, unter Eisenbahnbrücken und in Abbruchhäusern. Dort sprayen sie mit ihrer Haarkosmetik Sprüche an die Wand, die sie für ungeheuer cool halten. Zum Beispiel: „Täglich erhöht sich die Zahl derer, die mich am Arsch lecken können. Ab heute können Sie sich dazu zählen." Wohin sie nun wollen, will die

Regisseurin wissen. „Nach Hawaii", antworten die Paradiesvögel und hopsen von Schwelle zu Schwelle über die Gleise. Im nächsten Bild sieht man eine der beiden sauber gekleidet und ordentlich gekämmt in Begleitung ihrer Eltern im Zug. Doch nicht nach Hawaii geht die Reise, sondern in den Jugendwerkhof. Das Spiel ist aus, nun muß sie erwachsen werden. „Ich schreib dir", verspricht Helke Misselwitz. „Wirklich?" sagt Anja, als stünde ein unverdientes Geschenk in Aussicht.

Im Mecklenburgischen feiern Margarethe und Herrmann, beide Mitte achtzig, Diamantene Hochzeit. Seit sechzig Jahren sind sie verheiratet, haben Kinder und Enkel, Urenkel. Alle sind stolz darauf, daß es im Familienclan nie eine Scheidung gegeben hat. Die Regisseurin zieht sich mit der Jubilarin für ein paar Minuten aus dem Trubel zurück. Man sieht sich Fotos an und Margarethe schwärmt von der schönsten Zeit ihres Lebens. Da war sie Hausmädchen im Schloß. Sie hat ihre „Herrschaft" geliebt. Den Herrmann? Den hat sie nur genommen, weil sie mußte, ein Kind war unterwegs. Er ist fremdgegangen, immer wieder, sie hat es ihm nie verziehen. Flüsternd vertraut die alte Frau der jungen Freundin an: „Ich hätt'n bessern Mann heiraten sollen. Ich hätt' ooch einen gehabt. Ich darf da gar nicht an denken."

Es ist erstaunlich und aufregend zugleich, was sich in zwei Stunden an menschlichem Verhalten und Fehlverhalten, an Freude und Leid, an verschuldeten und unverschuldeten Schicksalen offenbart. Man könnte meinen, es handle sich da um eine über die Maßen gelungene Dokumentation.

Doch das ist leider nicht der Fall. Das Fehlen eines klugen dramaturgischen Prinzips hat zur Folge, daß sich neben dem Außerordentlichen viel Belangloses, Banales, manchmal nur Lückenfüllendes breitmacht. Dabei wäre nicht mehr vonnöten gewesen, als „Winter ade" um eine halbe Stunde zu kürzen. Dann wäre der Film noch immer abendfüllend und vielleicht ein Meisterwerk geworden.

Otto und kein Ende! Nachdem der erste Film des „ostfriesischen Götterboten" alle Kassenrekorde in allen deutschsprachigen Ländern

Babelsberg hat das bestbestückte Archiv des deutschen Films seit der Stummfilmzeit. Die Filmproduzenten der DEFA dürften sich, gewiß nicht zum Nachteil des zukünftigen Filmgutes, dort ab und zu inspirieren lassen. Wurden in den letzten Jahren überhaupt DEFA-Filme gegeben, deren Spieldauer wegen des „großen Erfolges beim Publikum" um eine weitere Woche verlängert werden mußten? Wenn es keine Filmimporte gäbe, könnten die Kinos eingespart werden! Aber wohin mit den Liebespärchen in der kalten Jahreszeit?
H.A., Karl-Marx-Stadt

Otto – Der NEUE Film
BRD, PJ: 1987
RE: Xaver Schwarzenberger, Otto Waalkes
DB: Bernd Eilert, Robert Gernhardt, Peter Knorr, Otto Waalkes
KA: Xaver Schwarzenberger

gebrochen hat, beschlossen die koproduzierenden Herren Wendtland, Berlin (West), und Waalkes, Hamburg, ihren Otto-Katalog um einen weiteren Verkaufsschlager zu bereichern. **Otto – der NEUE Film** ist keineswegs ein schwacher Aufguß seines Vorgängers, sondern ein starkes abendfüllendes Stück für Freunde des intelligenten Nonsens und der gepflegten Klamotte. Am Fabelgerüst sollte man allerdings nicht rühren, denn es hat etwa die Stabilität eines Kartenhauses. Aber das macht fast gar nichts. Die Feuerwerkschau ottifantöser Sketches, Tanz- und Gesangseinlagen erzielt ihren Effekt auch ohne dramaturgisches Stützkorsett.

Niemand kann sich der Komik einer Szene entziehen, in der Otto als Fluglotse Start und Landung ostfriesischer Möwenschwärme reguliert.

Die choreographisch durchgefeilte Eiskunstlaufnummer, von Kameramann (und Ko-Regisseur) Xaver Schwarzenberger so brillant fotografiert, daß man das professionelle Double nicht vom Otto-Original zu unterscheiden vermag, ist von allerbesten Slapstick-Eltern. Umwerfend auch die Szene mit dem strafmandatschwingenden Verkehrspolizisten, den Otto schließlich erfolgreich zur Kasse bittet, weil jener das „Gesetz zum Schutz rasender Professoren" verletzt habe. Und nicht zu vergessen die herrlichen Liederparodien, mit denen Otto unter anderen den blasierten „Modern Talking"-Typen den Marsch bläst und dazu röhrt: „Du bist das Feuer, ich bin das Zeug, du bist der Husten, ich bin der Keuch."

Otto bekennt sich dazu, ein Volkskomiker für alle Schichten und Altersklassen, nicht aber ein Satiriker zu sein. Doch er ist auch ein politischer Mensch, der mit seinen Aversionen durchaus nicht hinterm Berg hält. Hohlköpfigen Muskel-Monstern à la „Rambo"-Stallone oder Arnold Schwarzenegger gilt sein beißender Spott ebenso wie einer Nazi-Blockwart-Type namens Rettich (ausgezeichnet: Dirk Dautzenberg), deren großdeutsch-nationale Befehle Otto mit einem zackigen „Jawoll, mein Hausmeister!" beantwortet.

Fazit: Da der zweite Otto-Film noch ottospezifischer und damit besser und geschlossener ist als der erste, erwarte ich frohen Mutes das Unvermeidliche, nämlich den dritten Otto-Film. Sollte der dann sogar

ohne makabre Kalauer auskommen, würde ich glatt in Ottos selbstgefertigte Otto-Hymne einstimmen: „The only and only, Otto the lonely.“

Am Beginn jeden Jahres versammeln sich Filmschaffende und Kritiker in der besonders kinofreundlichen Bezirksmetropole Dresden, um neueste DEFA-Produktionen lange vor ihrer offiziellen Premiere zu besichtigen. Anschließend Eiertanz. Die Schöpfer erklären, was sie gewollt oder gemeint haben, die Kritiker wollen, was sie meinen, lieber zu Papier und dann gleich an die Öffentlichkeit bringen. Manchmal allerdings fegten auch Stürme der Entrüstung durch den Saal, und gelegentlich schlugen sogar Wogen der Begeisterung hoch. Im vergangenen Januar herrschte lähmende Windstille vor. Nur einer blieb von der klimatischen Unbill verschont: Michael Gwisdek. Sein Regie-Erstling **Treffen in Travers** avancierte beim Treffen in Dresden zum künstlerischen Überraschungssieger. Der siebenundvierzigjährige Jungregisseur, der schon auf eine zweiundzwanzigjährige Schauspielerkarriere zurückblicken kann, genoß sichtlich die von Lob und Anerkennung erfüllte Atmosphäre. „Ein glücklicher Künstler – welch selten gewordener Anblick“, konstatierte meine Rundfunk-Kollegin Margit Voss.

Michael Gwisdek gab auf gegenseitig interessierende Fragen interessante, kluge, selbstbewußte Antworten. Filmregie war sein Wunschtraum, seit er sich als Sechzehnjähriger seine erste Schmalfilmkamera vom Munde abgespart hatte. Später nutzte er zahlreiche Film- und Fernsehrollen, um am Drehort zu studieren, was ein Regisseur tun oder besser unterlassen sollte. Als er sich hinreichend gerüstet fühlte, sprach er bei der DEFA-Studioleitung vor. Man bot ihm ein dickleibiges (von Thomas Knauf geschriebenes) Szenarium über den Literaten, Naturwissenschaftler und unbeugsamen Mitstreiter der Französischen Revolution Georg Forster (1754-1794) an, das schon etliche DEFA-Regisseure mit spitzen Fingern zurückgegeben hatten. Wer, um Himmels willen, wollte einen biografischen Film über eine vergleichsweise unbekannte historische Persönlichkeit?

Michael Gwisdek jedenfalls auch nicht. Doch er begriff schnell, wel-

Treffen in Travers
DDR
RE: Michael Gwisdek
DB: Michael Gwisdek, Thomas Knauf
KA: Claus Neumann

Jahrelang habe ich der DEFA in Freundschaft die Treue gehalten. Freundschaft aber heißt geben und nehmen! Lange wird diese einseitige Beziehung nicht mehr halten. Zitat eines Regiestudenten: „Für manche Leute ist jeder nicht gedrehte Film eine Freude." Gute Nacht, Babelsberg!
M.K., Berlin

che Aktualität in der Problematik eines Mannes steckt, der beruflich-politisches Engagement und privates Glück nicht in Einklang zu bringen vermag. Da durch Forsters vernachlässigte Gattin Therese und seinen Freund und Rivalen Ferdinand Huber die klassische Dreieckskonstellation gegeben war, hatte Gwisdek den geeigneten Stoff gefunden. Die Darsteller für das Kammerspieltrio mußte er nicht lange suchen. Er entschied sich für seine Frau Corinna Harfouch und die ihm befreundeten Kollegen Hermann Beyer (Forster) und Uwe Kockisch (Huber).

Ort der Begegnung und leidenschaftlichen Auseinandersetzung wird das idyllische Schweizer Grenzstädtchen Travers. Von preußischen Häschern verfolgt und bespitzelt, nimmt Forster in Erwartung seiner Frau und ihres Liebhabers Quartier in einem Dorfgasthof, woselbst die Scheidungsmodalitäten ausgehandelt werden sollen. Auf der Leinwand begibt sich, was Film zuvörderst ausmachen sollte: eine für jedermann nachvollziehbare dramatische Geschichte, große Schauspielkunst und eindrucksvolle Bildgestaltung. Befragt, wie er gemeinsam mit Kameramann Claus Neumann das optische Drehbuch erarbeitet habe, antwortete Michael Gwisdek, dergleichen sei nicht geschehen. Er habe sich lieber auf das konzentriert, wovon er etwas verstehe: die Schauspieler. Wann immer es ihm gelungen sei, sie – manchmal sogar mit rabiaten Mitteln – für eine Szene zu motivieren, habe er dem Kameramann das Zeichen zum „Draufhalten" gegeben. Das Ergebnis zeugt auch von der souveränen Meisterschaft Claus Neumanns.

Ich habe mir „Treffen in Travers" nach der Dresdner Voraufführung noch einmal in einer gewöhnlichen, ungewöhnlich gut besuchten Nachmittagsvorstellung im Berliner „International" angesehen. Und wieder erging es mir wie beim ersten Mal: Ich bemerkte alle Schönheiten des Films, registrierte den Doppelsinn mancher Dialogpassage, bewunderte die Gediegenheit der Inszenierung und befand mich doch ausschließlich in der Rolle des kühlen Beobachters. Beim Verlassen des Kinos kam ich per Zufall mit einem echten Filmfan ins Gespräch. Der junge Mann, hauptberuflich Fensterputzer beim VEB Glas- und Gebäudereinigung, teilte alle meine positiven Eindrücke. „Aber insjesamt", resümierte er zögernd, „hat mich der Film leider nich in Bann jeschlagen." Dem kann ich leider nichts hinzufügen.

Die musikalische Empfehlung „Schlag nach bei Shakespeare" wurde von Angehörigen der literarischen Bearbeiterklasse oft und gern befolgt. Szenaristin Christa Kozik verdankt den Nachschlagwerken des Giganten aus Stratford-upon-Avon gar eine ihrer schönsten Filmideen.

Robert (15) und Karoline (14) werden im Ferienlager mit den Rollen des klassischen Liebespaares Romeo und Julia betraut, entbrennen in heißer Liebe zueinander, stoßen allenthalben auf Unverständnis und Prüderie und empfinden sich deshalb auch im persönlichen Leben als die Wiedergeburt ihrer veronesischen Altersgenossen. Herrmann Zschoche, über lange Jahre einer unserer beständigsten Regisseure, setzte diese bittersüße, natürlich nicht tragisch endende Geschichte 1978 in Szene. Seither zählt „Sieben Sommersprossen" zu den absoluten Publikumsrennern der DEFA.

Erfolg macht mutig. Doch auch vor seine Wiederholung haben die Götter den Schweiß gesetzt. Da Christa Kozik und Herrmann Zschoche in ihre **Grüne Hochzeit** nicht mehr als den platten Gedanken investierten, daß Ehe nicht unbedingt die Fortsetzung großer Liebe, sondern entschieden schwieriger ist, geriet die neue Variante auf das „Romeo und Julia"-Thema zu einer schwachen Kür. Zweiter Aufguß eben.

Die beiden heißen diesmal Robert (18) und Susanne (17). Er ist Bootsbauer mit Meisterperspektive, sie Bäckerlehrling. Die Berufe sind austauschbar, weil ohne jeden Belang für die beiden. Ihr einziges Sinnen und Trachten gilt einer gemeinsamen Bettstatt, und stünde sie auch nur kurzfristig zur Verfügung. Susanne wird schwanger und besteht darauf, heiraten zu „müssen". Eine – zumindest für junge Leute – befremdliche Formulierung. Sie erklärt sich aus der für Susannes Mutter offenbar deprimierenden Tatsache, ihren Töchtern den Status einer ehelichen Geburt schuldig geblieben zu sein.

Nach der Spießerhochzeit – Roberts Vater entbietet einen nagelneuen Trabi, Susannes stets alkoholisierte Mutter ein frivoles Liedchen –

Grüne Hochzeit
DDR
RE: Herrmann Zschoche
DB: Christa Kozik
KA: Günter Jaeuthe

Viel los ist ja bei diesem Kino-Sommer nicht. Hoffentlich bescheren uns die Einkäufer 1990 bessere Filme. Schade, daß Sergio Leone tot ist. Finden Sie nicht auch? Hoffentlich leben Sie noch 'ne Weile, liebe Renate.
M.K., Berlin

Die unendliche Geschichte
USA, PJ: 1983
RE: Wolfgang Petersen
DB: Wolfgang Petersen, Herman Weigel
KA: Jost Vacano

erleben wir die peinigend naturalistisch abgelichtete Entbindung. Wieso eigentlich hat sich Susanne nicht „getraut", ihren Mann auf die Geburt von Zwillingen vorzubereiten? Für derart anachronistische Schuldgefühle gibt es so wenig eine logische Erklärung wie für die dauerhafte Abwesenheit sämtlicher Großelternteile. Ganz unverzeihlich und unverständlich ist die eiskalte Stiefmütterlichkeit, zu der Autorin und Regisseur ihre Heldin verurteilt haben. Die Babys werden von ihr nicht etwa liebevoll gefüttert, sondern brutal mit Brei abgefüllt und danach ohne die kleinste Chance zu einem verdauungsfördernden Bäuerchen ins Bett verfrachtet. Das jämmerliche Geschrei der hilflosen Geschöpfe macht den Horror perfekt.

Der weitere Handlungsablauf ist weitgehend klischeehaft, oft geschmacklos und somit eher ärgerlich. Bliebe da nicht das Phänomen, daß der Film von ein paar hundert Jugendlichen während des Pfingsttreffens geradezu euphorisch gefeiert wurde. Gewiß trugen die nachvollziehbaren Nöte der niedlichen Liebesspielgefährten Robert (Marc Lubosch) und Susanne (Anja Kling) zur allgemeinen Freude bei, doch zum eigentlichen Sympathieträger avancierte eine uniformierte Alltags-Erscheinung. Auf umwerfend komische Weise verkörpert Jürgen Huth einen an seiner Machtvollkommenheit leidenden Ordnungshüter und erfüllt damit den in Polizeikreisen ziemlich ungewöhnlichen Tatbestand der Selbstironie.

Nach hundertminütiger Laufzeit mündet **Die unendlichGeschichte** in einen endlosen Nachspann. Buchstäblich ohne Ende. Er wiederholt viele schon aus dem Vorspann bekannte Namen, zum Beispiel Wolfgang Petersen (Regie), Jost Vacano (Kamera), Klaus Doldinger (Musik). Ferner die der amerikanischen Kinder-Stars Barret Oliver, Noah Hathaway und Tami Stronach. Er nennt auch die wirklichen Stars, nämlich Colin Arthur, den Erfinder der lustig-gruseligen Fabelwesen, die Oscar-Preisträger Rolf Zehetbauer (Szenenbild) und Brian Johnson (Special-Effects). Dann folgt die Liste der Mitglieder eines kompaniestarken Techniker-Teams. Und endlich treten aus dem Schatten der Namenlosigkeit all die Script-Girls und Stukkateure, Kraftfahrer und Rasenpfleger, Kaffeeholer und Studio-Pförtner. Selbst einer La-

Eine reine Freude war es, in Nr. 7/85 soviel Gutes über R. Holland-Moritz zu lesen. Schon lange ist mir klar, daß ihre Worte „Perlen vor die Säue" geworfen sind. Man kann diese Frau nicht hoch genug achten für ihre geniale Sprachbeherrschung usw. Ihre Kritiken, besonders auch die an den meisten hundsmiserablen Synchronisationen, sind mir aus dem Herzen gesprochen.
I.S., Dresden

Wenn Ihr RHM auf die Straße setzen solltet, werde ich landesweit ihre Fans zu einem Protestmarsch auf Eure Redaktion in Bewegung setzen!
Th.W., Sangerhausen

tex-Spezialistin wird liebevoll gedacht. Nur ein Name fehlt im Register: Michael Ende.

Er schrieb den in siebenundzwanzig Sprachen millionenfach verlegten Bestseller „Die unendliche Geschichte". Das nicht nur von Kindern weltweit geliebte Buch ist ein phantastisches Plädoyer für die menschliche Phantasie, die von Angst, Hoffnungslosigkeit und seelenloser Technisierung bedroht ist. Der von seinen Mitschülern verspottete Bastian Balthasar Bux gelangt lesend in das Land Phantasien, bangt mit dem tapferen Atréju, erlebt aufregende Abenteuer und wird schließlich von der „Kindlichen Kaiserin" auserkoren, das Traum-Reich vor dem Untergang zu retten.

Als Michael Ende den fertigen Film gesehen hatte, war er einer weißen Ohnmacht nahe. Jedenfalls mochte er sich mit diesem „gigantischen Melodram aus Kitsch, Kommerz, Plüsch und Plastik" nicht identifizieren. Leider hatte er beim Vertragsabschluß versäumt, auch das Kleingedruckte gründlich zu studieren. So blieb ihm nur noch die Möglichkeit, dem Werk seinen guten Namen zu entziehen.

Ohne diesen aber hätte der schlitzohrige Münchner Produzent Bernd Eichinger niemals die sechzig Millionen Mark zusammenschnorren können, die er für sein aberwitziges Projekt verpulverte. Die Rechnung wäre nur aufgegangen, wenn „Die unendliche Geschichte" allein in den USA ein „E. T." vergleichbares Einspielergebnis erzielt hätte.

Doch trotz der brillanten Tricktechnik, die amerikanischem Standard entsprach, weil sie mit amerikanischem Know-how hergestellt wurde, und trotz der Besetzung der Hauptrollen mit allerliebsten amerikanischen Zuckerpüppchen wurde der Film ein Flop. In Windeseile hatte sich nämlich herumgesprochen, daß aus der märchenhaft-phantastischen Geschichte ein unendlich hohles, ohrenbetäubendes Fantasy-Spektakel geworden war. Und zwar eines von denen, die nicht zu den Herzen der Kinder vordringen, sondern lediglich ihre Blasen aktivieren.

„Solange es Menschen gibt", heißt es im Werbetext der Produktionsfirma Bernd Eichinger, „gibt es den kleinen Unterschied zwischen

Mann und Frau. Aber noch nie, seit es Film gibt, war dieser kleine Unterschied der Star."

Nun endlich ist das himmelschreiende Unrecht aus der Welt. Die auf „Männer" spezialisierte Doris Dörrie machte deren empfindlichste Extremität zum Dreh-, Angel und Mittelpunkt ihres Lustspiels **Ich & Er**. Titel und Idee stammen vom römischen Meister des Sexameters Alberto Moravia. Aber nicht gen Italien reiste Frau Dörrie, um unsere Blicke auf männliche Hüfthöhe zu fixieren, sondern ins glamouröse, lackbildschöne Manhattan von New York. Hier lebt und liebt (in Maßen und selbstredend nur die eigene Frau) der Architekt Bert Uttanzi (Griffin Dunne), verbissen bemüht, endlich einen Fuß auf die Karriereleiter zu kriegen. Schließlich will er sich und den Seinen höchste amerikanische Wonnen nicht länger vorenthalten, als da sind: Erfolg, Geld, Villa, Swimmingpool.

Am Morgen seines 35. Geburtstages wird Uttanzi in einen abendfüllenden Dialog mit sich selbst verwickelt. Aus seinem leibhaftigen Underground erklärt eine gebieterische Stimme jegliche Triebverzichtserklärung für null und nichtig. Das bessere „Ich" ist bis zur Ohnmacht schockiert, doch „Er", der haltlose Lümmel, hat sichtbar die stärkeren Argumente.

Doris Dörries Persiflage auf die Schizophrenie des Mannes, dessen williger Geist ständig von der Schwäche (?) des Fleisches unterminiert wird, ist hochgradig witzig, vermeidet schmierige Zweideutigkeiten zugunsten eindeutiger Aussagen und umschifft so die naheliegenden Riffe der Obszönität. Doch trotz vielfältiger Frivolitäten verläppert sich der Film schließlich in pure Geschwätzigkeit. Etwa von der Mitte an hängt – mit Verlaub gesagt – die Angelegenheit entschieden durch.

Die jungen Leute scheinen des solistischen Gezappels auf der Tanzfläche überdrüssig zu sein. Offenbar suchen sie Hautkontakt und Kommunikation. Da der vollelektronische Diskolärm eine normale Unterhaltung nicht erlaubt, verständigen sie sich in der Körpersprache. Ihr Lieblingsthema ist das Thema Nr. 1, und seit es dem Choreographen Kenny Ortega gelang, eben dieses nach scharfen Rhythmen höchst unmißverständlich vertanzen zu lassen, lockt **Dirty Dancing** die

Ich & Er
BRD, PJ: 1987
RE: Doris Dörrie
DB: Warren D. Leight, Michael Juncker, Doris Dörrie
KA: Helge Weindler

… Aber, liebe Frau Holland-Moritz, wenn Sie sich schon berufen fühlen, Kritiken zu schreiben, sollten Sie sich nicht dann den Film wenigstens selbst ansehen? … Dieser Film lebt von der Musik und davon, wie diese Musik in Bewegung umgesetzt wird. Da ist Patrick Swayze einsame Spitze. Ich erkenne das neidlos an, was Ihnen wohl offensichtlich schwerfällt (oder getrauen Sie sich nicht einzugestehen, daß Sie auch gern so einen Tanzlehrer hätten?) …
Ch.D., Berlin

Nach der Kritik zu „Die unendliche Geschichte" und „Dirty Dancing": Bitte entlassen Sie Renate Holland-Moritz!
K.K. und M.B., Berlin

Dirty Dancing
USA, PJ: 1987
RE: Emile Ardolino
DN: Eleanor Bergstein
KA: Jeff Jur

Ich möchte Renate Holland-Moritz ein Lob aussprechen. Früher habe ich mir Filme angesehen, über die sich die Kritikerin positiv geäußert hatte. Seitdem ich aber in Filme gehe, die von Frau Holland-Moritz verrissen werden, kann ich mich im Kino wieder amüsieren.
A.W., Zwickau

Ich kann Andreas Wohland (Heft 35) nur zustimmen. Schon vier Seiten weiter beweist Renate Holland-Moritz abermals, wie wenig sie von Unterhaltungsfilmen hält. Ich weiß einfach nicht, was sie überhaupt will. Es müssen doch nicht immer irgendwelche Dramen sein, wo man aus dem Nachdenken nicht mehr rauskommt. Ich habe „Dirty Dancing" dreimal gesehen und war immer wieder von neuem begeistert.
D.R., Berlin

Die spießige Kritik von Renate Holland-Moritz an „Dirty Dancing" paßt wirklich nur in ein Witzblatt und soll wohl demzufolge auch kaum ernstgenommen werden.
M. und K.A., Erfurt

Renate Holland-Moritz' Kritik des Films „Dirty Dancing" veranlaßt mich zu der Bemerkung, daß sie einmal das Märchen vom Kaiser und seinen neuen Kleidern lesen sollte. Entscheidend für Erfolg oder Mißerfolg der Mode (Filme, Kunst etc.) ist nicht der Standpunkt irgendeiner „Autorität-Kapazität", sondern einzig das Votum der Masse. In bezug auf diesen Film fiel das Votum eindeutig aus. Da Frau Holland-Moritz dem pubertären Alter ja wohl entwachsen ist und den entsprechenden Nerv verloren hat, empfehle ich ihr die Rezension gestandener Filme im Montagabendprogramm unseres 1. Fernsehens (20 Uhr).
A.G., Bitterfeld

Jugend fast aller Nationen scharenweise ins Kino. Wer bereits jenseits der geistigen Pubertätsgrenze angelangt ist, sollte besser zu Hause bleiben. Um das liebessportliche Tanzvergnügen rankt sich nämlich eine Story von erschütternder Einfalt und Peinlichkeit.

Der satte Mittelklasse-Spießer Dr. Houseman (Jerry Orbach) steuert mit seiner drohnenhaften Angetrauten und zwei Töchtern ein protziges Feriencamp an. Nesthäkchen und College-Aspirantin Baby Houseman (Jennifer Grey, Tochter des „Cabaret"-Entertainers Joel Grey) rekapituliert im Geiste die Ereignisse des heißen Sommers 1963: die Ermordung Kennedys, die Entdeckung der Beatles, das Anwachsen der Friedensbewegung. Endlich fällt ihr das Allerwichtigste ein: „Es war der Sommer, wo ich dachte, ich würde nie einen Jungen finden, der so toll ist wie mein Daddy."

Natürlich findet sie ihn, nur Daddy findet ihn leider nicht toll. Der nicht standesgemäße Johnny (Patrick Swayze) ist ein guter, aber schlecht bezahlter Tanzlehrer und deshalb immer bereit, sein Einkommen durch artverwandte Nachtdienste an alten Fregatten aufzubessern. Trotzdem hat er nicht genug, um seiner in die Bredouille geratenen Ex-Freundin Penny (Cynthia Rhodes) eine Abtreibung zu finanzieren.

Begeistert springt Baby in die Bresche – mit Daddys tollen Dollars. Der bestraft die Übeltat zunächst mit Liebesentzug und Umgangsverbot, wird aber schließlich selbst als Lügner entlarvt. Hat er seiner Tochter nicht immer wieder gesagt, daß alle Menschen gleich sind und jeder eine faire Chance verdient? Wie hat sie da ahnen können, daß es auch Unterprivilegierte wie ihren Johnny gibt?

Daddy will sich vor Verzweiflung über seine Fehlinformation schier entleiben und schluchzt wie ein Klageweib. Dabei müßte Baby eigentlich wissen, wie sozial ihr herzensguter Vater denkt. Erst vor ein paar Tagen empfahl er dem Kellner, die Reste des lukullischen Mittagsmahls einzuwickeln und sie den hungernden Kindern in Südostasien zu schicken …

„Ich möchte, daß die Zuschauer etwas fühlen, wenn sie meine Filme verlassen", sagte Regisseur Emile Ardolino. Ich konnte mich des Gefühls nicht erwehren, daß an diesem laut Progress-Werbetext „unterhaltsamen und mit amerikanischem Humor gewürztem" Film lediglich die schmutzigen Tänze sauber waren.

Weltstars, deren Stern noch nicht im Sinken begriffen ist, haben ein unschätzbares Privileg: Sie können sich ihre Rollen aussuchen. Nichts und niemand kann sie zwingen, ihren guten Namen für ein fragwürdiges Projekt herzugeben. Welcher Teufel also mag Rolf Hoppe geritten haben, als er sich zur Mittäterschaft an der koproduzierten (Shanghai Filmstudio, VR China, und Manfred Durnick-Produktion, Berlin-West) Räuberpistole **Ein Chinese sucht seinen Mörder** entschloß? Ich finde nur eine Erklärung: Der heimattreue Globetrotter wünschte sich als szenografischen Gipfelpunkt seiner Karriere, das einzige von Menschenhand geschaffene Bauwerk zu besuchen, das vom Mond aus zu besichtigen ist: die chinesische Mauer.

An dieselbe gelehnt, beseligt lächelnd und kurzatmig wie immer, stimmt er uns mit vielen Jajas und Hahas auf kommendes Ungemach ein. Und zwar in der Rolle eines gewissen Frank Biddulph, dessen (ebenfalls von Hoppe gespielter) Vater William Biddulph, längst verblichener Direktor einer amerikanischen Versicherungsgesellschaft, ihm jene Mär vom reichen Lotterbuben Jin Fu überlieferte.

Der unappetitliche Tölpel Jin Fu will weder die ihm anverlobte schöne Kung-Fu-Kämpferin noch die häßliche Gouverneurstochter heiraten, sondern das väterliche Millionenerbe ganz allein verjubeln. Als er hört, daß die Bank pleite und sein Geld futsch ist, verwandelt er sich blitzartig in einen Edelmann. Er schließt eine Lebensversicherung zugunsten seiner Braut ab und bittet seinen alten Freund und Lehrer um den Gnadenschuß.

Doch der Konkurs war eine Ente, und fortan flieht Jin Fu in mannigfacher Verkleidung sowie in Begleitung zweier schwachsinniger Detektive (Andreas Mannkopf, Joachim Tennstedt) quer durch China vor dem gütigen Killer.

Laut Vorspann fußt dieses knapp dreistündige, unglaublich primitive und langweilige Kasperletheater auf der Novelle „Die Leiden eines Chinesen in China" von Jules Verne. Eine solche, wenn sie denn wirklich vom Meister und Begründer des wissenschaftlich-phantasti-

Ein Chinese sucht seinen Mörder
VR China/Berlin (West), PJ: 1987
RE: Wu Yigong, Zhang Jianya
DB: Ai Minzhi, Si Minsan, Hans Borgelt
KA: Xin Lixing

Uns ist unverständlich, wie Ihre Kollegin Holland-Moritz diesen Film so schlecht machen kann. Es ist unserer Meinung nach mal ein Film, wo nicht über Arbeit und ausschließlich Politik gedreht und gesprochen wurde, sondern wo man sich mal richtig entspannen kann.
A.L. Taucha/Leipzig

Unter aller Würde finde ich den Vorwurf, Rolf Hoppe hätte sich für den Film „Ein Chinese sucht seinen Mörder" nur dafür hergegeben, um mal in den Genuß zu kommen, die chinesische Mauer zu sehen.
M.K., Karl-Marx-Stadt

schen Romans stammen sollte, wird vom „Lexikon fremdsprachiger Schriftsteller" jedenfalls schamhaft verschwiegen.

Mondsüchtig
USA, PJ: 1987
RE: Norman Jewison
DB: John Patrick Shanley
KA: David Watkin

Ich habe Ihren Artikel über „Dirty Dancing" gelesen und glaube, mir ein genaues Bild über Ihre Persönlichkeit machen zu können.
H.S., Schwedt

Warum las ich nie eine solche Kritik über einen DEFA-Film? Suchen Sie sich nur Spezielles aus? Ich bin traurig, empört und maßlos enttäuscht.
U.M., Niederwiesa

Ich glaube nicht, daß die Kritikerin in letzter Zeit eine Disko besucht hat, denn sonst wüßte sie, daß eine normale Unterhaltung bei Tanzveranstaltungen dieser Art immer noch möglich ist.
L.B., Dresden

Der da seinen fünf vierbeinigen Freunden vormacht, wie man als anständiger Hund gefälligst den Mond anzuheulen hat, heißt Feodor Chaliapin (in deutscher Schreibweise Fjodor Schaljapin). Sein gleichnamiger Vater, neben Enrico Caruso der größte Opernstar seiner Zeit, war bereits fünfzig Jahre tot, als der einundachtzigjährige Junior einem Interviewer resignierend versicherte: „Ich bin kein Star, ich werde nie einer sein, und ich will auch gar keiner sein." Während der Internationalen Filmfestspiele von Berlin (West) 1988 wurde er jedoch wie ein solcher gefeiert. Und das hatte er für die kleine, aber unvergeßliche Rolle in dem vielfach preisgekrönten Film **Mondsüchtig** auch verdient. Genaugenommen lebt die unaufwendige, mit leichter Hand inszenierte Komödie von ähnlich hübschen Episoden aus dem Alltag der italo-amerikanischen Familie Castorini. Der sich laut und gestenreich streitende, aber wie Pech und Schwefel zusammenhaltende Clan besteht aus Onkel, Tante, Opa, Vater, Mutter und Tochter Loretta. Sie sind allesamt nicht nur originelle Typen, sondern auch richtige Charaktere. Und das ist, zumindest im heiteren Genre, nicht unbedingt Usus.

Loretta Castorini ist siebenunddreißig Jahre alt und seit langem Witwe, weil ihr geliebter Mann unmittelbar nach der standesamtlich vollzogenen Trauung unter die Räder eines fahrenden Busses geriet. Nun will die im Verblühen begriffene Schönheit einen zweiten, diesmal fehlerlosen Versuch starten. Der Auserwählte muß seinen Antrag in aller Öffentlichkeit knieend vortragen, Gottes und der jeweiligen Elternteile Segen ist unverzichtbar, und vor allem darf keine Liebe im Spiel sein. Diese Bedingungen vermag nur ein Kandidat zu erfüllen: Jonny Cammareri, ein zweiundvierzigjähriger dicklicher Spießer mit ausgewachsenem Ödipuskomplex.

Während er zur sterbenden Mama nach Sizilien eilt, um ihr unmittelbar nach der letzten Ölung die Heiratserlaubnis abzutrotzen, soll Loretta die Versöhnung mit seinem jüngeren Bruder Ronny in die Wege leiten. Doch da geht der große, dicke Vollmond am Himmel von

Brooklyn auf, die unsterbliche Liebe erwacht, der Tod flieht vor mütterlichem Alleinvertretungsanspruch, und allen Castorinis und Cammareris ist wohlgetan. So wahr Frau Luna in Aphrodites Diensten steht.

Der Erfolg dieses ganz und gar italienischen Sommernachtstraums hat multinationale Eltern. Norman Jewison, der für „Mondsüchtig" den Regie-Preis der Berlinale erhielt, stammt aus Kanada. Seine mit Oscar und Golden Globe dekorierte Hauptdarstellerin Cher (übrigens in der westdeutschen Synchronisation ohrenfällig fehlbesetzt) wurde als Tochter einer Indianerin und eines Armeniers geboren. Den Nebenrollen-Oscar gewann die exzellente Olympia Dukakis, Sproß einer griechischen Familie. Und wenn aus den heiligen Hallen der Met die Puccini-Arien erklingen, mag der hundeliebende Filmopa seines russischen Papas Fjodor Schaljapin gedacht haben, dessen herrlicher Baß in den zwanziger Jahren die Metropolitan Opera füllte.

Bisher waren die Filmkritiken von R.H.-M. auch ein nahezu sicherer Wegweiser, wofür man den Kinogroschen anlegen sollte und wofür nicht. In letzter Zeit allerdings sieht es so aus, als wollte sie beweisen, daß sie anders ist als all die anderen Kinder ... Das Ganze ist ja Geschmacksache und schließt folglich „Irrtümer" nicht aus („Kramer gegen Kramer"), aber die Kritik an „Dirty Dancing" legt den Schluß nahe, daß die Autorin inzwischen entweder so weit weg von der (Kino-)Basis ist, daß ihre Produkte die in besagtem Artikel erwähnte Geistesgrenze selbst nicht erreichen, oder das Ganze wurde bei einer Flasche Weinbrand gefertigt (oder beides).
Fam. S., Weimar

Von den vier Jugendlichen, die „ein unterhaltsamer Film vor allem für ein jugendliches Publikum" (Progress-Werbung) ins Kino gelockt hatte, waren ganze zwei bereit, mit mir bis zum bitteren Ende **Durch dick und dünn** zu gehen. Dabei hatte der Prager Autor und Regisseur Jaroslav Soukup nichts Geringeres als eine Kriminalkomödie im Stil von Georges Roy Hills „Der Clou" anvisiert. Leider verlor er das Ziel noch vor dem ersten Kameraschuß aus dem Auge, denn ohne logische und zügige Exposition muß auch die folgende Handlung in jenem Sande versickern, auf den sie gebaut ist.

Michal (Sagvan Tofi), ein wegen Unterschlagung vorbestrafter Kellner, soll die Tageseinnahme in Höhe von sechzigtausend Kronen im Nachttresor der Bank deponieren. Er belohnt den sträflichen Vertrauensbeweis mit ebenso sträflicher Unachtsamkeit, wird folgerichtig überfallen, zusammengeschlagen und beraubt. Da er glaubt, dies sei mehr, als die Polizei ihm glaubt, operiert er künftig auf eigene Faust, unterstützt von seinem taxifahrenden Freund Tomas (Lukáš Vaculik). Doch alle fragwürdigen Aktivitäten der beiden scheitern an der besseren Organisation solcher Zeitgenossen, die auf Delikte wie Korrupti-

Durch dick und dünn
CSSR
RE: Jaroslav Soukup
DB: Jaroslav Soukup
KA: Vladimir Smutny

on, Spekulation, Devisenvergehen und Diebstahl sozialistischen Eigentums spezialisiert sind.

„Deren professioneller Skrupellosigkeit", informiert der Werbespruchbeutel des Verleihs, „setzen die jungen Leute eine gehörige Portion Schwejkscher Schlitzohrigkeit entgegen." Das heißt, sie lassen die Gangster in ihr eigenes Messer und schließlich in die Arme der Polizei laufen. Dummerweise wurde aber die im Ansatz brauchbare Idee dermaßen dilettantisch aufbereitet, daß die Berufung auf Schwejk und die legendären Trickbetrüger nicht nur der Clou, sondern geradezu der Gipfel ist.

Vergiß es, wenn du kannst
Bulgarien, PJ: 1987/88
RE: Nikolai Bossilkow
DB: Ilija Kostow
KA: Zantscho Zantschew

Ein attraktives weibliches Blauhemdengeschwader hält Einzug in ein kleines bulgarisches Dorf, um den stillgelegten Tagebau aufzuforsten. Doch nicht die Fragwürdigkeit so schwerer Arbeit für achtzehnjährige Mädchen steht zur Debatte, sondern das gockelhafte Gehabe der dörflichen Männerwelt

Es sind durch die Bank schlimme Paschas, die im eigenen Haus keine Hand rühren, es sei denn, um der aufmüpfigen Gattin eine runterzuhauen. Jeder müht sich auf seine ganz spezifische Art, den hübschen Sofioterinnen zu imponieren: der Tierarzt mit faden Anekdoten, der Literaturlehrer mit stereotypen Attacken gegen das Landleben, und der Hobby-Marathonläufer spreizt sich gar in seinem kostbarsten, sonst mottensicher verpackten Kleidungsstück, einem Trainingsanzug der Firma Adidas. Regisseur Nikolai Bossilkow versah sein Debüt mit der titelgebenden Empfehlung **Vergiß es, wenn du kannst**. Nichts leichter als das.

Zwei schräge Vögel
DDR
RE: Erwin Stranka
DB: Diethardt Schneider
KA: Helmut Bergmann

Entschlossen, einen lustigen, gar satirischen Film zu machen, griff Szenarist Diethardt Schneider in die Kiste mit den heißen Eisen und entnahm ihr das Themenbündel Computertechnik, Teamwork, Schummel und Schlendrian. Ferner stattete er **Zwei schräge Vögel** mit aufmüpfigen Sprüchen und ans Japanische grenzendem High-Tech-Genie aus und schickte sie in den Wald. Genauer gesagt an jene industrielle Basis, die sich zwar auf der Höhe des Rennsteigs, nicht aber der Weltspitze befindet.

Noch bevor das Finalprodukt ins Kino kam, erläuterte Schneider der lesenden Filmöffentlichkeit, was Satire kann und muß, und was ihr im Film zum Zwecke allgemeiner Erheiterung tunlichst beigegeben werden sollte. Beispielsweise Albernheit, Requisitengags und Trickanimation (wobei der Einsatz von sechs Spezialisten für einen bescheidenen Trick etwas Gigantomanisches hat). Auf das rechte Maß komme es an, denn es sei „schon so, daß manchmal der Autor, der Witzbold mit einem durchgeht." („Filmspiegel", Heft 18/89).

Leider war Regisseur Erwin Stranka („Sabine Wulff", „Der Haifischfütterer", „Liane") nicht der Mann, einem galoppierenden Witzbold in die Zügel zu greifen. Zuviel Respekt vor einem, der dem im DEFA-Schaffen bisher unterschätzten Wortwitz zur Kabarettbühnenreife verhelfen will, ließ ihn das Wichtigste aus dem Auge verlieren: daß ein Film nämlich eine Geschichte braucht. Der „komische Grundeinfall" allein genügt nicht, es müssen auch Entwicklungen stattfinden. Die kann es nur innerhalb einer Personage geben, die aus Persönlichkeiten besteht. Wenn aber zwei ernstgemeinten Helden wie den Informatik-Diplomanten Frank und Kamminke (Götz Schubert und Mathias Wien) nur eine Horde von Karikaturen gegenübersteht, erschöpft sich der Konflikt im Austausch mehr oder weniger pointierter Dialoge.

Und genau an dieser Stelle ist ein DDR-typisches Phänomen zu beobachten. Das der gleichförmig-positiven Interpretation realer Vorgänge überdrüssige, nach Scherz, Satire und Ironie lechzende Publikum belohnt jeden Witz, jedes Bonmot, ja selbst die schlichte Abbildung altbekannter Rituale mit schallendem Gelächter. Die Freude an derlei Gesellschaftskritik macht tolerant auch gegenüber offenkundig Mißlungenem. Dazu zählen die unglaubwürdigen Liebesbeziehungen des Computer-Duos Frank und Kamminke zu den zwillingsähnlichen Provinz-Mondänen Gina (Gerit Kling) und Petra (Simone Thomalla), das Desinteresse werktätiger Versammlungsgäste, wenn der Kombinatsdirektor moralische Verfehlungen leitender Angestellter öffentlich anprangert, und nicht zuletzt ein Inszenierungsstil, der vor gut dreißig Jahren von der „Stacheltier"-Produktion erfunden und zu Grabe getragen wurde

Der Schlüssel des Geheimnisses für den Erfolg des Films liegt also in

der biblischen Erkenntnis verborgen: Am Anfang war das Wort. Will man ein Lustspiel mit einem schmackhaften Kuchen vergleichen, dessen Rosinen die Wort- und Sachgags sind, es so handelt es sich bei „Zwei schräge Vögel" um eine schöne Handvoll Rosinen. Allerdings ohne jede Spur von Kuchen.

1990

Spur der Steine
DDR, PJ: 1966
RE: Frank Beyer
DB: Karl Georg Egel, Frank Beyer
KA: Günther Marczinkowski

Im Dezember 1965 zitierte Walter Ulbricht einige Literaten und Filmkünstler vor ein Tribunal, genannt 11. Plenum des ZK der SED. Er bezichtigte die Angeklagten des Pessimismus und Skeptizismus. Sein damaliger Politbürodiener Erich Honecker erweiterte den Verbrechenskatalog noch um die Delikte Nihilismus, Halbanarchismus, Pornographie und „andere Methoden der amerikanischen Lebensweise". Ulbricht zitierte weiter. Diesmal aus einem Interview des Flakhelfer-Poeten Dieter Noll: „Es gibt Situationen, da eine Abgrenzung von destruktiven Bestrebungen in der Kunst notwendig wird. Destruktive Kunstprodukte lassen sich aber am überzeugendsten zurückweisen unter Berufung auf konstruktive Leistungen."
Dieser ergreifend schlichte Gedanke veranlaßte W.U. in den spontanen Ruf auszubrechen: „Jawohl, zunächst muß man sich von destruktiven Bestrebungen abgrenzen, aber gleichzeitig konstruktive Leistungen vollbringen. Darin sehe ich die Bedeutung des Fernsehfilms ‚Dr. Schlüter'."
1966 wurde Karl Georg Egel, Konstrukteur des bedeutenden Fernsehfilms „Dr. Schlüter", folgerichtig mit dem Nationalpreis belohnt. Diese Auszeichnung hatte darüber hinaus den Charakter einer Generalamnestie für den Geehrten. Als im selben Jahr nämlich der Volkszorn, gestützt auf die Zuführungsrolle der Parteispitze, den Spielfilm **Spur der Steine** aus den Kinos fegte, blieb sein Szenarist Karl Georg Egel ungeschoren. Um die Nachwelt nicht leichtfertig auf die Spur seines Faux pas zu setzen, klafft in der Egelschen Werkliste (Schriftsteller-Lexikon der DDR von 1974) eine Lücke. Und zwar genau zwischen dem Fernsehspiel „Der Nachfolger" (1965) und dem Bericht „Der Tod kam auf der Autobahn" (1967).
Regisseur Frank Beyer und Dramaturg Klaus Wischnewski, Leiter der Arbeitsgruppe „Heinrich Greif", hatten sich solchen Gnadenerlaß

nicht erdient. Den manipulierten Parteiverfahren folgte ihre Entlassung aus dem DEFA-Studio. Für Frank Beyer beschränkte sich das Verdikt nicht auf die heiligen (Film-)Hallen von Babelsberg, er wurde strafverschärfend mit sogenanntem Berlin-Verbot belegt. Doch er schrie nicht Zeter noch Mordio, schrieb keine Bittgesuche an gewöhnlich gutinformierte Greise und verzichtete auch auf Interviews mit der Westpresse. Er machte überhaupt kein öffentliches Theater, sondern begab sich an ein solches. Zwei Jahre lang erfreute sich das Staatstheater Dresden der produktiven Mitarbeit des Meisters.

Bevor die Karriere des hochtalentierten Frank Beyer so jählings wie jämmerlich unterbrochen wurde, zeichnete sie sich durch einen für die junge DDR typischen Aufwärtstrend aus. Nach dem Studium an der Prager Filmhochschule debütierte der fünfundzwanzigjährige Regisseur mit seinem Diplomfilm „Zwei Mütter" (1957). Danach erschienen „Eine alte Liebe" (1959), „Fünf Patronenhülsen" (1960), „Königskinder" (1962), „Nackt unter Wölfen" (1963) und die herrliche Komödie „Karbid und Sauerampfer" (1964).

Daß Frank Beyer bereits mit vierunddreißig Jahren einen künstlerischen Gipfelpunkt erreicht hatte, den die meisten seiner Kollegen lebenslang nur anvisieren, beweist „Spur der Steine". Der ästhetische Wert des Films hat dem Zahn der Zeit widerstanden, seine grauenerregende politische Aktualität geht zu Lasten der verantwortlichen Politiker.

Unterpfand des Erfolges war das hervorragende Drehbuch, das Frank Beyer gemeinsam mit Karl Georg Egel aus dem rationellen Kern des gleichnamigen Neutsch-Romans herausfilterte. Erik Neutsch übrigens, obwohl enttäuscht, daß sein literarisches Werk nur als Rohstoff gedient hatte, ignorierte den Wink der Parteiobrigkeit, sich vom Film öffentlich zu distanzieren. Der Applaus des Publikums erreichte ihn dreiundzwanzig Jahre später, am 23. November 1989, als er sich an der Seite der Schöpfer bei der zweiten Premiere im Berliner „International" verbeugte.

Zu den besten Eigenschaften Frank Beyers gehört, daß er in Bildern denken kann (ausgezeichnete Kameraarbeit: Günther Marczinkowski) und den denkenden Schauspieler bevorzugt. Sein erlesenes Ensemble

Ein „Hoch" für Renate Holland-Moritz! Wir brauchen ihre Kino-Eule so wie sie ist.
K.H., Berlin

Möge der Himmel (oder sonst wer) geben, daß Frau Renate Holland-Moritz ihre spitze Feder behält und uns noch viele Kino-Eulen beschert.
I.B., Hettstedt

mit Manfred Krug an der Spitze, dicht gefolgt von Eberhard Esche, Walter Jupé und Gertrud Brendler, hatte jede Möglichkeit, kreativ mitzuarbeiten, beispielsweise die Dialoge zu verändern und also zu verbessern. Das Ergebnis ist ganz selten erlebte, überragende Qualität. Als „Spur der Steine" fertig war, bat Frank Beyer seinen Freund Wolf Biermann, ihm ein leitmotivisches Lied zu schreiben, das er unter den Vorspann legen wollte. Der Wunsch wurde erfüllt, aber Beyer entschied sich für ein anderes, schon vorhandenes Biermann-Lied. Das Auftragswerk schien ihm eher eine euphorische Rezension des Films zu sein.

Das finde ich auch. Und da mir eine solche in dieser Prägnanz unmöglich gelingen würde, gebe ich dem 1976 rechtswidrig ins Exil verbannten Dichter das Wort.

Sie sehen hier ein DEFA-Stück!
Bleiben Sie sitzen, Sie haben Glück!
Frank Beyer ist der Regisseur
Das Ding handelt vom Parteisekretär
und von Arbeitsmoral
und Schnaps im Lokal
Und Liebe im Mai
mit Tränen dabei
Parteidisziplin
mit nackend Ausziehn
mit Plandiskussion
und Hochleistungslohn
Mit Lug und Betrug
Mit Manne Krug
Als Baubrigadier
kübelt er Bier
Ein Volkspolizist
fliegt in den Mist
Ein Bürokrat
schadet dem Staat
Ein Anarchist
wird Kommunist

Ne schöne Frau
macht man zur Sau
Sie kriegt ein Kind
Man kriegt davon Wind
Ein Mann geht kaputt
in all dem Schutt
Ne Ehe zerbricht
gekittet wird nicht
Hier wird nix gelogen
nichts grade gebogen
Hier ist nix frisiert
und blank poliert
Hier ist das Leben
kraß und klar
verrückt und wahr
verrückt und wahr

Wissen Sie, die allermeisten Filme, die in der Kino-Eule behandelt werden, kann ich aus diesen oder jenen Gründen nicht sehen, dennoch ist die Kino-Eule für mich ein Suchtmittel. Es reicht, die grandiosen Formulierungskünste von RHM zu erleben. Seid nicht sauer, aber sie übertrifft mit ihren bizarren Ideen alles, was die Eule zur Zeit bietet. „Auch D. Winger, die einst auf herzergreifende Weise in ‚Zeit der Zärtlichkeit' verblich …", oder das Ding mit der Blutrache, oder aufs „asbeste", und, und, und. Es ist nicht zu fassen!
G.B., Vogelsang

Ausschließlich Privilegierte, nämlich Haupt- und Bezirkshauptstädter, dürfen eines der bezauberndsten Kinomärchen aller Zeiten auf der Leinwand sehen. **Out of Rosenheim**, vergangenes Jahr mit der französischen Oscar-Variante „Cesar" als bester Auslandsfilm dekoriert, wurde von Progress in die Studiokinos verbannt. Das ist eine publikumsverachtende Entscheidung!
Mitten in der tristen kalifornischen Wüste, also sehr fern von Rosenheim, erblüht auf wundersame Weise Jasmin. Die stramme, in Loden gepreßte Bavaria Jasmin Münchgstettner hat Vergangenheit und rauzigen Ehekrüppel hinter sich gelassen, um nicht endgültig an ihrer Seele zu verkrüppeln. Asylsuchend stampft sie durch den Sand. Doch da ist weit und breit kein anderes menschliches Anwesen als das „Bagdad", eine geradezu märchenhaft verkommene Herberge mit Tankstelle und mitropaähnlicher Imbißstube.
Die farbige Wirtin (herrlich: CCH – das meint Carol Christine Hilarie Pounder), ewig keifendes Temperamentsbündel, überlastet von Arbeit, Kindern und verrückten Dauergästen, hat gerade ihren faulen Mann zum Teufel gejagt. Etwa vier- bis fünfmal erfaßt ihn die Kame-

Out of Rosenheim
BRD, PJ: 1987
RE: Percy Adlon
DB: Percy und Eleonore Adlon
KA: Bernd Heinl

Rückwärtslaufen kann ich auch
DDR, PJ: 1989
RE: Karl Heinz Lotz
DB: Manfred Wolter
KA: Michael Göthe

ra. In immer gleicher Haltung kauert er neben seinem Jeep in der Wüste, schaut wehmütig in Richtung „Bagdad" und seufzt aus Herzensgrund: „O Brenda!"

Die aber hat andere Sorgen. Was mag es nur mit der schwitzenden, eigenartig schwatzenden Kolossalfrau auf sich haben, die ausgerechnet hier zu logieren wünscht, jede Menge Travellerschecks und einen Reinemachefimmel hat? Was will die hochgradig verdächtige weiße Exotin?

Da Jasmin so gänzlich hilflos ist, setzt sie ihre einzige, wahrhaft furchtbare Waffe ein: den bajuwarischen Dickschädel. Und langsam, ganz langsam verwandelt sich Mißtrauen in Solidarität, Fremdheit in Freundschaft. Einmal ist da auch ein Anflug unbewältigten Schmerzes. Als Brenda ihr Enkelchen aus Jasmins mütterlichen Armen reißt und eifersüchtig brüllt, sie möge sich gefälligst um ihre eigenen Kinder kümmern, sagt die nur leise: „Ich hab keine."

Sie ist eine große Komödiantin, die das Komische und das Tragische traumwandlerisch sicher zu spielen weiß, obwohl oder weil sie es nie gelernt hat: Marianne Sägebrecht. Die Gastwirtin und Kleinkünstlerin aus Schwabing, Trägerin des Ernst-Lubitsch-Preises, ist die bevorzugte Protagonistin des Münchner Regisseurs Percy Adlon, der gemeinsam mit seiner Frau Eleonore alle Drehbücher schreibt.

Die Idee zu „Out of Rosenheim" entstand in Adlons Kopf, als er angesichts eines seltsamen Strahlenbündels am Himmel der Mogave-Wüste die Vision hatte, Marianne Sägebrecht marschiere in dieses Licht und finde etwas Außerordentliches.

Sollte man da nicht auch den einen oder anderen DEFA-Regisseur in die Wüste schicken?

Als sei zum Endspurt eines fröhlichen Massenlaufs aufgerufen worden, erstürmen Kinder lärmend, schubsend und tatendurstig die Treppen eines großen Hauses. Der Zielpunkt markiert die neue Startposition: Den ersten Tag eines zehnjährigen Schulmarathons.

Nur eine bleibt am Rande zurück, hangelt sich am Treppengeländer mühselig Stufe für Stufe nach oben. Die spastisch gelähmten, verkrümmten Füßchen machen der kleinen Kati den Aufstieg zur Tortur.

Aber sie hält durch. Nicht siegen – dabeisein will sie. Dazugehören wie alle schultauglichen Beginner, auch wenn die anderen schneller sind, weil ein gütiges Schicksal sie vor der Behinderung bewahrt hat.

Bei Kati, die durch Sauerstoffmangel unter der Geburt an zerebralen Bewegungsstörungen leidet, dauert alles ein bißchen länger. Niederlagen stacheln den Ehrgeiz des intelligenten Mädchens an. Als sie der ungeduldig-freundlichen Klassenlehrerin (Gudrun Okras) beweisen kann, daß sie die komplizierten Matheaufgaben endlich kapiert hat, fügt sie stolz hinzu: **Rückwärtslaufen kann ich auch.** Es wird ihr nichts nützen. Nach einem Probejahr muß Kati die Schule verlassen. Der Streß ist zu groß, die Möglichkeiten der ohnehin überforderten Pädagogen sind nicht unerschöpflich. Ihre künftige Heimstatt wird die beispielhaft eingerichtete Körperbehindertenschule in Berlin sein. Doch das Jahr war nicht umsonst. Kati hat ihre Kräfte und ihre Grenzen kennengelernt. Und sie hat Freunde gewonnen, die durch sie um vieles reifer wurden.

Das Szenarium dieses von Karl Heinz Lotz („Der Dicke und ich", „Junge Leute in der Stadt", „Eisenhans") inszenierten Films schrieb Manfred Wolter. Er tat es aus eigener tiefer Betroffenheit, denn seine jetzt 14jährige Tochter Ulrike ist Spastikerin. Er weiß genau, wieviel materielle und ideelle Hilfe der Staat seinen Behinderten bisher schuldig blieb, offenbar im festen Vertrauen auf die tätige Barmherzigkeit der Kirche.

Dank der zähen Entschlossenheit ihrer Eltern fand Ulrike Wolter Aufnahme in einer sogenannten Normalschule. Verständnisvolle Lehrer halfen und helfen ihr über die Hürden hinweg. Wolter votiert entschieden für diese Möglichkeit des Zusammenlebens und -lernens. Es erzieht zu Menschlichkeit, Solidarität und Herzensbildung, wenn Kinder schon früh begreifen, „daß unsere Welt nicht nur aus Gesunden und Erfolgreichen besteht."

Doch eine Obrigkeit, die für sich selbst schamlos Geld verpraßte und ihr klinisches Schönheits- und Harmoniebedürfnis von Fassadenerbauern á la Potjemkin befriedigen ließ, möchte solche Probleme nicht öffentlich diskutieren lassen. Deshalb wurde das Filmprojekt 1983 kurz vor Drehbeginn gestoppt.

In unserem Land ist FKK normal und der Mensch in seiner Nacktheit auch, und das ist gut so!
B.U., Berlin

Wie lange noch werden einer gewissen Renate Holland-Moritz Möglichkeiten eingeräumt, ihre infamen Pamphlete über republikweit kassenfüllende Filme zu veröffentlichen? Könnte der wertvolle Platz in der Eule, den diese Person mit ihren Schmierereien verunziert, nicht besser genutzt werden?
P.B., Dresden

Nun endlich können wir Kati auf der Leinwand begegnen. Mit der achtjährigen, schwerbehinderten Peggy Langner fand Karl Heinz Lotz seine Traumbesetzung. Das schöne, offene Kindergesicht der kleinen Persönlichkeit wird mir auf immer unvergeßlich bleiben. Den stärksten Eindruck hinterließen die Bilder (Kamera: Michael Göthe), da Kati mit ihrem viel härter betroffenen Freund Frank (dargestellt von Heiko Krüger, einem 19jährigen Behinderten) durch den Park spaziert. Ob sich die Kleine an Franks Krücken klammert oder seinen Rollstuhl schiebt – die beiden „Humpelstilzchen" geben einander Halt und erteilen den allzu Leichtfüßigen eine stumme Lektion.
Unverständlich blieb mir, warum schlichte Logik hörbar verletzt werden mußte. Kati ist in hochdeutschsprachiger Umgebung und in einer hochdeutsch sprechenden Familie aufgewachsen und spricht selbst lupenreines Sächsisch. Die dringend notwendige Synchronisation hätte der Authentizität des Spiels von Peggy Langner gewiß keinen Abbruch getan.
Obwohl Karl Heinz Lotz glaubt, den berufsmäßigen (leider nicht unbedingt professionellen) Schauspielern die Schwellenangst vor der Zusammenarbeit mit Behinderten genommen zu haben, agieren die meisten von ihnen äußerst verklemmt. Allen voran Vera Irrgang als Katis Mutter. In einem Moment tiefster Verzweiflung versucht sie ihrem Mann (Roland Kuchenbuch) begreiflich zu machen, daß sie noch ein Kind haben möchte, ein gesundes Kind. Diese psychologisch diffizile Szene gerät durch Arrangement und Frau Irrgangs Interpretation zu einer vagen Vorstellung dessen, was im Mimen-Rotwelsch Dr. Oetkers Dampftheater genannt wird. Auch die Sequenzen mit der Pflegerin, die den absolut seriösen Frank wie einen Kinderschänder behandelt, und mit dem Kellner des Nobel-Restaurants, der die Behinderten zugunsten aufgetakelter Westgäste in einer Ecke verstecken möchte, wirken in ihrer didaktischen Beflissenheit klischeehaft und folglich wenig überzeugend.
In dem Bemühen, ihren Gegenstand möglichst global zu umkreisen, vergaben die Schöpfer manche Chance, emotionale Betroffenheit auszulösen. Auch der Humor kam zu kurz. Weit mehr als das bei Kästner entlehnte Detektivspiel der Kinder sorgte eine musterhaft durchgestyl-

te Massendemonstration für Gelächter im Parkett. Dabei handelte es sich nur um einfaches Dokumentarmaterial vom letzten, allerletzten Jubelfest.

Sie ist nun wahrlich herumgekommen, unsere schöne Eisfee aus Karl-Marx-Stadt, und sie ist sogar immer wiedergekommen. Die sechsfache Europa- und vierfache Weltmeisterin Katarina Witt krönte ihre beispiellose Hochleistungsschau 1988 im kanadischen Calgary mit der zweiten olympischen Goldmedaille.

Carmen on Ice
BRD, PJ: 1990
RE: Horant H. Hohlfeld
DB: Horant H. Hohlfeld
KA: Klaus König

Ihre rasante Carmen-Kür wurde ab sofort so beharrlich von jedwedem Fernsehsender ausgestrahlt, daß man die Glotze kaum noch einzuschalten wagte. Nur Kati konnte von ihrer Seelenschwester aus Sevilla nicht genug kriegen. „Die Leidenschaft, die Heißblütigkeit, der Freiheitsdrang, die Freiheitsliebe – das alles steckt irgendwie auch in mir", vertraute sie einer Illustrierten an.

Doch in vier Kürminuten läßt sich soviel Emotion schlechterdings nicht vertanzen. Bevor sich Katarina Witt for (Holiday on) Ice only entschied, hatte sie ein Schauspielstudium aufgenommen. Das Experiment wurde zwar abgebrochen, zeitigte aber Spätfolgen. Zum Beispiel den übermächtigen Wunsch nach einer Carmen-Verfilmung, in die sie sich „auch als Schauspielerin einbringen" wollte.

Katis Kino-Traum nahm Gestalt an, als sie dem Produzenten Thomas Bürger begegnete. Der wiederum kannte den – zumindest in unseren Breiten – hinlänglich unbekannten Regisseur Horant H. Hohlfeld, und da sich die beiden Kunstfreunde strikt am aktuellen Marktwert der Kufenstars Katarina Witt, Brian Boitano und Brian Orser orientierten, war für **Carmen on Ice** höchste Eile geboten. Die Dreharbeiten begannen Ende Oktober 1989 an Originalschauplätzen in Sevilla. Doch andalusischer Dauerregen und orkanartige Stürme erwiesen sich schon bald als natürliche Feinde künstlichen Eises. Es erfolgte der Umzug ins Ostberliner Dynamo-Stadion, woselbst viele ausgezeichnete DDR-Eiskunstläufer das weltmeisterliche Dreierpack würdig umrahmen durften.

Vollendete Dreifachsprünge, raffinierte Schrittkombinationen und atemberaubende Pirouetten verführte die im Berliner „Kosmos" versammelte Eislaufkundschaft regelmäßig zu Beifallskundgebungen. Das waren gewissermaßen hohe A- und B-Noten für den sportlichen und künstlerischen Wert der abendfüllenden Kür.

Die filmkünstlerische Umsetzung der heißkalten Bizet-Oper entbehrt jedoch nicht immer unfreiwilliger Komik. Umlodert von züngelnden Flammen deutet Carmen-Kati mit stereotypem Lächeln oder einer kleinen steilen Falte über der Nasenwurzel an, wie sie für die rivalisierenden Herren José und Escamillo jeweils empfindet. Ihre partielle mimische Vereisung kommt allerdings nicht von ungefähr, hat sich doch Katarina Witts Einstellung zur Heldin während der Dreharbeiten plötzlich total verändert. „Am Anfang war sie mir so sympathisch, aber als wir dann zu den Szenen kamen, wo sie den einen Mann wegschmeißt und sich an den anderen ranmacht, da dachte ich: O je, das ist aber wirklich ein Biest.“

Auch andere junge Damen haben ihre Schwierigkeiten mit dem nymphomanischen Biest aus Spanien. Der niedlichen Ingolstädter Ballettelevin **Anna** gerät die Carmen fast zur führenden Figur aus einem Märchentanzbild. Statt den Stier leidenschaftlich bei den Hörnern zu packen, versucht sich die im persönlichen Leben treuliebende Kleine der schweißtreibenden Umklammerungen ihres Partners zu erwehren. Der greise Ballettkönig Georges Mamoulian ist von der Fehlinterpretation rätselhafterweise so entzückt, daß er Anna eine überseeische Karriere in Aussicht stellt. Doch die kann dergleichen erst ins feuchte Auge fassen, nachdem sich ihr Partner aus Versehen den Hals gebrochen hat. „Anna“ ist die filmische Nachgeburt eines erfolgreichen TV-Mehrteilers, der seine bezaubernde Titeldarstellerin Silvia Seidel schlagartig zum Fernsehliebling im gesamten ZDF-Einschaltgebiet machte. Leider übersah Regisseur Frank Strecker, daß die Leinwand andere Gesetze hat als der kleinere Bildschirm. Allein mit Herz, Schmerz, flotten Sprüchen, karikierten Klischeetypen und reichlichem Clean Dancing dürfte es im Kino der neunziger Jahre wohl nicht mehr getan sein.

Anfang der sechziger Jahre will die kesse Berliner Bolle Maria Morzeck (Angelika Waller) studieren, Dolmetscherin werden, endlich was

Anna
BRD, PJ: 1988
RE: Frank Strecker
DB: Justus Pfaue
KA: Peter Ambach

Im Gegensatz zu all jenen, die über Frau Renate Holland-Moritz und ihre Art, Filmkritiken zu verfassen, wie eine hungrige Meute hergefallen sind, findet die Frau meinen lauten, stark anhaltenden Beifall. Es gibt anerkanntermaßen noch zuviel Mittelmaß im Filmgeschehen unseres Landes und zu weniges, was sich aus dieser dunklen Masse wohltuend hervorhebt.
B.K., Friedland/Meckl.

sehen von der Welt. Fürs Abitur hat sie alles gepaukt, was damals gefragt war, zum Beispiel: „Warum Pawlows Hunden die Spucke looft, wenns klingelt, warum die II. Internationale im Revisionismus versank …" Daß sie schließlich nicht zur Universität, sondern ins „Alt-Bayern" kellnern geht, liegt am Aufenthaltsort ihres Bruders Dieter. Der logiert für drei Jahre in Brandenburg, verurteilt wegen staatsfeindlicher Hetze.

1965 stellte der oberste Kunstrichter Walter Ulbricht vor dem 11. ZK-Plenum die Frage: „Sind wir der Meinung, daß ein paar Künstler oder Schriftsteller schreiben können, was sie wollen, und sie bestimmen die ganze Entwicklung der Gesellschaft?" Man war nicht der Meinung. Bekanntlich ging die unberatene Parteiführung baden, und der nach Manfred Bielers gleichnamigem Roman von Kurt Maetzig inszenierte Film **Das Kaninchen bin ich** verbüßte eine 25jährige Dunkelhaft. Richter Paul Deister (Alfred Müller), in den sich Maria Morzek sterblich verliebt, mißbraucht die Ermessensräume seiner Rechtsprechung ausschließlich im Interesse eigenen Karriereschubs. Im Schutze landesüblicher Geheimniskrämerei, sprich: unter Ausschluß der Öffentlichkeit, hat er Dieter Morzek die Höchststrafe aufgebrummt. Als sich 1963 mit dem Rechtspflegeerlaß und gesellschaftlichen Gerichten eine Tauwetterlage im Justizwesen ankündigt, will Deister in selbstkritischer Heuchelpose die Flucht nach vorn antreten und den von ihm verübten Justizmord auf dem Gnadenwege ungeschehen machen.

So kreierte Kurt Maetzig schon vorzeiten eine Spezies, die heute massenhaft zu beobachten ist: den perfekten Wendehals.

Das Kaninchen bin ich
DDR, PJ: 1965
RE: Kurt Maetzig
DB: Manfred Bieler
KA: Erich Gusko

Wer da wähnte, möglichst auf dem Dienstwege in Wüsten fliehen zu sollen, weil in der Stagnation DDR nicht alle Blüenträume reiften, war gewiß kein Prometheus Goethescher Prägung. Eher schon ein Liebling der Götter, also ein von den Sicherheitsorganen gründlich durchgecheckter Reisekader. Wie jener Thomas Tänzer, der trotz abgebrochenen Philosophiestudiums und geschiedener Ehe am dreijährigen Lehrausbildungseinsatz in Algerien teilnehmen durfte. Da er aber längst sinnentleerte Slogans wie Internationalismus und Solidarität kühn beim Wort nahm, sorgte das Bodenpersonal der Allmächtigen

Rückkehr aus der Wüste
DDR, PJ: 1989
RE: Bernhard Stephan
DB: Bernd Schirmer
KA: Otto Hanisch

bereitwillig für seine **Rückkehr aus der Wüste** in die heimatliche Ödnis.

Es ist die Geschichte eines Anpassungswilligen auf der Suche nach einem halbwegs brauchbaren Lebenskonzept. Mehr war wohl nicht drin, als Bernd Schirmer das Szenarium (nach Motiven des gleichnamigen Romans von Konrad Potthoff) schrieb, mit dem Regisseur Bernhard Stephan Mitte 1989 ins DEFA-Atelier und – dank algerischer Koproduzenten – in die Sahara auf Außentour ging.

Daß das Projekt nicht an Genehmigungsritualen scheiterte, war durchaus ein Zeichen allgemeiner politischer Aufbruchstimmung. Was allerdings als Finalprodukt heraus- und ins Kino kam, zeugt von jener verdammten künstlerischen Genügsamkeit, die sich seit Jahrzehnten im marktdesinteressierten Sozialunternehmen DEFA breitmacht. Schon lange vor der Wende lockte derlei hausgemachter Mittelmuff keinen Hund mehr hinter dem Ofen hervor.

Der ständige Wandel von Gegenwartshandlung und Rückblende bringt zwar Bewegung ins folkloristische Bild (Kamera: Otto Hanisch), fördert jedoch keine bewegenden Bilder zutage. Zumindest nicht solche, die sich im Zuschauer festhaken und seine Gefühle in Wallung bringen. Dazu bedürfte es einer schlüssigen, spannenden Handlung, guter Dialoge und glaubwürdiger Charaktere.

Bernhard Stephan zog die dramaturgisch unbefriedigende Abarbeitung eines Katalogs von DDR-Altlasten vor, als da sind: Ausländerfeindlichkeit, Egoismus, parteifrommer Moralkodex und allgemeine Kaltschnäuzigkeit.

Durch die zerhäckselte Szenenfolge eilt mit stets verbissener Nußknackermiene und melancholisch verhangenen Augen André Hennikke in der Rolle des Thomas Tänzer. Seine nicht sonderlich geliebte Geliebte wird von Barbara Schnitzler mit tiefgefrustetem Frauenhaus-Image ausgestattet. Beider psychologische Motivationen erschließen sich nicht im Spiel, sie werden einfach verbal behauptet. Das hat etwa soviel Faszination wie ein korrekt ausgefüllter Fragebogen.

Zu individueller Aussagekraft gelangen dagegen zwei exemplarische DDR-Typen: ein aalglatter Auslandschef (Bernd-Uwe Reppenhagen), dessen Herz im Preußischblauhemd zu Eis erstarrt ist, und ein ministeriell gesteuerter Kaderaktenbock (Franz Viehmann) gleichen Kalibers. Der vermasselt dem aus der Reihe getanzten Tänzer sogar einen Katastropheneinsatz in der Wüste und verweist ihn auf seinen erlernten Beruf als Elektriker.

Heutzutage können diese ehemaligen Vollzugsbeamten von Glück reden, wenn ihnen selbst die Chance eines solchen Auswegs bleibt.

Abschiedsdisko
DDR, PJ: 1989
RE: Rolf Losansky
DB: Rolf Losansky
KA: Helmut Grewald

Als Kohle hierzulande noch nicht gefordert, sondern nur gefördert wurde, nahm sie bereits einen vorderen Platz auf der langen Liste der Tabu-Themen ein. Die Journalisten hatten den Abbau unserer einzigen natürlichen Energiequelle samt umweltzerstörender Folgen totzuschweigen. Die Schriftsteller aber ließ das Problem der verheizten Heimat nicht ruhen. Joachim Nowotny, dessen Haus auf Lausitzer Braunkohle und folglich auf wankendem Boden steht, schrieb ein Original-Szenarium. Schwer zu sagen, ob **Abschiedsdisko** ein brauchbarer Film geworden wäre, hätte ihn Regisseur Rolf Losansky wie geplant 1983 drehen dürfen. Das im vergangenen Frühsommer entstandene Öko-Werk ist jedenfalls auf bestürzende Weise mißlungen.

Der 15jährige Henning (Holger Kubisch) will per Fahrrad den alten Urgroßvater besuchen, der sich beharrlich weigert, sein zum Tode verurteiltes Dorf zu verlassen. Zur Begegnung kommt es allerdings nicht, weil der griesgrämige Knabe ständig von realen und visionären Panoptikumsgestalten aufgehalten wird. Darunter seine Freundin Silke (Dana Brauer), die wie weiland FKK-Veteranin Ulla Jacobsson nur einen Sommer tanzte und nun als Schwebeengelchen ihrer eigenen Beerdigung beiwohnen muß.

Rolf Losansky, früher rühmenswert sicher bei Auswahl und Führung jugendlicher Laien, zog diesmal nur Stockfische an Land. Da stimmt kein Ton, kein Blick und keine Geste. Ähnliches läßt sich auch über die Anti-Schauspielerinnen Ellen Hellwig und Viola Schweizer sagen.

Wer im Kino große Schauspielkunst bewundern, faszinierende Bilder sehen, herrliche Musik hören, lachen und weinen und ausnahmsweise einmal fern von Hollywood sein will, dem sei **Ein kurzer Film über**

Ein kurzer Film über die Liebe
Polen, PJ: 1988
RE: Krzysztof Kieslowski
DB: Krzysztof Piesiewicz, Krzysztof Kieslowski
KA: Witold Adamek

die Liebe empfohlen. Wer's nicht weiß, kommt nicht drauf: Es handelt sich um die hochmoderne Auslegung des sechsten Gebots („Du sollst nicht ehebrechen"). 1988 gewann „Ein kurzer Film über das Töten" (fünftes Gebot!) den Europäischen Filmpreis. Nun fehlen bis zum vollendeten Dekalog nur noch acht biblische Anleihen.

Ihr Schöpfer ist weder verrückt noch von Gott und allen guten Geistern verlassen. Sondern nur das polnische Genie Krzysztof Kieslowski.

Motivsuche
DDR, PJ: 1989
RE: Dietmar Hochmuth
DB: Dietmar Hochmuth
KA: Dieter Chill

Rüdiger, Regisseur im DEFA-Dokumentarfilmstudio, ist ein erfolgreicher und etablierter Mann. Seine Beiträge über Bach, Luther, Zwingli und Erasmus von Rotterdam sind international renommierte Devisenbringer. Nun steht der 37jährige mit einem Film über den Reformator Melanchthon im Exportplan.

Doch Rüdigers Interesse an musealer Heldenaufbereitung hat endgültig den toten Punkt erreicht. Sein persönlicher Gegenplan richtet sich auf real existierendes Leben in jener Sphäre, wo städtebaulicher Niedergang und Asozialität dem vollmundig verkündeten Sozialprogramm hohnsprechen. Unter dem Titel „Familiengründung" will er die beiden 17jährigen Prenzlauer Bergleute und angehenden Eltern Manuela und Klaus mit der Kamera begleiten, um ein Zeitdokument über positive Aussteiger abzuliefern.

Das Projekt droht zunächst an der Unflexibilität des Studios und dann an der heillosen Zerstrittenheit des jungen Paares zu scheitern. Aber Rüdiger läßt nicht locker. Er versucht, die banale Realität seinem idealischen Konzept gefügig zu machen und erleidet folgerichtig auf der ganzen Linie Schiffbruch.

Fraglos begaben sich Szenarist Henry Schneider und Regisseur Dietmar Hochmuth mit der Film-im-Film-Geschichte auf **Motivsuche** für das Desaster einer ganzen Gesellschaft. Die Dreharbeiten endeten am Freitag, dem 13. Oktober 1989, und dieses Datum darf im Kalender des DEFA-Spielfilmstudios getrost als lichter Tag vermerkt werden. Immerhin gelang den Schöpfern eine bis ins optische Detail (Kamera: Dieter Chill) milieugetreue Tragikomödie, die im Kino auf spürbare Gegenliebe stößt.

Das liegt vor allem an den ausgezeichnet agierenden, weil gut geführten Laien Dorothea Rohde und Mario Klaszynski als jugendliches Pärchen Manuela und Klaus. Die Auftritte der beiden sind getragen von vorrevolutionärer Aufmüpfigkeit, hilfloser Melancholie und echt berlinischem Mutterwitz. Fast beklommene Heiterkeit lösen jene Szenen aus, da in Amtsstuben unterm Schutz des obligatorischen eisblauen Potentaten-Porträts alltäglicher Machtmißbrauch betrieben wurde. Wenn aber Klaus seine Aversion gegen Theaterbesuche mit der Bemerkung erklärt: „Ätzend: Inne Pause stehste mit'n Weinglas rum und mußt sagen, wie d'et findest", kringeln sich die Zuschauer vor Lachen.

Die durchweg hervorragenden Schneiderschen Dialoge haben ihren kongenialen Interpreten in dem 86jährigen Pankower Hobbybastler Erwin Priefert. Als Rüdigers Film-Opa liefert er die genaue Studie eines unsentimentalen, durch nichts und niemanden um seinen Galgenhumor zu bringenden Urberliners. Die Besetzung des Dokstudiochefs mit dem – auch schon in grauen Vorwendezeiten – allseits geschätzten Rektor der Babelsberger Filmhochschule Prof. Lothar Bisky war jedoch weniger glücklich. Seine verkrampfte Mimik und Gestik ließe sich noch mit den charakteristischen Haltungsschäden sozialistischer Leiterpersönlichkeiten erklären, doch Biskys original mecklenburgischer Singsang empfiehlt sich bestenfalls als unschädliche Schlafdroge.

Für die schwierige Rolle des Zeitgenossen Rüdiger fand Hochmuth in Peter Zimmermann die Idealbesetzung. An seiner Seite gibt Arianne Borbach ihr Bestes als die schließlich resignierende Lebensgefährtin, Mutter der Kinder und Hüterin des gepflegten Altbau-Künstlerheims. Welchen Stellenwert letzteres im Urteil der selbstbewußten bundesdeutschen Brüder und Schwestern hat, wurde beim diesjährigen Max-Ophüls-Festival deutlich. Während eines Pressegesprächs mit Dietmar Hochmuth, dessen „Motivsuche" viel Lob und (Förder-)Preis erfuhr, sagte eine blutjunge Mitarbeiterin des Saarländischen Rundfunks pikiert: „Eine so gute Wohnung wie der Regisseur in Ihrem Film hab ja nicht mal ich!"

Ich weiß zwar nicht, was das Kriterium eines guten Film ist, aber volle Kinos sprechen doch für sich, oder?
S.O., Aschersleben

171

Crocodile Dundee II
USA, PJ: 1988
RE: John Cornell
DB: Paul Hogan, Brett Johan
KA: Russel Boyd

Nachdem sich „Crocodile Dundee" weltweit zu einem Milliardending ausgewachsen hatte, spitzten die Finanzhaie der Paramount-Studios lüstern die Lippen. Der Pfiff zur Spielverlängerung förderte **Crocodile Dundee II** zutage und ist, was zu befürchten war: kalter Kaffee vom zweiten Aufguß. Die vom Dundee-Darsteller Paul Hogan stammende Idee nämlich – ein mit allen Amazonaswassern gewaschener australischer Buschmann kollidiert mit den Tücken des New Yorker Asphaltdschungels – hatte sich bereits im ersten Teil verschlissen. Offenbar war auch an der Gag-Börse gerade Baisse angesagt. Dem Zuschauer werden jedenfalls weite Durststrecken zwischen den Oasen des Gelächters zugemutet.

Seine eigene Maxime mißachtend („Niemand wird aus einem schlechten Drehbuch einen guten Film machen können") verzichtete Paul Hogan auf seine bewährten Mitschreiber (Ken Shadie und John Cornell) und zog lediglich seinen Sohn Brett als Ko-Autor hinzu. Obwohl er ihm „Sinn für die Struktur und Szenenabfolge einer Geschichte" bescheinigt, wirkt die flache Story wie ein Rohrkrepierer aus der Räuberpistole.

Ausgerechnet kolumbianische Drogenbosse müssen als Dundees dümmliche Gegenparts herhalten und werden mit Hilfe irritierender Büstenhalter und präparierter Fledermausgeschwader reihenweise aus dem Rennen geworfen.

Der intelligente Witz des ersten Teils blitzt nur noch gelegentlich auf, wie fernes Wetterleuchten. Stattdessen dominieren billige Crime-Effekte, und auch an einer Schocktherapie für Leute mit Höhenangst fehlt es nicht. Dundee-Hogan geht nämlich buchstäblich und ohne Netz auf dem Fenstersims im 42. Stock eines Wolkenkratzers spazieren und ermuntert einen schlotternden Selbstmordkandidaten zum Springen.

Daß der Film Jugendlichen unter 14 Jahren vorenthalten wird, kann nur einen Grund haben: Er ist in erotischer Hinsicht auffallend vegetarisch und unterfordert die Teenies damit bei weitem. Allerdings darf die darstellerisch kaum noch präsente Linda Kozlowski (nunmehrige Mrs. Hogan) einen originellen Satz zum ausgesparten Thema beisteuern. Auf die Frage eines Bekannten, wie Crocodile Dundee denn so im

Western · Ostern · Nüse

Bett sei, antwortet sie: „Das weiß ich nicht. Er schläft immer noch auf dem Fußboden."

Verbotene Liebe
DDR, 1989
RE: Helmut Dziuba
DB. Helmut Dziuba
KA: Helmut Bergmann

Gar mancher inzwischen mit Recht vergessene DEFA-Film geriet einst zur Zwangsvorstellung. Beispielsweise für Schulklassen und Armee-Einheiten, die in geschlossener Formation die Kinos erstürmen mußten. Parole: Erscheinen Pflicht!

Natürlich gab es auch den umgekehrten Fall. Helmut Dziubas 1984 entstandener Film „Erscheinen Pflicht", der sich kritisch mit dem Wirken eines verstorbenen Provinz-Funktionärs auseinandersetzt, hatte den Staatsratsvorsitzenden aufs äußerste inkommodiert. Seinem Wunsch nach gänzlichem Ausschluß der Öffentlichkeit konnte allerdings nicht entsprochen werden, weil „Erscheinen Pflicht" schon allenthalben als Eröffnungsbeitrag des 3. Nationalen Spielfilmfestivals in Karl-Marx-Stadt angekündigt war. Den parteiamtlichen Druckerzeugern gelang es gerade noch, die Publikums-Jury an einer Preisvergabe zu hindern. Die Fachjuroren unter Leitung von Prof. Lothar Bisky sowie Festival-Präsident Prof. Kurt Maetzig konterten die Agita-Torheit mit der Verleihung eines Ehrenden Diploms.

Quasi als Labor-Test war die Vorführung des inkriminierten Films an der Parteihochschule gedacht. Alle positiv reagierenden (sprich: diskutierenden) Studenten wurden folgerichtig relegiert, wofür sie den Schöpfern übrigens heute noch dankbar sind. Danach lagerte „Erscheinen Pflicht" ganze vier Monate im Regal und landete schließlich ohne jede Werbung in einigen kleinen Randkinos. Lobende Rezensionen wurden verboten. Allein Brigitte Zimmermann, Chefredakteurin der „Wochenpost", erlaubte ihrer Filmkritikerin Rosemarie Rehahn, die schwachsinnige Weisung zu unterlaufen.

Auch Helmut Dziuba ignorierte die Anschläge auf seine moralisch-künstlerische Integrität und machte verdrossen, aber konsequent weiter. Nach Motiven der Erzählung „Der Sündenfall" von Helmut H. Schulz schrieb und inszenierte er **Verbotene Liebe**. Obwohl zur Zeit alles sinkt (Mut, Kaufkraft und Interesse an Kultur allgemein), ist der Zulauf enorm. In den ersten 14 Tagen waren die Vorstellungen im Berliner „International" sehr gut besucht bis ausverkauft. „Det mußte jesehn haben", raunt der zuverlässige Volksmund. Also ist Erscheinen Pflicht für jedermann, der mitreden will. Über die unerhörte Begebenheit nämlich, daß eine 12jährige und ein 16jähriger die große, nichts aussparende Liebe zueinander entdecken und sich dennoch nicht verstecken.

Man muß nicht sonderlich altmodisch sein, um die aggressive sexuelle Anmache blutjunger Mädchen irritierend zu finden. Daraus ergibt sich nicht selten eine unlautere Verführung zur Verführung Minderjähriger. Doch hier geht es um die Ausnahme, um ein wirklich großes Gefühl frühreifer Menschen, dem mit der perfiden Spießigkeit der Machtapparatschiks nicht beizukommen ist.

Helmut Dziuba siedelte Romeo = Georg (Hans-Peter Dahm) und Julia = Barbara (Julia Brendler) auf dem Dorfe an. Die Elternhäuser sind benachbart und aufs modernste verfeindet. Vater Capulet = Behrend (hervorragend: Peter Sodann), ein mieser, kaltschnäuziger, geldgieriger, versoffener potentieller Rep-Wähler, haßt den von der führenden Partei bis zur Farblosigkeit disziplinierten Vater Montague = Kalisch (Rolf Dietrich) so inständig, daß er wenigstens dessen Sohn ans Messer liefert. Das Schicksal der eigenen Tochter ist ihm völlig gleichgültig.

Der Film erzählt in wunderschönen, manchmal ein wenig symbolüberladenen Bildern (Kamera: Helmut Bergmann) von gesellschaftlichen Deformationen, von menschlichem Versagen, aber auch von Verständnis und Güte (Gudrun Ritter als Prototyp des gar nicht so seltenen guten DDR-Lehrers) und vom Mut zur Solidarität. Doch vor allem – und dies in künstlerischer Vollendung – von der niemals zu stürzenden Himmelsmacht Liebe.

Die Milch der frommen Denkungsart hatte Progress schon öfter im Angebot. Noch nie aber Schokolade aus der Milch glücklicher, weil helvetischer Kühe. Die Berliner Filmkritiker trauten ihren Augen kaum, als zur Pressevorführung auf der Leinwand das Inserat erschien: MILKA präsentiert in Zusammenarbeit mit Condor Productions Zürich-Switzerland und Progress Film-Verleih Berlin-DDR den neuen Schweizer Kriminalfilm **Klassentreffen** in deutscher

Klassentreffen
Schweiz, PJ: 1988
RE: Walter Deuber, Peter Stierlin
DB: Walter Deuber, Peter Stierlin
KA: Edwin Horak

175

Über die Grenzen
DDR, PJ: 1989
RE: Rainer Ackermann
DB: Rainer Ackermann
KA: Thomas Plenert

Die Architekten
DDR, PJ: 1990
RE: Peter Kahane
DB: Thomas Knauf
KA: Andreas Köfer

Erstaufführung. Und dann ging's los. Nicht etwa mit dem Krimi, sondern mit der TV-Kurzdramatik in Sachen lila Pause. Ihr schloß sich die Krönung aus dem Hause Jacobs an, mit der man das Milkazeug offenbar runterspülen soll. Danach erklang Beethoven zur „Schweizer Pastorale". Es ist schon wahr, die Schweiz hat schöne Ecken, und zwar zu Wasser, zu Lande, im Wald und auf den schneebedeckten Gipfeln. Der ellenlange Kulturfilm hielt damit nicht hinterm Berge, und eine Abgesandte der Schweizer Verkehrsgesellschaft war sogar bereit, es zu beschwören. Die Eidgenossin bat uns, es auch den Lesern zu verraten, damit die nicht immerzu in der langweiligen BRD Urlaub machen. Sondern eben in der Schweiz.

Am Schluß bekam jeder von uns noch einen Beutel mit etwas Kaffee (man gönnt den Ossis ja sonst nichts!) und etlichen lila Pausenfüllern. Aber bitte kein Neid! Jeder Premierenbesucher in Berlin, Leipzig, Gera und Rostock kriegt das auch. Allerdings erst nach Absolvierung des „Klassentreffens". Und das ist nun wirklich eine harte Prüfung, die ihren Lohn verdient.

Da aber Progress nicht nur Schweizer Käse ins Kino bringt, sondern auch solchen aus einheimischer Produktion, sollte die Geschenkidee unbedingt beibehalten werden. Zum Beispiel beim Einsatz des ätzenden Friedensfahrt-Marathons **Über die Grenzen**. Hier böte sich eine Zusammenarbeit mit der Dresdner Firma Elbflorenz an. Deren auf Halde lagernde Süßigkeiten sind allemal besser als dieser Ladenhüter aus Babelsberg.

„Es muß sie geben, die kluge Synthese zwischen Heute und Morgen, zwischen tristem Blockbau und heiter lebendiger Straße, zwischen dem Notwendigen und dem Schönen ..." Brigitte Reimanns beschwörende Worte (sie starb 1973, erst 39jährig), die sie ihrer Romanheldin Franziska Linkerhand in den Mund legt, sollten Vision bleiben. **Die Architekten** des ausgehenden DDR-Zeitalters hielten dennoch an ihr fest. Zumindest das kleine Häuflein derer, die noch nicht in andere Berufe oder verbotene Regionen übergewechselt waren. In keinem akademischen Bereich gab es soviele Aussteiger wie bei den Architekten.

Als Szenarist Thomas Knauf und Regisseur Peter Kahane 1988 ihr gemeinsam erarbeitetes Drehbuch ablieferten, waren auch sie zu endgültigem Ausstieg entschlossen, falls sich die DEFA-Studioleitung ihrem Projekt ver- oder behindernd in den Weg stellen sollte. Aber der Zug der Zeit hatte bereits ein Tempo erreicht, das die amtlich bestallten Bremser mitriß. Am 3. Oktober 1989, kurz vor dem Kulminationspunkt perfider Restriktionspolitik, fiel die erste Klappe zum ersten tabufreien DEFA-Film.

Es ist die Geschichte des begabten Architekten Daniel Brenner (interessante Neuentdeckung: Kurt Naumann). Bushaltestellen, Trafohäuschen und SERO-Annahmestellen sind das einzig faßbare Ergebnis seines bisherigen 13jährigen Baukunstschaffens. Sein alter Lehrer Prof. Vesely (Joachim Tomaschewsky), Nestor der Gilde, Aktivist der ersten und zynischer Pragmatiker der vorletzten Stunde, verhilft Daniel zu einem richtigen Auftrag: Er darf – mit selbst ausgewähltem Kollektiv – ein kulturelles Zentrum für die trostlose Schlafstadt Marzahn bauen.

Doch die begeisterten Entwerfer stehen den Verwerfern ihrer Pläne schon bald entgeistert gegenüber. Die Ernüchterung gebiert gerade noch möglich erscheinende Kompromisse. Dann erfolgt das Aus. Danach die Rücknahme der Rücknahme, die nur noch den Bruchteil eines Minimums des Geplanten erlaubt. Für Daniel, dessen Familie und Freunde längst resigniert haben, bedeutet dies den Ruin.

Mit der Figur des Juliläumsjahrgängers Daniel Brenner wird das Schicksal einer ganzen Generation verhandelt, die in einem gleichaltrigen Staatsgebilde aufwuchs und wie dieses an ebendemselben scheiterte. In einer Atmosphäre des Mißtrauens und der Intoleranz, der plankorrigierenden Lüge und der daraus folgerichtig erwachsenden Illiquidität konnte kreativer Geist nicht überleben. So aber starb die Menschlichkeit, zu der doch aufgerufen war. Einst, als die Utopie noch realisierbar schien.

Peter Kahanes auf authentischen Fakten beruhender Film ist über weite Strecken ein dokumentarisch anmutender Report jüngster Vergangenheit. Das stellt gewiß seinen Ewigkeitswert in Frage und dürfte auch das Interesse speziell westeuropäischer Zuschauer in Grenzen halten. Doch für DDR-Bürger und die vielen zur Desertion Gezwun-

Nichtsdestotrotz meine Reverenz an RHM, insbesondere wegen ihres erfrischend provokanten Stils und ihres herzerfrischenden Verhältnisses und Umgangs mit unserer Muttersprache – aber auch wegen ihrer Zivilcourage, eine Meinung zu haben und sich felsenfest dazu zu bekennen. Im Gegensatz zu vielen ihrer Zunftgenossen, die sich bei einem für sie unverdaulichen Publikumsmagneten in blanke Inhaltsangabe flüchten.

G.M., Berlin

genen, die dieses Land „wie eine Krankheit" in sich tragen, ist die auf der Leinwand konzentrierte Bitterkeit und atemlose Debattierwut ein tiefwirkendes Mittel zum Selbstverständnis und zur notwendigen Trauerarbeit.

Wenn auch die umbrüchigen Zeitumstände während der Vorbereitungs- und Dreharbeiten ein homogenes Kunstwerk von vornherein nicht erwarten ließen, so bleibt unterm Strich doch die Summe einzelner unvergeßlicher Szenen, die das Wort nicht brauchen, um uns auf bewegende Weise ins Bild zu setzen (Kamera: Andreas Köfer). Ihre akustischen Begleiter heißen Georg Friedrich Händel und Tamas Kahane. Der 23jährige hochbegabte Autodidakt komponierte eine pulsbeschleunigende Akkordeon-Musik, die – nicht zuletzt dank der Interpretationskunst Katrin Pfeiffers – die reine Ohrenweide ist.

Meine Stiefmutter ist ein Alien
USA, PJ: 1988
RE: Richard Benjamin
DB: Jerico und Herschel Weingrod, Timothy Harris, Jonathan Reynolds
KA: Richard H. Kline

Am Anfang war das Höllen-Chaos. Experimentierlaune plus entfesselte Naturgewalt verwandeln das Astro-Labor in ein brennendes Inferno. Sein Auslöser, der leicht meschuggene Wissenschaftler Dr. Steve Mills, wird zur Strafe gefeuert. Doch kurz danach fällt eine gezielte Sexbombe vom Himmel. Dr. Mills steht alsbald in Flammen sowie vor dem Traualtar, denn er glaubt nicht, was sein Töchterchen längst ahnt: **Meine Stiefmutter ist ein Alien**. Die intergalaktische Schönheit nämlich, zwecks Rettung ihres fernen Planeten nach Kalifornien entsandt, ißt Kippen, trinkt Autobatterien leer und raucht Mohrrüben. In einem Schnellkursus hat sie alles Wissenswerte über die Erdwürmer und ihre Kultur inhaliert, nur das Wichtigste wurde ihr vorenthalten: Die Freuden der Liebe und des Essens. Dagegen ist auch die als Fachberaterin in der Handtasche nistende Roboterschlange machtlos.

Möglicherweise hätte sich diese Idee zu einer originellen Fantasy-Komödie materialisieren lassen, wäre Regisseur Richard Benjamin nur einen Fingerbreit vom ausgelatschten American Way of Life abgewichen. Offenbar aber erschöpfen sich seine Vorstellungen vom Genuß im Mampfen von Papp-Sandwiches und sportsmäßig betriebenen Dauersex.

Wenn Benjamin glaubte, das Heil für seinen heillos kitschigen, nur

178

mäßig witzigen Film in der Besetzung gefunden zu haben, so irrte er auch hier. Ex-Model Kim Basinger stattet die Extraterristin zwar mit exorbitanter Leiblichkeit aus, ihr mimischer Aktionsradius reicht jedoch nur vom Cheese-Lächeln bis zum Ausdruck einer mißgelaunten stomatologischen Schwester. Für Komiker-As Dan Aykroyd (der uns demnächst als Geisterjäger in Ivan Reitmans Welterfolg „Ghostbusters" heimsuchen will) bedeutete die Rolle des Dr. Mills gar den Karriereknick. Amerikas Kino-Kundschaft jedenfalls weigerte sich strikt, den übergewichtigen „Exzentriker mit dem Milchgesicht" als romantisches Objekt außerirdischer Begierde zu akzeptieren.

Die Chance, von der jeder Mime träumt, bot sich Pierre Richard im Jahr 1972. Der blauäugige, rothaarige, tolpatschige, schüchterne, sanfte Franzose war „Der große Blonde mit dem schwarzen Schuh" und avancierte damit über Nacht zum Weltstar. Dem Aufwind folgte die Flaute, denn zwei Jahre später hieß es: „Der große Blonde kehrt zurück". Er hätte es wirklich lieber nicht tun sollen, jedenfalls nicht, bevor seinen Autoren wieder ein brauchbarer Plot eingefallen war. Doch wie ein Blick in die Titelliste zeigt, begnügten sie sich fortan mit der filmischen Aufarbeitung des Richardschen Steckbriefs: „Der große Blonde mit dem blauen Auge", „Der lange Blonde mit den roten Haaren", „Der Tolpatsch mit dem sechsten Sinn", „Ich bin schüchtern, aber in Behandlung", „Der Sanfte mit den schnellen Beinen".
Nachdem Pierre Richard mittlerweile ein gestandener Opa sein dürfte, befindet sich derzeit **Der große Blonde auf Freiersfüßen**. Aber nicht nach Hochzeitmachen steht ihm der Sinn, sondern nach schlichter Kopulation mit der kühlen Blonden Florence. Auch dazu kommt es nicht infolge durchgehender Anwesenheit eines benachbarten Strindberg-Pärchens (Emmanuelle Béart und Richard Bohringer). Resümee: Nichts klappt in dieser klapprigen Klamotte von Edouard Molinaro, außer einer ständig zuschlagenden Wohnungstür. Gerechtigkeits- und spaßeshalber wird sie dafür im Abspann als Star-Gast geführt.

Der große Blonde auf Freiersfüßen
Frankreich, PJ: 1988
RE: Edouard Molinaro
DB: Gerard Lauzier
KA: Robert Fraisse

Obwohl sich die Handlung auf dem Meeresgrund zuträgt, ist **Abyss** abgrundtief seicht und oberflächlich. Helden der Unterwasserschnul-

Abyss
USA, PJ: 1989
RE: James Cameron
DB: James Cameron
KA: Mikael Salomon

ze sind Lindsey und Bud Brigman (Mary Elisabeth Mastrantonio und Ed Harris), ein verkrachtes, scheidungswilliges Ehepaar. Zwecks Auffindung eines gesunkenen U-Boots der US-Marine werden sie gemeinsam auf Tauchstation geschickt. Der rätselhafte Schwelbrand ihres Konflikts hält an, bis Bud, assistiert von sinnverwirrenden außerirdischen Schmetterlingsquallen, 20 000 Fuß unter dem Meeresspiegel einen Atomsprengkopf entschärft hat. Danach vermag selbst Lindsays klinischer Tod das Happy-End nicht mehr aufzuhalten. Buds heiße Liebe taut das Blut der unterkühlten Gattin.

Wenn Hollywood nicht mit Inhalten überzeugen kann, bleiben allemal die Zahlen. In spezialangefertigten Taucheranzügen sprangen Autor-Regisseur James Cameron und seine Schauspieler ins kühle Naß. Genauer gesagt, in die mit 30 Millionen Litern Wasser gefüllte Reaktorschüssel eines unvollendet gebliebenen amerikanischen Atomkraftwerkes. Dort verharrten sie bei einem täglichen Arbeitspensum von 8 bis 10 Stunden ganze drei Monate lang. Lohn der Mühe: ein Oscar für die Special-Effects. Ein wahrhaft teuer erkaufter Preis, denn die 20th Century Fox setzte für das wässrige Unternehmen rund 60 Millionen Dollar in den Sand.

---

9 1/2 Wochen
USA, PJ: 1985
RE: Adrian Lyne
DB: Patricia Knop, Sarah Kemochan
KA: Peter Biziou

Laut Reklameblatt „Stars", das die finanziell unterbelichteten Filmfreunde in der DDR zum Nulltarif erhalten, ist das 1985 entstandene Sexical **9 1/2 Wochen** „jetzt schon ein Kultfilm". Zu fragen bleibt, wo. Im Ostberliner „Capitol" fand sich zu sommersonnabendlicher Stunde jedenfalls nur ein kleines Grüpplein Huldigungswilliger ein. Das nach einiger Zeit hörbar werdende Stöhnen klang allerdings eher frust- als lustbetont und ließ sich eindeutig auf die gesäßfeindliche Bestuhlung des altertümliches Hauses zurückführen.

Warum die Verfilmung des angeblich autobiographischen Romans einer angeblichen Elizabeth McNeill schon aus politischen Gründen erforderlich war, las sich 1985 im „Los Angeles Weekly" so: „Amerika war stark in dieser Dekade, trat andern in den Arsch, ließ Nicaragua die Peitsche küssen. Wer sich vor Jahren noch für die Friedens- oder Frauenbewegung engagierte, will jetzt wissen, welche Rollen Macht, Sex und Geld in seinem Leben einnehmen werden, will wissen, inwieweit Liebe und Sex untrennbar sind von Aggression, einer Aggression, die sich auch individuell Ausdruck verschafft."

Wer auch immer derlei Wißbegierde an den Tag legte, ihm wurde deftige Antwort zuteil. Elizabeth (Kim Basinger), die hübsche, nicht sonderlich gescheit wirkende Angestellte einer Kunstgalerie, fühlt sich von dem dauerhaft diabolisch lächelnden Börsenspekulanten John (Mickey Rourke) magisch angezogen. Und natürlich ausgezogen.

Verbundenen Auges genießt sie das prickelnde Gefühl, mit Mineralwasser begossen, mit Pepperonis gefüttert, mit Honig eingerieben und anschließend zungenfertig wieder instandgesetzt zu werden. Ab sofort wird jeder beliebige Ort, ob verregneter Kellereingang, überfüllte Kneipe oder das Innere einer Turmuhr, zur Manege für artistisch gewagte Nummern. Das blonde Köpfchen der Sexbesessenen degeneriert zum Hohlraum.

Nach langer, harter Knochenarbeit gibt's plötzlich ein Problem: Elizabeth törnt ihren perversen Macho nicht mehr an. Peitschenknallend zwingt er sie auf die Knie und in den Ausweg. Sie rutscht über den Fußboden und sammelt, nun allerdings schon widerstrebend, verstreute Geldscheine ein. Doch als er zu böserletzt einer farbigen Prostituierten ans Mieder greift, ist das Maß voll und der Ofen aus.

Als Vertreiber dieses faden Obsessions-Schinkens firmiert (ausgerechnet!) der „Jugendfilm-Verleih". Er gehört dem Geschäftsmann und Präsidenten des Westberliner Abgeordnetenhauses Jürgen Wohlrabe. Herbert Wehner versah den rabenschwarzen Nationaltöner einst mit dem trefflichen Spitznamen „Übelkrähe".

Als John Huston 1961 „The Misfits – Nicht gesellschaftsfähig" drehte, war die Ehe des Autors Arthur Miller und der Hauptdarstellerin Marylin Monroe praktisch schon gescheitert. Noch am Drehort flüchtete Miller aus der enervierenden Beziehung mit dem Sex-Symbol in die Arme einer weniger anstrengenden Frau. Sie ist noch heute die Seine und hat ihn, wie er einer Illustrierten anvertraute, „von alledem geheilt". Angesichts des Karel-Reisz-Films **Everybody Wins**, dessen Szenarium ebenfalls von Arthur Miller stammt, mag man nicht

Everybody Wins
USA, PJ: 1989
RE: Karel Reisz
DB: Arthur Miller
KA: Ian Baker

recht an die Genesung glauben. Allzu vieles in der Figur der schillernd-zwiespältigen Heldin Angela Crispin (Debra Winger) erinnert an die neurotische, von Demütigungen und Ängsten zeitlebens gequälte Marylin.

Natürlich ist das kein Kriterium bei der Beurteilung eines Films – wenn er denn gelungen wäre. Leider aber nahm der gesamte Handlungsablauf infolge Millers einschlägiger Besessenheit Schaden. Was wie ein Polit-Krimi beginnt, der Korruption und moralische Verkommenheit kleinstädtischer Honoratioren im Fadenkreuz hat, verfitzt sich binnen kurzem so unentwirrbar, daß einem nicht nur die schöne Angela schizophren vorkommen will.

Die Titelbehauptung „Jedermann gewinnt" trifft gewiß auf die konterfeiten Gangster zu. Der Gewinn an Klarheit beim Publikum ist leider gleich Null.

Café Europa
BRD, PJ: 1990 RE: Franz X. Bogner
DB: Ekkehard Ziedrich
KA: Frank Brühne

Aus einem schlechten Drehbuch kann erfahrungsmäß auch der beste Regisseur keinen guten Film machen. Selbst eine Top-Besetzung nützt nichts, wenn die Geschichte klappert und die Dialoge dem Sprachschönheitsideal des gemeinen Ex-Volkskammerabgeordneten entsprechen.

Daß jetzt der umgekehrte Fall zu besichtigen ist, hat mit den Tücken bundesdeutscher Filmförderung (vor denen uns Gott im einig Vaterland behüten möge) und der verderblichen Wirkung des großen Geldes in den falschen Händen zu tun.

Der hessische Journalist, Song- und Werbetexter Ekkehard Ziedrich, dessen Debütfilm „Singles" ihn als talentierten Komödien-Autor und -Regisseur auswies, dachte sich eine herrlich witzige, perfekt konstruierte Killer- und Gendarm-Groteske aus, angesiedelt im Bahnhofs-**Café Europa**. Danach ging er auf Tippeltappeltour durch die bei den Bundesländern installierten Förderanstalten. Die bayrische Filmförderung war bereit, ein paar Mark in das Unternehmen zu investieren, vorausgesetzt, der Autor rangiere seine Gangster und Bullen vom Frankfurter auf den Münchner Hauptbahnhof um und böte den Plot zuerst einem eingeborenen Produzenten an.

Da Ekkehard Ziedrich vom künstlerischen Wert seines Buches überzeugt war, rechnete er keinen Augenblick mit weißblauer Gefahr. Dummerweise aber fing der betuchte oberbayrische Trivialitätenspezi Luggi Waldleitner Feuer, reizte alle ernstzunehmenden Interessenten aus und betraute einen Serienfuzzi namens Franz Xaver Bogner mit der Regie.

Diesem bieder-bayrischen Humorvertreiber gelang, assistiert von den fehlbesetzten Herren Jaques Breuer, Elmar Wepper und Walter Plathe, das ungewöhnliche Kunststück, einen trächtigen Komödienstoff auf Klamotten-Stadl-Niveau herabzuinszenieren. Daß trotzdem hin und wieder gelacht werden kann, liegt an der Schlüssigkeit des durchkomponierten Drehbuchs. Schon die Idee, ein dämlicher Polizist verhindere aus purer Eifersucht und Schusseligkeit, also gewissermaßen aus Versehen ein Kapitalverbrechen, ist einfach zu stark, um gänzlich in die Krachledernen zu gehen.

Die sogenannte tote Hose gilt in Fachkreisen als die subtilste Bezeichnung für einen Flop. Nichts weniger als dies ist Roger Donaldsons Schwatzbudenzauber **Cadillac Man**. Der sexbesessene Autoverkäufer Joey O'Brien plaudert angelegentlich über Strapazen und Freuden häufig wechselnden Geschlechtsverkehrs sowie über die Unbilden rückläufigen Gebrauchtwagenhandels.

Robin Williams, Hollywood-Newcomer der achtziger Jahre und unvergeßlicher Captain aus Peter Weirs „Club der toten Dichter", parliert den vorgeschriebenen Stuß tapfer ins Kameraauge. Dennoch vermag er keines Zuschauers Auge auch nur mit einem Lachtränchen zu netzen.

Etwa am Beginn der 2. Halbzeit erfährt der Auto- und Erotomane O'Brien dramaturgische Verstärkung durch einen amoklaufenden Turnschuh-Othello (Tim Robbins). Der nimmt alle wegen eines Sonderangebots herbeigeeilten Kunden und die Autohausangestellten in Geiselhaft, weil er unbedingt den Geliebten seiner Frau erschießen will. Angesichts der dräuenden Katastrophe mausert sich Plappermäulchen O'Brien zum ganzen Mann. Er bekennt sich – ausnahmsweise einmal zu Unrecht – des Ehebruchs schuldig, avanciert zum Krisenberater des gehörnten Geiselnehmers und ertrotzt schließlich

Cadillac Man
USA, PJ: 1990
RE: Roger Donaldson
DB: Ken Friedman
KA: David Gribble

ein Happy-End der absolut entbehrlichen Sorte Friede – Freude – Eierkuchen.

Freiheit ist ein Paradies
UdSSR, PJ: 1989
RE: Sergej Bodrow
DB: Sergej Bodrow
KA: Juri Schirtladse

Im Jahre 1971 wurde das Lichtspielwesen der DDR erstmals Opfer einer parteiamtlichen Vergewaltigung, die sich fortan allherbstlich wiederholen sollte. Das unerwünschte Kind war jeweils eine Zangengeburt und trug den Namen „Festival des sowjetischen Films".
1988 hatten die Vergewaltiger ihre Potenz bereits weitgehend eingebüßt. Sie wußten es nur noch nicht. Da aber auch peinliche Rituale eine gewisse Eigendynamik entwickeln, ließ sich das „XVII. Festival des sowjetischen Films" nicht mehr aufhalten.
Eine Woche lang sahen die erstmals freiwillig und in hellen Scharen herbeigeeilten Zuschauer, wie Glasnost und Perestroika die dahinsiechende sowjetische Filmkunst erfolgreich wiederbelebt hatten. Selbst seit mehr als 20 Jahren Totgeglaubte, nämlich Regisseur Alexander Askoldow und sein erster, einziger, meisterhafter und inzwischen europaweit gefeierter Film „Die Kommissarin", präsentierten sich nun endlich auch im Licht der DDR-Öffentlichkeit. Sofern letztere Zeit und Gelegenheit fand, zwischen dem 27. Oktober und dem 3. November 1988 ins Kino zu gehen. Danach hieß es: Ende der Vorstellungen.
Das Verdikt erging vom amtierenden obersten Parteichef Egon Krenz. Er hatte zwar keinen der fünf inkriminierten Filme gesehen, glaubte aber dem Progress-Werbematerial entnehmen zu können, hier marschiere die Konterrevolution in Büchsen ein.
Schützenhilfe erfuhr er von der Volksbildungsministerin Margot Honecker. Ihr war aus Lehrerkreisen zu Ohren gekommen, daß Schüler nach dem Besuch des Films „Und morgen war Krieg" Fragen gestellt hatten, auf die es noch keine von ihr vorgeschriebenen Antworten gab.
Die Einpeitscher und Zensoren sind verjagt, aber Freunde des progressiven sowjetischen Films gibt es immer noch. Zum Beispiel bei der nunmehr eigenverantwortlich arbeitenden Verleih-Firma PROGRESS. Kostenaufwendige Festival-Allüren kann sie sich inzwischen nicht mehr leisten, und so blieb es bei der bescheidenen Anfrage, ob der

sowjetische Film im Oktober und November 1990 nicht wenigstens seine Tage haben dürfe. Spontan, ohne Zwang und Nötigung, selbst ohne Hoffnung auf große Geschäfte stimmten Kinoleiter aus Berlin, Potsdam, Dresden, Leipzig, Rostock, Gera und Jena zu.

Der Eröffnungsbeitrag **Freiheit ist ein Paradies** zeigt in kargen, aber beredten Bildern die Tragödie eines Dreizehnjährigen. Sascha gilt als schwererziehbar, weshalb er in einer Anstalt, die den Begriff „Heim" ad absurdum führt, streng verwahrt wird.

Allerdings wurde auch nie ein Erziehungsversuch an ihm unternommen. Seine Mutter starb früh, den Vater kennt er nicht. Die kriminellen Wärter haben zu ihren „Zöglingen" dieselbe Einstellung wie der Anstaltsleiter: „Diese Kinder sind Abschaum. Am liebsten würde ich sie erwürgen."

Sascha ist der Ausbrecher vom Dienst. Nach jeder mißlungenen Flucht erträgt er die fälligen Torturen mit scheinbar stoischem Gleichmut. Als er durch einen Zufall erfährt, daß sein Vater in einem Archangelsker Straflager einsitzt, hat sein Freiheitswille endlich ein Ziel. Erschütternd die Szenen, in denen er um die Liebe des Vaters wirbt, der übrigens nicht einmal unter der Regierung Gorbatschow erfahren hat, wieviele Lagerjahre noch vor ihm liegen.

„Freiheit ist ein Paradies" erhielt den Hauptpreis des Weltfilmfestivals in Montreal 1989. Anläßlich der 40. Berlinale wurde Autor-Regisseur Sergej Bodrow mit dem Wolfgang-Staudte-Preis der Berliner „Pressestiftung Tagesspiegel" ausgezeichnet. „Tagesspiegel"-Kritikerin Karena Niehoff schrieb: „Der Regisseur geht seinen, des Buben Weg geradeaus, ohne dramaturgische Finessen …"

Leider auch ohne dramaturgisches Rüstzeug. Zu vieles auf der langen Strecke wird einfach behauptet, als vollendete Tatsache in den Raum gestellt, ohne sich logisch aus der Handlung zu entwickeln. Doch unvergeßlich bleibt der kleine sommersprossige Held. Sein Darsteller Wolodja Kosyrew, ehemals selbst Insasse eines Heims für Schwererziehbare, mußte nichts spielen. Er erinnerte sich nur.

Mit großem Vergnügen lese ich die Rezensionen von Renate Holland-Moritz. Sie sind in ihrer parteilichen, trefflich argumentierenden und stilvollen Art sehr anregend sowie dem Charakter der Zeitung angemessen, unterhaltsam und provozierend. Natürlich muß eine Kritik, wenn notwendig, auch verletzen, Widerspruch auslösen. Alles andere als ein scharfes, dem Interesse der Sache dienendes, also sachliches Urteil verkümmert zur bedeutungslosen, langweiligen Krittelei.
J.S., Teistungen

Regisseur Michail Ptaschuk berichtete nicht ohne Stolz, daß **Unser Panzerzug** in der Sowjetunion bisher 18 Millionen Zuschauer hatte,

Unser Panzerzug
UdSSR, PJ: 1988
RE: Michael Ptaschuk
DB: Jewgeni Grigorjew
KA: Juri Selchow

Neuner
BRD, PJ: 1990
RE: Werner Masten
DB: Jurek Becker
KA: Klaus Eichhammer

während „Rambo" nur 100 Neugierige in Moskaus größtes Kino zu locken vermochte. Damit war sein Optimismus aber auch schon restlos aufgebraucht.

Ptaschuks Film beginnt mit einer Klischeeszene in Sachen russische Seele. Zwei Familien begegnen einander beim Camping, teilen das Picknick und freunden sich an. Bis sich herausstellt: Familienoberhaupt Kusnezow ließ als Kommandeur der Wachdivision eines Gefangenenlagers auf unbewaffnete Häftlinge schießen, die im März 1953 Stalins Tod feierten. Familienoberhaupt Ruditsch kam per Zufall mit dem Leben davon und schleudert nun dem einstigen Killer seine Verachtung ins Gesicht.

Kusnezow wurde damals zwar aus der Armee entlassen, aber doch in Ehren. Nun, da sich der eigene Sohn und die Kollegen von ihm abwenden, gerät er in eine ausweglose Identitätskrise. Soll er, der mit 17 an die Front kam und nach vielen Verwundungen Europa vom Faschismus befreien half, plötzlich kein anständiger Mensch mehr sein?

Verzweifelt sucht er Rechtfertigung bei den alten Kampfgenossen. Doch er findet nur Zynismus, moralische Verkommenheit und ungebrochenen Restaurationswillen. „Unser Panzerzug steht auf dem Reservegleis", sagt sein ehemaliger Kommandant Sawwitsch (Michail Uljanow), der an Stalin nur kritikwürdig findet, daß der keinen gleichwertigen Nachfolger hinterlassen hat. Sawwitsch sehnt den Tag herbei, da seinesgleichen wieder gebraucht werden, denn: „Mit unserem Volk kann man nicht im Guten umgehen."

Diese zweieinhalbstündige, von Zukunftsangst und Selbsthaß zeugende Monologsammlung ist gewiß kein filmkünstlerisch gelungenes Werk. Sehr wohl aber ein ernstzunehmendes Menetekel.

Der Deoroller und die Friedhofsgurke – sie sind sich zwar nicht zum Verwechseln, aber rein glatzenmäßig doch verblüffend ähnlich. Und einander äußerst grün. Besonders in Zeiten des Wahlkampfs und der Film-Promotion. Westberlins Regierender, von seinen Regierten mit dem Spitznamen Deoroller versehen, gestand: „Es ist auch mein Liebling Kreuzberg": Nämlich Manfred Krug, der als **Neuner** von einem jugendlichen Othello erst Friedhofsgurke genannt und dann mit lockerer Hand zu Boden gestreckt wird. Bei der Premiere des Films im „Gloria-Palast" revanchierte er sich für des Allerhöchsten Gunstbezeugung: „Ich möchte auch einmal wie Walter Momper immer die richtigen, einfachen, zu Herzen gehenden Worte sagen." Falls er das auch noch politisch gemeint haben sollte, ist der ehemalige Ostberliner Volkstribun Manne Krug ein ebensolches Schlitzohr wie sein Filmheld Theo Neuner.

Der verfügt über eine ungeliebte Frau, einen dito Sohn, jede Menge Geld und keinerlei Manieren. Freundin Irma, die dem kühlen Grufti sieben Jahre lang als Öfchen diente, ist gerade gestorben. Neuner absolviert die Beerdigung wie einen lästigen Geschäftstermin. Um so verwunderlicher seine spätere Bemerkung seinem Freund gegenüber, am meisten habe ihn erschüttert, daß er so erschüttert sei.

Auf diesem emotionalen Niveau verharrt der Film, weshalb ihm auch eine gewisse Langeweile beim besten Willen nicht abzusprechen ist. Wie im Fernseh-Special für einen marktgängigen Star reiht sich Episode an Episode, mal mehr, meistens weniger lustig. Charaktere entwickeln sich nicht. Der eine, fiese, steht im Mittelpunkt, die gehobene Komparserie versorgt ihn mit Stichworten. Manch einer vermag vor lauter angestrengter Spielastik nicht einmal das ordentlich. Zum Beispiel Klaus Wennemann, immerhin dauerhaft reüssierender TV-„Fahnder".

Natürlich darf auch das aktuelle Zeitzeichen nicht fehlen: Neuner begibt sich, wie Heerscharen anderer Schmeißfliegen, auf wohlfeilen Ostberliner Grund und Boden. Ein Joint venture mit einem Straßenbaubetrieb schwebt ihm vor, aber er gelangt in eine Schrottbude, angefüllt mit lauter Gruseleffekten aus einer gutgehenden Slapstickerei.

Nichts gegen die kräftige Dosis Klamotte, zumal ihr deutlicher Realitätsgehalt eigen ist. Aber wenn der im Westen herzlich überschätzte Ost-Mime Ezard Haußmann verkünden muß, viel besser als dieser seien auch alle anderen Ex-DDR-Betriebe nicht ausgestattet, dann hat das einen Anflug von zweckgebundener Arroganz. Genauso wollen sie uns haben, die reichen Westmacker: gedemütigt auf den Knien und

auch noch dankbar dafür, daß sie uns schnäppchenweise das Fell über die Ohren ziehen.

Der vornehmlich an Fernsehserien geschulte „Neuner"-Regisseur Werner Masten („Liebling Kreuzberg", „Tatort", „Abenteuer Airport") tat möglicherweise sein Bestes. Nur ist das eben für einen Spielfilm nicht gut genug. Autor Jurek Becker („Jakob der Lügner") hingegen kann nachweisbar Besseres.

Inhalt

Renate Holland-Moritz

Das Durchgangszimmer
Graffunda räumt auf

2 Erzählungen
Einband von Manfred Bofinger
160 Seiten, Hardcover
19,80 DM
ISBN 3-359-733-6

Eulenspiegel Verlag
Postfach 106 · 10103 Berlin

Renate Holland-Moritz ist eine bekannte Erzählerin. Zwei ihrer schönsten Geschichten, die 1972 vom Deutschen Fernsehfunk bzw. der DEFA verfilmt wurden, gibt der Eulenspiegel Verlag jetzt neu heraus.
»Das Durchgangszimmer« (mit dem Filmtitel »Florentiner 73«) erzählt die Geschichte einer 20jährigen Frau, die ihr Elternhaus verläßt, als sie ein uneheliches Kind erwartet. In ihrem zunächst nur als Notunterkunft bezogenen neuen Domizil findet sie schließlich Anteilnahme und Geborgenheit – kurz: ein Zuhause, das diesen Namen verdient.
In »Graffunda räumt auf« (Filmtitel: »Der Mann, der nach der Oma kam«) betätigt sich ein junger Mann äußerst erfolgreich als Haushaltshilfe einer Künstlerfamilie und stiftet allerlei Verwirrung. Kluger Witz und der liebevoll-warme Ton, in dem Renate Holland-Moritz ihre Figuren schildert, machen den besonderen Charme dieser Erzählungen aus.

Johannes Conrad

Das kommt vom Eierlegen

Lauter Nonsens
Mit Illustrationen des Autors
256 Seiten, Hardcover
19,80 DM
ISBN 3-359-00735-2

Eulenspiegel Verlag
Postfach 106 · 10103 Berlin

Wußten Sie schon, daß es in Sachsen die Haustiere mit Klinke gibt? Falls Sie's nicht glauben wollen: Johannes Conrad kann es Ihnen schriftlich geben. Schwarz auf weiß. In seinem neuen Buch »Das kommt vom Eierlegen«. Lauter Nonsens übrigens …

Es ist randvoll von nützlichen Tips (»Lerne schweigen, ohne zu reden!«) und wertvollen Erkenntnissen (»So oder so ist das Leben – und wie!«). Der Autor lüftet lang gehütete Geheimnisse aus seinem Privatleben (»Sonntags schlafe ich lange …«), wirft Fragen auf, die sich jeder früher oder später einmal stellt (»Wer hat die Knopflöcher erfunden?«) und beantwortet sogar manche (»Lieber zehn Stück Kuchen, als ein Stück schreiben.«).

Johannes Conrad schüttelt die Wörter und Reime, bis etwas dabei herauskommt. Fragt sich nur, was? Sinn oder Unsinn? Schwachsinn oder Tiefsinn? Sowohl als auch? Sicher ist nur: Die Grenzen zwischen Gereimtheiten und Ungereimtheiten sind fließend, der Schein der Sprache trügt, und der Boden der Tatsachen schwankt. Philosophie eben: »Ich denke, ich bin, denke ich gerade, also denke ich, daß ich denke, daß ich bin, denke ich, und das bin ich ja dann wohl auch, und darum denke ich eben, daß ich denke, ich bin!« Oder nicht?